영아문학교육 프로그램

| 김정원 · 남 규 · 서정숙 지음 |

창지사

:: 머리말

그림책은 이미지만으로, 또는 이미지와 글로 이야기와 정보를 전하는 문학작품이자 예술작품이다. 그림책을 사이에 두고 이루어지는 상호작용은 영아와 교사 간의 정서적 유대를 강화시켜 줄 뿐만 아니라 언어 발달을 심화시켜 준다. 또한 영아는 그림책을 볼 때 구체물과 직접적·감각적으로 하는 경험과는 다르게 이차원의 공간 속 세상을 경험하게 되는데, 이 과정에서 실물을 이미지로 상징화해야 하는 독특한 지적 도전을 받는다. 그럼에도 불구하고, 많은 연구 결과 아주 어린 영아들도 그림책을 즐긴다. 자신이 좋아하는 그림책을 교사에게 가져와서 읽어 달라고 청하기도 하고 옆에 끼고 다니기도 하며, 때로는 혼자 책장을 넘기며 이미지에 이야기를 붙이기도 한다. 영아는 그림책 속 이미지와, 이야기 또는 정보를 반복해서 보면서 그림책에 펼쳐지는 세상에 온전히 몰입하곤 한다.

그림책을 개념이나 사실, 정보를 가르치는 데 필요한 학습 자료나 교수 매체로 사용하는 것에서 벗어나 작품으로 평가하기 시작하면서 그림책이 지닌 문학적·예술적 가치를 유아에게 경험하게 하고자 하는 시도가 있어 왔다. 특히 영아교사들은 어떤 그림책이 영아에게 좋은 그림책이고, 어떤 방법으로 그림책을 접하게 해야 하는지, 그리고 상호작용은 어떻게 해야 하며, 그림책을 보고 어떤 활동을 할 수 있는지에 대해 많은 관심을 가져 왔다. 이에 저자들은 주로 만 3세부터 만 5세를 대상으로 교육하도록 구성된 『유아문학교육 프로그램』에 이어 이번에 만 1세와 만 2세를 대상으로 하는 『영아문학교육 프로그램』을 출판하게 되었다.

이 책의 제1부는 본 영아문학교육 프로그램의 이론적 기초를 담고 있다. 영아문학교육 프로그램이 왜 필요한지와 만 1세, 만 2세 영아의 발달과 발달 양상에 따른 그림책, 그리고 영아기 그림책의 종류와 선정 기준을 제시하였다. 또한, 본 영아문학교육 프로그램이 어떤 이론적 배경에 기초하였으며 프로그램의 목표와 내용, 활동은 어떻게 구성되어 있는지를 소개하는 내용을 담았다. 이것은 유아문학교육 프로그램에서와 마찬가지로 '문학단원 망'과 '문학작품 망'을 중심으로 이루어져 있다.

제2부는 영아문학교육 프로그램의 실제를 담았다. 만 1세와 만 2세에 적합한 문학단원 망(문학단원을 중심에 두고 관련 그림책과 문학활동을 연결 짓는 것)을 제시하고, 이에 기초하여 실제로 어린이집에서 실시한 문학활동의 예들을 실었다. 또한 문학단원별로 대표가 되는 그림책에 대해 그것의 특징과 수업 때 어떤 점에 주의를 기울여야 할지 등의 내용이 포함되어 있는 그림책 서평과, 수업 때 영아들로부터 나온 반응들도 실었다. 여기 제시된 문학활동의 예들은 한국성서대학교 부속 어린이집에서 만 1세를 대상으로 한 학기, 만 2세를 대상으로 9개월 동안 실시하여 얻은 결과물이다. 또한 대전보건대학 유아교육과 3학년 예비 교사들이 '아동문학' 교과목 시간에 영아문학교육 프로그램을 계획하고 매체를 만들어 영아들에게 제시해 본 결과물도 포함되어 있다.

이 책이 나오기까지 도움을 주신 많은 분들께 감사의 마음을 전한다. 이 책에 실린 영아문학 수업을 맡아 주신 한국성서대학교 부속 어린이집 영아반 선생님들께 감사드리며, 2011년 대전보건대학 유아교육과 아동문학 수업의 수강생들에게도 감사의 말을 전한다. 끝으로 이 책의 출판 과정에서 보다 유익하고 좋은 책을 만들기 위해 정성을 다해 주신 창지사 관계자분들께도 깊은 감사를 드린다.

김정원, 남규, 서정숙

:: 차례

제2부 영아문학교육 프로그램의 실제

제1부

영아문학교육 프로그램의 이론

영 / 아 / 문 / 학 / 교 / 육 /

프 / 로 / 그 / 램

1. 영아문학교육 프로그램의 필요성

태어나서 한 돌밖에 안 된 아주 어린 영아도 그림책을 읽을까?

엄마, 아빠라는 말도 아직 제대로 못하는 아기가 그림책을 좋아할까?

영아에게 그림책을 읽어 줄 필요가 있을까?

아기가 내가 읽어 주는 이야기를 들을 수 있을까?

무슨 뜻인지 이해를 하지 못할 것 같은데 그림책을 읽어 주는 것이 의미가 있을까?

한 돌이 갓 지난 영아반 아이들에게 어떻게 그림책을 읽어 주어야 하나?

영아반 아이들에게 그림책을 읽어 주는 것이 발달에 도움이 될까?

어린 영아기 자녀를 둔 많은 부모와 영아반 교사들은 영아를 키우면서, 그리고 가르치면서 영아에게 그림책을 읽어 줄 필요가 있을지에 대하여 의문을 제기한다. 그러면서도 그림책을 읽어 줄 때 그림책에 빠져들듯 한 영아의 반짝이는 눈망울을 보며 다시 더 몰입하여 그림책을 읽어 주곤 한다. 그렇다면 이렇게 어린 영아에게 그림책이란 어떤 의미가 있는 것일까?

그림책은 영아가 이 세상에 태어나서 처음으로 접하게 되는 시각적 매체로서 대부분의 영아는 부모나 교사와의 상호작용을 통하여 처음으로 그림책을 경험하게 된다. 그러므로 영아에게 그림책 읽기는 시각적·청각적 언어를 경험하는 것뿐만 아니라 가장 의미 있는 타인들, 즉 부모와 교사와의 정서적 교류를 통한 유대감 형성을 가능하게 하는 기제로서의 의미를 갖는다. 영아는 부모나 교사와 함께 그림책을 읽으면서 다양한 유형의 언어를 접하는 언어적 경험을 하게 된다. 그뿐만 아니라 믿을 만한 성인과의 정서적 공감대 형성을 통하여 자신을 둘러싸고 있는 세상에 대하여 따뜻하다는 느낌을 갖게 되고 신뢰의 정서를 형성하기도 한다. 이러한 측면에서 볼 때 그림책 읽기는 영아의 인지와 학습발달의 측면과 더불어 심리적·정서적 측면에서도 긍정적인 역할을 하는 의미 있는 경험이라고 할 수 있다.

영아들은 그림책을 좋아하고 그림책 읽기를 즐긴다. 영아들이 특정 그림책을 읽어 주는 것을 더 좋아하고 특정 작가의 그림책을 계속해서 읽어 달라고 요구하는 것을 보면 영아들도 각자 특별히 좋아하는 그림책이 있고 좋아하는 작가가 있음을 알 수 있다. 이렇게 문학작품이 영아의 발달과 학습의 어떠한 측면에서건 의미를 갖는다고 볼 때 영아에게 있어서 문학의 의미를 찾아보고 영아기에 좋은 프로그램을 통하여 문학에 관한 깊이 있는 경험을 하도록 도와줄 필요가 있다.

영아문학의 의미와 가치, 그리고 문학 프로그램을 통해 영아들에게 문학작품들과의 깊이 있는 교류의 기회를 제공하는 것의 중요성에 관하여 살펴보면 다음과 같다.

1) 영아문학의 의미

문학이란 상상의 힘을 통하여 인간의 정서와 사상과 언어를 형상화한 예술작품으로, 영아문학이란 출생부터 만 2세 정도의 영아를 독자로 고려하여 창작된 영아가 즐길 수 있는 문학이라고 할 수 있다. 영아문학은 동심의 세계를 내용으로 하고 문학 고유의 표현과 형식을 갖춘 문학으로, 산문과 시, 픽션과 논픽션 등 다양한 유형의 장르를 포함하며, 구비문학, 그림책, 전자책 등 다양한 형태로 출판되고 있다. 특히 영아 발달에 적합한 문학의 한 장르인 그림책으로는 옛이야기 그림책, 전래동요 그림책, 환상 그림책(판타지 그림책), 사실 그림책, 동시 그림책, 글 없는 그림책 등을 들 수 있다.

영아문학에는 대체적으로 영아들의 삶과 관련이 있는 과거와 현재, 그리고 미래의 경험이 주요 글감이 된다. 주제나 내용에는 영아기의 좋은 경험뿐만 아니라 그다지 편안하지 않은 경험들도 포함되어 있어 영아들이 현실에서 겪고 있고, 그리고 앞으로 겪게 될 삶의 실체를 맛볼 수 있게 한다. 영아문학에는 영아들의 실제 삶과 관련된 솔직 담백한 이야기와 유머러스한 이야기, 혹은 긴장감을 유발하는 이야기 등 매우 다양한 주제와 내용이 담겨져 있다. 이러한 이야기는 영아의 발달적 특성에 부합하여야 하며, 부담스러운 내용이거나 심리적 혹은 정서적으로 자극이 강하여 영아들이 받아들이기에 어려울 정도는 아니어야 한다. 따라서 도가 지나치게 감성적이거나 희망이 없는 절망적인 내용의 문학은 영아들에게 적합하지 않은 문학작품이라고 할 수 있다.

영아들은 문학을 접하며 자신들이 살고 있는 삶의 실상을 경험하게 된다. 그러므로 영아문학에는 삶과 세상에 관한 아름다움과 희망이 나타나 있는 것이 좋다. 또한 영아문학은 가능하면 즐거움과 일상의 삶을 사는 데 필요한 다양한 정보를 담고 있는 것이 좋다. 그러나 특별히 어떤 특정한 내용을 가르치기 위한 것만을 주요 목적으로 하여 구성된 도서는 영아문학이라기보다는 교과서나 교재라고 볼 수 있으므로 영아들의 문학적 감수성을 기르기 위한 목적의 읽기에는 적합하지 않을 수도 있다. 좋은 영아문학은 독창적이고 중요한 아이디어가 나타나 있으며, 창의적인 언어로 표현되어 있고, 아름다운 글과 예술성 있는 일러스트레이션으로 창작된 것을 의미한다. 이런 문학작품들은 오랜 시간 동안 영아들의 마음에 새롭고 흥미로운 기억으로 남아 삶의 의미를 새길 수 있도록 한다. 영아들은 문학작품을 읽으며 등장인물과 이야기의 상황을 오랫동안 마음에 간직함으로써 사람들과 삶에 관한 통찰력을 획득하게 된다. 따라서 영아들의 현재의 삶의 기쁨이 될 뿐만 아니라 그들의 기억에 오랫동안 남아 앞으로 살아갈 삶을 아름답고 의미 있게 하는 데 도움이 되는 좋은 문학작품의 가치는 아무리 강조해도 지나치지 않을 것이다.

영아문학의 가치를 구체적으로 살펴보면 다음과 같다.

2) 영아문학의 가치

영아들은 문학의 한 장르인 그림책을 통하여 책에 대한 첫 경험을 하면서 책 읽기의 즐거움을 알게 된다. 또한 교사나 부모가 읽어 주는 글과 그림으로 이루어져 있는 그림책을 보면서 글 언어와 그림 언어에 대하여 이해하고, 두 가지 언어들 간의 관계를 읽어 내는 능력을 키우면서 문자 언어와 그림 언어를 통합적으로 발달시킬 수 있는 기회를 가지게 된다. 또한 그림책의 내용과 자신의 이전 경험을 연결시키고, 책에 대한 생각이나 느낌을 나누며 그 의미를 찾아가는 과정을 통하여 문학적 감수성을 키우기도 한다(서정숙, 김정원, 2008). 너무나 재미있는 이야기에 큰 소리로 웃음보를 터뜨려 보고, 아주 나중에까지 기억날 것 같은 자장가나 동시의 운율을 자기도 모르게 따라 하며, 가슴 서늘하게 하는 도깨비 이야기나 침대 밑의 괴물 이야기에 움츠러들면서 엄마나 아빠 혹은 교사가 읽어 주던 그림책을 보고 듣던 경험은 영아들이 평생 동안 기억하게 될 읽기에 관한 재미있는 추억이 된다. 그림책을 읽으며 영아들은 현재 자신이 살고 있는 곳과는 다른 세상과 그곳에 사는 사람들의 삶을 접하면서 상상력을 키우고 영감을 얻게 된다. 영아들은 그림책을 통하여 한 번도 만나 보지 못한 사람들을 만나고 가 보지 못한 곳을 방문하는 경험을 한다. 좋은 그림책은 영아들이 자라면서 필요한 지식과 정보, 그리고 삶의 지혜를 배우는 데도 도움이 된다. 그림책을 읽으면서 겪는 이러한 경험은 다른 사람들의 입장에서 삶과 세상을 볼 수 있는 공감과 감정이입의 기회가 된다. 영아들은 좋은 그림책 속에서 자신이 속한 사회의 문화를 경험하면서 사회문화적 정체성을 자연스럽게 형성하게 된다. 또한 다양한 상황에 처한 등장인물들이 어떻게 생각하고 행동하는지를 보며 자신이 앞으로 처할 상황에서 판단하고 행동할 기준을 익힐 수도 있다. 무엇보다도 영아들은 그림책과의 깊이 있는 상호작용을 통하여 글과 그림에 대한 감각을 획득하게 되고, 좋아하는 글 작가와 그림 작가도 가지게 된다. 자연스럽게 그림책에 대한 선호도가 생기게 된다. 그리고 이는 영아들이 앞으로 계속해서 읽기를 하는 데 필요한 자연스러운 동기 부여의 역할을 한다. 결국 영아들은 좋은 그림책을 접하면서 문학을 즐기는 성향을 형성하게 되고, 지속적으로 읽기에 참여하면서 좀 더 아름답고 행복한 삶을 사는 데 반드시 필요한 의미 있는 경험을 축적하게 되는 것이다. 영아들에게 있어 그림책의 가치를 구체적으로 정리하면 다음과 같다(김정원, 2010; 서정숙, 김정원, 2008; 서정숙, 남규, 2010; Lynch-Brown, Tomlinson, & Short, 2011; Stoodt-Hill, & Amspaugh-Corson, 2009; Tunnell, Jacobs, Young, & Bryan, 2012).

- 영아들은 그림책을 통하여 우리 사회의 구성원들이 공유하고 있는 의미 있는 가치를 체험한다. 좋은 그림책에는 그림책 작가가 느끼는 이 세상에 대한 우리의 책임이 무엇인지가 나타나 있다. 영아들은 그림책을 읽으면서 우정, 친절, 관대함, 인내, 이해심 등의 덕목을 자신도 모르게 자연스럽게 감지하며 우리 사회의 소중한 가치를 내재화한다.
- 영아들은 그림책을 접하며 언어의 리듬과 뉘앙스를 경험한다. 훌륭한 작가가 온 정성을 다해 쓴 문장 하나 하나를 읽으며 영아들은 아름다운 언어를 읽는 즐거움을 경험하고 좋은 언어가 주는 기쁨을 알게 된다.
- 영아들은 그림책을 통하여 글을 이해할 수 있게 된다. 영아들은 그림책을 보며 질문하고 예측하고 읽는 내용을 시각화한다. 이미 알고 있는 경험을 활용하여 새로운 내용을 이해하고, 성인들의 책 읽는 모습을 보며 읽기의 이점을 알게 된다. 성인과 영아가 함께 재미있게 책을 읽었던 경험은 이후 영아들이 스스로 책을 읽을 수 있게 될 때까지 오랫동안 기억에 남아 영아들의 책 읽기를 지속적으로 격려한다.

- 영아들은 그림책을 통하여 이야기의 의미를 깨닫게 된다. 이야기에는 사람들의 갈등과 전환점, 그리고 결단의 순간이 담겨 있다. 그림책을 읽으며 영아들은 자신도 모르는 사이에 이야기의 힘을 느끼기 시작하고 자신에 관한 이야기를 만들어가기 시작한다. 자신과 사람들의 이야기가 의미를 가진다는 것을 알아가게 되는 것이다.
- 영아들은 부모나 교사와 함께 픽션, 논픽션, 그리고 시 등 다양한 장르의 그림책을 읽으면서 사실과 진실, 그리고 은유의 느낌을 감지해 간다.
- 그림책은 영아들에게 일정한 유형의 구조와 작가가 제시하는 자유로움을 동시에 경험하게 한다. 영아들은 부모와 교사가 큰 소리로 읽어 주는 그림책을 통해 문장의 구조에 익숙해지면서 차츰 더 깊이 있게 그림책을 감상할 수 있는 능력을 키워 나간다.
- 영아들은 그림책을 읽으며 편안함을 느낀다. 그림책 읽기는 이제 막 사람들과의 관계를 맺고 그 관계에서의 스트레스를 경험하기 시작하는 영아들에게 편안함을 제공한다. 그리고 앞으로 크면서 겪게 될 더 많은 어려움과 갈등을 이겨낼 수 있는 용기와 힘을 축적하는 데 도움이 된다.
- 아주 어린 영아들도 그림책의 내용을 접하며 비판적 사고 기술을 배우기 시작한다. 그림책을 읽으며 이루어지는 성인들과의 상호작용은 영아들이 그림책의 등장인물, 사건, 배경 등에 관하여 비판적으로 사고해 볼 수 있는 기회가 된다.
- 영아들은 그림책을 읽으면서 읽기와 관련된 자신의 정체감을 형성한다. 영아들은 그림책 읽기를 즐기는 아이, 그림책의 그림을 읽는 아이, 혹은 그림책의 등장인물이나 그림책 작가를 좋아하는 아이 등으로 자기 나름의 독특한 정체감을 형성해 간다.
- 영아들은 그림책을 통하여 세계 여러 나라의 다양한 사회문화적 배경을 가진 사람들을 만나고, 이야기를 통하여 그들의 삶에 감정이입하며, 그들의 이야기를 들으면서 서서히 자신과의 유사점과 차이점을 알아 간다. 좋은 그림책은 영아들에게 세상 사람들을 알게 하고 그들의 삶과 내 삶의 소중함을 모두 수용하도록 하는 데 도움이 된다.

3) 영아문학교육 프로그램의 필요성

영아기는 좋은 그림책을 통하여 책의 세계를 경험하기 시작하는 매우 중요한 시기이다. 그러므로 이 시기의 영아들을 위하여 우수한 문학교육 프로그램을 개발하고 적용하는 것은 매우 중요하다. 영아기에 좋은 문학교육 프로그램을 통하여 문학작품과의 교류를 경험한 영아들은 앞으로 평생 지속될 책과의 관계 맺기를 시작함으로써 품격 높은 언어와 상호작용하는 행복한 경험을 하게 되고, 이는 이후 영아들의 문학과 관련된 생활에 많은 영향을 주게 된다(김정원, 남규, 2010). 영아에게 즐거움과 감동의 세계를 열어 보여줌으로써 마음의 눈을 뜨게 하고 갖가지 정서를 순화시켜 주고 잠재된 싹을 틔워 영혼을 일깨워 주는 '예술이 함께하는 문학' 이자 '문학이 있는 예술' 인 영아문학의 가치를 경험하도록 하기 위해서는 좋은 문학교육 프로그램을 통하여 이루어지는 성인의 체계적인 지원이나 도움이 반드시 필요하다(서정숙, 김정원, 2008).

영아를 대상으로 하는 문학교육에 관한 학계와 현장 전문가의 관심이 꾸준히 증가하면서 영아문학교육에 대한 가장 효율적인 방안 모색의 필요성이 제기되고 있다. 그중의 하나로 영아문학의 한 장르인 그림책으로 하는 문학교육에 대한 관심이 증가하고 있다. 그림책 속에는 영아가 공감할 만한 즐거운 세계가 들어 있고 그들의 눈높이에서 바라보는 세상의 기쁨, 슬픔, 그리고 이야기가 담겨 있다. 영아는 그림책과의 만남을 통해서 새로운 세상과 만나게 되고 그 속에서 즐거움과 감동을 느끼며 성장해 간다. 영아에게 있어서 그림책과의 만남은 영아의 앞으로의 삶을 풍부하게 하고 살아가는 과정에서 필요한 에너지를 생성하게 하는 의미 있는 경험인 것이다. 특히 영아기에 이루어지는 그림책과의 만남은 성장한 후에도 책에 대한 태도와 취향을 설정하게 되므로 더욱 중요한 경험이라고 할 수 있다. 영아들은 그림책의 물리적인 특성을 탐색하고 놀이 도구로 사용하면서 그림책과 친숙해지기 시작하고, 그림책의 그림을 보고 동시에 누군가 읽어 주는 이야기를 들음으로써 차츰 그림책의 내용을 이해하게 된다. 즉, 영아들은 성인이 들려주는 이야기를 귀로 들으면서 그림을 보고 언어의 이미지화에 의존하여 그림책의 언어 세계로 들어가게 되는 것이다(Heath, 1983; Morrow, 1993; Sulzby & Teale, 1991).

영유아교육에서 그림책의 가치가 강조되면서 그림책을 접하는 연령이 점점 낮아져 최근에는 태교를 위한 그림책이 출판되는 등 아주 어린 시기부터 그림책 활용의 중요성에 대한 인식이 증가하고 있다(김현희, 박영태, 2008). 이러한 경향과 함께 그림책의 학습 자료로서의 의미만을 부각하는 것에 대한 문제점이 지적되면서 문학교육의 가치 있는 내용으로서 그림책의 가치를 인식해야 한다는 주장이 제기되고 있다(서정숙, 2000; 서정숙, 김정원, 2008; 이대균, 백경순, 2004; 채종옥, 2003). 즉, 유아문학의 진정한 유익성은 영유아에게 문학적인 능력과 태도를 길러 주어 영유아로 하여금 각 작품이 가지고 있는 다양한 즐거움 그 자체를 누리고, 작품과의 경험을 의미 있게 받아들여 전인적인 인격체로 성장하는 데 밑거름이 되어야 한다는 것이다. 이러한 제안과 맥을 같이 하여 영유아들에게 그림책을 읽어 주는 목적은 특정 영역의 기술을 증진하는 것이라기보다는 그림책을 읽는 과정에서 심미적 반응을 확장시키고 문학적인 소양을 향상시켜 그림책을 통해 얻은 생활 체험이 삶의 과정에 도움이 되어야 한다는 주장도 있다(Bromley, 1991; Rosenblatt, 1978, 1991).

Nodelman(2001)에 의하면 독자는 문학작품을 통하여 단순하고 쾌락적인 즐거움 이상의 문학적 즐거움을 경험한다. 이러한 즐거움을 경험하도록 하기 위해서는 영유아를 읽어 주는 책을 수동적으로 받아들이는 존재가 아니라 자신의 경험을 토대로 예측하고, 상상하고, 해석함으로써 텍스트의 의미를 구성하는 능동적인 존재로 보아야 한다(Bromley, 1991; Rosenblatt, 1978, 1991). 그림책과 관련된 다양한 경험을 통하여 문학적인 즐거움을 표현하도록 격려하여야 하며, 그림책에 대한 반응을 어휘적으로 표현할 수 없는 경우 예술적 혹은 극적으로 나타낼 수 있도록 해야 한다. 예를 들어, 가장 좋아하는 장면이나 이야기의 특정 부분에 대한 느낌을 표현하기 위해 그림을 그리거나 인형극 및 역할놀이 등을 통해 극적으로 표현할 수 있도록 격려한다(서정숙, 김정원, 김유정, 2009). 이렇게 다양한 방법으로 영유아들을 대상으로 그림책의 문학으로서의 즐거움을 경험하도록 하기 위한 최적의 방법을 찾기 위한 시도가 이루어지면서 그림책을 활용한 문학교육 프로그램 개발에 관한 요구가 증가하고 있다. 문학을 이루는 언어도 본질적으로 그것이 사용되는 사회에서 합의가 이루어질 때 원활한 소통이 가능한 사회적 지식이므로 영아들이 그림책을 통해 문학적인 즐거움을 알기위해서는 교육적인 안내가 필요하다는 인식 때문이다(Nodelman, 2001). 이러한 인식을 통해 그림책을 다른 교과 영역의 효과적인 교수-학습을 위한 교수 매체로만 보는 관점을 벗어나서 그림책의 문학 자체로서의 의미에 근거하는 체계적이고 주체적인 방법, 즉 영아가 그림책을 접할 때 그림책에 몰입하여 문학을 즐길 줄 아는 능력과 태도를 형성하도록 도와줄 수 있는 별도의 문학교육이 필요하다는 인식이 확장되고 있다(서정숙, 2000). 최근 이루어진 영아문학교육 프로그램에 관한 연구(김정원, 남규, 2010)에서는 그림책을 활용한 문학교육 프로그램이 만 1, 2세 영아의 문학적 태도와 언어 발달에 긍정적인 영향을 미치고 있음이 밝혀졌다. 이 연구에서는 문학단원과 문학작품을 중심으로 하는 문학 수업 방안을 제안한다든지, 수업 모형을 현장에 적용하거나 그림책의 문학적 가치에 초점 맞춰서 개발된 문학교육 프로그램의 효과를 보는 등 그림책의 문학적 가치와 그 의미에 초점을 맞추어 영아의 문학적 소양을 향상시킬 수 있는 방안을 제안하고 있다. 이를 고려할 때 한 사람의 일생을 통하여 문학적인 태도와 소양, 그리고 언어 능력 등의 측면에서 가장 빠른 발달이 이루어지는 영아기의 발달적 특성에 적합한 문학교육 프로그램 개발이 보다 적극적으로 이루어질 필요가 있음을 알 수 있다. 문학의 가치를 경험하는 결정적 시기인 영아기에 수준 높은 문학교육 프로그램을 제공해야 하는 필요성을 정리하면 다음과 같다(김정원, 남규, 2010; 서정숙, 김정원, 2008; 서정숙, 남규, 2010).

- 그림책의 즐거움은 저절로 알게 되는 것이 아니므로 영아들은 그들의 발달적 적합성에 맞는 좋은 그림책을 활용하는 문학교육 프로그램을 통하여 그림책 경험하기의 즐거움을 배워야 한다. 영아들은 교사나 부모 등 성인과 함께 그림책을 읽으면서 언어 자체의 즐거움, 스토리의 즐거움, 감정을 이끌어 내는 즐거움, 공란을 채우는 즐거움, 새로움을 느끼는 즐거움, 형식과 장르를 알아가는 즐거움을 배우게 된다.
- 그림책은 글과 그림, 또는 그림만으로 의미를 전달하므로 그것으로부터 의미를 전달받기 위해서는 독자인 영아가 글 언어와 그림 언어를 이해하고 나름대로 감상할 수 있어야 한다. 그림책의 글과 그림도 누군가의 가르침과 안내를 받아서 그 의미를 해석하는 사회적 지식이므로 교사나 부모의 체계적인 안내가 필요한 것이다.
- 영아기의 교육적 요구나 필요에 따라 특정한 개념을 가르쳐 주거나 교육 내용을 이해하도록 하기 위한 수단으로서만 사용하는 것이 아니라 그림책의 가치와 예술성에 주목해야 할 필요가 있다. 영아를 위한 그림책을 언어나 수학, 과학, 음률 등 일부 특정한 교육 목표를 달성하기 위한 수단으로만 사용하는 것이 아니라 그림책 자체의 고유한 특성에 집중해서 감상하게 함으로써 영아들로 하여금

그림책을 읽으며 느끼고 이해하고 상상하고 생각하면서 감각적·정신적 눈을 뜨게 해줄 세계를 만나게 하기 위하여 좋은 문학교육 프로그램이 필요하다.

이와 같은 필요성에 따라 본서에서는 영아가 그림책이라는 예술 양식을 풍부한 문화 자원으로 경험할 수 있도록 하기 위한 문학교육 프로그램을 개발하고자 한다. 본서에서 제시하는 영아를 위한 문학교육 프로그램을 접하면서 영아들은 한 사회의 사회문화적 배경에 근거하여 사회적 약속인 언어로 창작된 문학을 제대로 감상할 수 있는 능력을 기르게 될 것이다. 또한 문학작품의 비유와 상징을 이해하고 해석함으로써 그 의미를 다양하고 풍부하게 구성할 수 있는 기회를 갖게 되고, 예술적으로 형상화된 언어와 그 의미를 감상함으로써 다양한 차원의 즐거움을 경험하게 된다. 본서의 영아문학교육 프로그램에서는 영아와 함께 그림책을 읽는 경험이 영아뿐만 아니라 책을 함께 읽는 성인인 부모와 교사에게도 진정으로 재미있는 경험이 되도록 하며, 이러한 경험을 통해 성인과 영아가 서로에 대하여 친근감을 형성하는 데 도움이 될 것이다. 그림책으로 하는 문학교육 프로그램에 참여하는 영아들은 매일 식사를 하는 것과 마찬가지로 일정한 일과에 따라 항상 그림책을 읽는 경험을 하게 될 것이다. 그리고 이러한 일상에서 이루어지는 그림책 읽기를 통한 경험으로부터 통해 영아들은 문학적 감수성과 살아가는 데 힘이 되는 지혜를 터득하게 된다.

2. 영아 발달과 그림책

영아들은 자신의 연령별 특성에 가장 잘 부합하는 그림책을 보면서 신체적, 인지적, 사회적, 그리고 도덕적 발달을 이루게 된다. 출생 후부터 만 2세 정도의 어린 영아들도 좋은 그림책을 읽는 것을 즐기고 그림책을 읽는 경험을 통하여 많은 것을 배운다. 영아의 발달적 특성에 부합하는 좋은 그림책을 읽는 것은 그림책 읽기의 시작이 흥미롭고 즐거운 시간이 되도록 하는 데 중요한 조건이다. 따라서 영아들에게 읽어 줄 그림책을 선정하는 데 영아의 연령별 발달 특성을 고려하는 것은 매우 중요하다.

만 1, 2세의 영아들을 위한 그림책을 고를 때는 영아들의 신체 발달의 특성을 고려해야 한다. 예를 들면, 영아들이 그림책의 그림에 주의를 집중하여 볼 수 있을 만큼 시각적·인지적 능력이 발달했는지, 얼마나 오랫동안 의자에 앉아 그림책을 볼 수 있는지 등을 고려해야 한다. 영아의 발달 특성에 적합한 그림책에는 자장가, 개념책, 보드책, 상호작용 그림책 등이 있는데 대부분이 내용이나 이야기가 단순하고 반복적인 텍스트나 언어 패턴으로 되어 있다. 또한 일러스트레이션이 명확하고 밝은 색깔로 되어 있으며 대체로 단순한 배경으로 되어 있는 그림책이 영아의 발달 특성에 적합하다. 그리고 영아들은 성인이 읽어 주는 그림책을 통하여 리듬감 있는 언어를 즐기는 경험을 하기 때문에 언어 자체의 리듬과 소리에 특별히 관심을 기울여 창작된 리듬감 있는 그림책들이 영아의 발달 특성에 적합하다. 어린 영아들은 그림책을 보면서 만지고 빨아 보고 책장을 넘기는 등 직접 읽기 과정에 참여하여 상호작용을 하는 경향이 있기 때문에 영아를 위한 그림책을 선택할 때는 그림책의 견고성 또한 매우 중요하게 고려되어야 한다. 그리고 글 없는 그림책이든 간단한 텍스트가 있는 그림책이든 그림책을 읽는 사람과 듣는 사람 모두 그림책을 읽는 전 과정에 적극적으로 참여하도록 격려하는 그림책이 영아의 발달에 적합한 좋은 그림책이라고 할 수 있다. 영아의 발달적 특성을 고려한 그림책 선정에 관하여 정리하면 다음과 같다(서정숙, 남규, 2010; Lynch-Brown, Tomlinson, & Short, 2011).

- 신생아는 색깔에 대한 감각보다는 흑백의 톤을 구별하는 능력이 더 일찍 발달된다. 따라서 아주 어린 영아들에게는 이러한 발달적 특성을 고려하여 시각적 예민함에 부합하는 흑백 그림책을 읽어 주는 것이 좋다.
- 영아들은 자신과 비슷한 아기 얼굴이 그려진 그림책 읽는 것을 좋아한다. 거울에 비치는 자신의 얼굴을 보고 좋아하는 영아는 그림책에 있는 아기 얼굴 그림도 친근하게 여겨 좋아하기 때문이다. 아기 얼굴 일러스트레이션이 있는 보드북을 보면서 영아는 자아감을 기르고 공감 능력을 발달시키게 된다. 다른 아기 얼굴을 보며 자연스럽게 미소 짓는 경험은 앞으로 자라면서 또래들과 사회적 관계를 맺으며 성장하는 영아들이 갖추어야 할 좋은 성향이라고 할 수 있다.
- 영아들은 직접 가지고 놀이할 수 있는 작고 단단한 보드책을 좋아한다. 만 1, 2세의 영아에게는 담요에 앉아서 혹은 아기 의자에 앉아서 볼 수 있는 아주 깔끔하고 앙증맞은, 그리고 견고하고 세척이 가능한 작은 그림책을 제공해 주는 것이 좋다.
- 천으로 만든 폭신폭신한 작은 책도 영아의 발달에 적합한 그림책이다. 영아는

강한 시각적 이미지가 있는 생생한 색깔의 책과 더불어 촉감을 느낄 수 있는 3차원적인 그림책도 좋아한다. 천으로 만든 책은 영아가 차를 타고 이동하는 시간이나 엄마가 부엌에서 식사 준비를 하는 시간 등 어떤 상황에서든지 아이가 쉽게 접할 수 있는 그림책이다. 천으로 만든 그림책은 신체 부분, 동물의 이름, 가정의 집기, 가족 구성원의 수 등 주로 개념을 다루고 있는 경우가 많다. 개념을 형성하기 시작하는 발달적 특성을 지닌 영아들에게 다양한 개념을 다루고 있는 천으로 만든 책을 읽으며 다정한 목소리로 이야기를 나누는 것은 책 읽는 것이 행복한 경험이라는 생각이 들도록 한다.

- 영아들에게는 노래 그림책이 좋다. 영아기의 발달적 특성을 고려할 때 음악과 노래는 문해 능력을 발달시키는 데 활용할 수 있는 아주 좋은 방법이다. 음악 자체는 언어 학습을 구조화하고 영아들이 소리의 리듬을 접하도록 하는 데 도움이 된다. 노래의 박자와 리듬도 영아들에게 언어의 패턴, 단어의 길이, 언어적 구조를 경험할 기회가 된다. 노래 그림책을 보며 노래를 부르는 것은 영아들에게 즐거운 경험이 된다.
- 영아들은 개념책을 읽으며 세상에 대하여 알아 가며 성장한다. 다양한 종류의 개념 그림책을 통하여 언어의 힘을 탐색하고 이 세상을 구성하는 것들과 상호작용 하는 것은 영아 발달에 적합한 의미 있는 경험이다.
- 영아들은 욕조에서 물장난하는 것을 즐긴다. 따라서 영아들이 목욕하는 시간에 친구가 될 수 있는 스펀지나 비닐로 만든 그림책을 제공해 줄 필요가 있다. 목욕하는 시간에 이루어지는 그림책과의 놀이 경험은 책이 일정한 시간에 특정한 장소에서만 읽는 것이 아니라 일상생활을 하면서 언제, 어디서나 읽을 수 있는 것임을 알게 해 준다.

영유아교육기관의 만 1, 2세 반에 다니는 영아들의 영역별 발달 특성과 이를 고려하여 제시해 줄 수 있는 영아 발달에 적합한 그림책은 다음과 같다(서정숙, 남규, 2010; 이기숙, 김정원, 전선옥, 이현숙, 2008).

1) 만 1세반 영아의 발달적 특성과 그림책

(1) 언어 발달

① 발달적 특성

- 요구나 감정을 몸짓과 언어로 전달한다.
- 의사소통의 수단으로 '말'이 시작된다. 문장 전체의 의미를 갖는 한 단어로 말하다가 18개월경부터 두 단어로 말하기 시작한다.
- 친숙한 대상이나 행위를 지칭하는 단어에 먼저 익숙해진다.
- 이야기를 좋아한다.
- 간단한 명령과 지시를 따른다.
- 사물을 보며 명칭을 말하는 것을 좋아한다.
- 그림책을 즐겨 본다.
- 표현 어휘보다 이해할 수 있는 어휘가 더 많다.

② 언어 발달에 적합한 그림책

- 그림책에 있는 그림의 이름을 명명할 수 있는 그림책
- 반복적인 패턴의 리듬과 운율, 노래가 담긴 그림책
- 의성어로 소리 놀이를 할 수 있는 그림책
- 친숙한 사물, 동물, 사람(가족), 신체 부위, 일상적 행위나 생활(놀이, 의복, 일 등)이 표현된 그림책
- 의존성, 자율성(자조기술), 애착, 배변, 안정감, 낯가림, 격리불안처럼 영아가 겪는 일을 간단한 형식으로 표현한 그림책

(2) 지각 및 인지 발달

① 발달적 특성

- 단순한 행동을 모방한다.
- 원인과 결과를 고려하기 시작한다.
- 단어와 행동을 기억하여 모방한다.
- 대조, 선, 각도에 초점을 두다가 보다 복잡한 패턴을 지각하게 된다.

- 오감을 통하여 탐색한다.

② 지각 및 인지 발달에 적합한 그림책
- 입과 손으로 탐색할 수 있는 헝겊이나 부드러운 비닐로 된 견고한 그림책
- 촉감을 느낄 수 있는 그림책
- 소리 나는 그림책
- 단순하고 큰 그림이 있거나 대조적인 배경이 뚜렷한 디자인의 그림책

(3) 정서 발달

① 발달적 특성
- 운율이 있는 짧은 이야기 및 노래를 좋아한다.
- 자신에 대한 긍정적 감정과 부정적인 감정이 지속되고 내적 감정과 외적 행동이 나타난다.
- 낯가림과 격리불안을 겪는다.

② 정서 발달에 적합한 그림책
- 교사나 양육자와의 정서적 교감을 위한 대화 매개체로서의 그림책
- 정서적 안정감과 신뢰감을 줄 수 있는 그림책

(4) 사회성 발달

① 발달적 특성
- 사회적 상호작용을 즐긴다.
- 낯선 사람과 같이 있거나 혼자 있을 때 두려움을 나타낸다.
- 부모나 교사의 얼굴 표정이나 말소리에 따라 적절히 반응한다.

② 사회성 발달에 적합한 그림책
- 애착, 배변 훈련, 신뢰감 형성과 관련된 그림책
- 일상사나 일상적 물건에 관한 그림책

(5) 신체 및 운동 발달

① 발달적 특성

- 걷기 시작하면서 주변에 대한 적극적인 탐색을 즐긴다.
- 모험적인 신체운동을 즐긴다.
- 물건을 손에 쥐는 행동이 나타나고, 물건을 밀거나 당기기를 좋아한다.
- 분주한 탐색으로 주의력이 제한되어 있다.
- 책장을 넘길 수 있다.

② 신체 및 운동 발달에 적합한 그림책

- 동작을 따라 할 수 있는 움직임을 담은 그림책
- 책장을 넘길 때 다음 장이 쉽게 튀어 오를 수 있게 만든 하드보드지 그림책

2) 만 2세반 영아의 발달적 특성과 그림책

(1) 언어 발달

① 발달적 특성

- 언어 발달이 급속도로 이루어진다.
- 단어 습득의 속도가 급증한다.
- 과잉 축소, 과잉 확대, 주축문법적인 단어 조합이 나타난다.
- 반복되는 운율과 리듬을 즐긴다.
- 언어 놀이를 즐긴다.
- 주변의 문자 언어에 관심을 가지기 시작한다.
- 선호하는 책이 생긴다.
- 혼자 혹은 성인과 책 읽기를 즐긴다.
- 글 없는 책을 보고 이야기를 꾸며 말한다.

② 언어 발달에 적합한 그림책

- 재미있는 단어로 되어 있는 그림책
- 운율, 리듬, 노래, 난센스, 반복 구성의 그림책

- 적극적 참여를 유도하는 그림책
- 단순한 플롯으로 된 그림책
- 친숙한 사물의 그림과 이름이 있는 책
- 의성어나 의태어가 많이 사용되고 단어나 문장이 반복되는 그림책
- 이야기가 짧고 단순한 그림책

(2) 인지 발달

① 발달적 특성

- 인지기능이 복잡해지고 더 객관적이며 점차 현실 지향적이 된다.
- 동물, 사람, 사물에 호기심을 느끼고 적극적으로 환경을 탐색한다.
- 정신적 표상 능력이 생기면서 내적으로 문제 해결을 하고 상상놀이가 발달된다.
- 자아중심적 사고를 한다.
- 호기심이 많고 질문이 많다.
- 선택적 집중이 가능해진다.

② 인지 발달에 적합한 그림책

- 다감각적 경험을 할 수 있도록 누르면 소리가 나거나 다양한 촉감을 느낄 수 있는 책, 문지르면 냄새가 나는 책
- 호기심을 충족시킬 수 있는 그림책
- '왜' 이야기 구성의 그림책
- 상상력을 키워 주는 환상 그림책, 의인화 그림책

(3) 정서 발달

① 발달적 특성

- 분노, 애정, 기쁨, 질투 등 거의 모든 정서가 나타난다.
- 정서반응의 상태가 매우 짧으며 정서의 표현이 갑작스럽게 나타난다.
- 감정이입 능력이 나타나기 시작한다.
- 자신의 정서를 언어로 나타내기 시작한다.

② 정서 발달에 적합한 그림책

- 정서적 안정감을 주는 그림책
- 감정이입을 해볼 수 있는 그림책
- 다양한 정서를 경험해 볼 수 있는 그림책

(4) 사회성 발달

① 발달적 특성

- 자아개념과 자아존중감이 발달한다.
- 독립적인 행동을 하려고 한다.
- 소유 개념이 발달하기 시작한다.
- 성 개념이 발달한다.
- 가족이나 또래와의 관계 맺기가 시작된다.
- 상상놀이를 즐긴다.
- 타율적 도덕성이 발달한다.

② 사회성 발달에 적합한 그림책

- 긍정적인 자아 개념을 키워 주는 그림책
- 자율성과 자조기술을 내용으로 하는 그림책
- 다른 사람과의 관계를 보여주는 그림책
- 일상이 담긴 친근한 내용의 사실적 이야기의 그림책

(5) 신체 및 운동 발달

① 발달적 특성

- 매우 활동적이다.
- 운동기술을 숙달하기 위하여 어떤 행동을 되풀이하는 경향이 있다.
- 기본적인 자조 능력을 갖기 시작한다.
- 대근육 활동, 소근육 활동이 영아기에 비해 정확하고 세련된다.

② 신체 및 운동 발달에 적합한 그림책

- 다양한 놀이에 관한 그림책
- 성공적인 모험담의 그림책
- 움직임을 따라 할 수 있는 그림책

3. 영아 그림책의 이해

영아 그림책은 영아를 대상으로 한 그림책이다. 즉, 생후 0세에서 36개월까지의 영아들을 독자 대상으로 한 그림책에 붙여진 이름으로 그림책의 특정한 형식이나 장르를 전제하지는 않는다. 그러나 이 시기의 영아들은 그들만의 독특한 특성과 발달에 따라 그림책을 보는 방식에 있어서 차이가 나기 때문에 영아 그림책은 다른 그림책에 비해서 내용과 형식, 그리고 그림책의 재질에도 차이가 난다.

영아 그림책은 페이지 수가 많지 않고, 주로 영아 주변의 친숙한 사람들과 사물, 의인화된 동식물 등을 다루며, 배경이 단순하게 표현되어 있다. 또한 단순한 플롯이고 시간적인 배경은 주로 현재를 다룬다. 주제는 영아 주변에서 실제적으로 볼 수 있는 사물과 인물의 명칭, 자조기술, 생활습관, 가족관계나 간단한 개념 등에 관한 것이 많다. 재질은 단순히 종이로 만든 책뿐만 아니라 헝겊, 플라스틱, 고무 등을 이용한 책들도 있다. 또한 요즈음은 영아의 참여를 적극적으로 유도하기 위하여 펼치고 잡아당기는 팝업 책이나 누르면 소리가 나는 아이디어가 돋보이는 책 등 종류가 다양해지고 있다.

영아 그림책이 그림과 내용이 단순하다고 해서 영아들이 그림책 내용을 다 이해하는 것은 아니다. 영아들은 책을 접한 초기에는 책의 내용보다는 물리적인 특성을 탐색하고 즐기며 하나의 감각적인 놀이 도구로 생각하는 경향이 있다. 그렇다면 영아들은 그림책의 내용을 어떻게 이해하게 되는가? 영아들은 그림책의 그림만으로는 내용을 완전히 읽어 내지 못하고, 그림과 누군가 읽어 주는 이야기를 동시에 들음으로써 내용을 이해하게 된다. 즉, 성인이 들려주는 이야기를 귀로 들으면서 그림을 보고 언어의 이미지화에 의존하여 언어의 세계로 들어가게 되는 것이다. 영아들은 그림책을 성인과 함께 읽는 과정에서 그림을 통해 상상력과 높은 심미적 가치를 지니게 되고, 상호작용을 통해 명명하는 것을 배운다. 그리고 일상적인 대화에서 접하기 어려운 다양한 어휘를 알게 되고, 복잡하고 정교한 어휘를 사용하며, 대화를 통해 생각과 경험을 공유할 기회뿐만 아니라 책의 가치와 문자를 인식하게 되는 등 언어 발달을 위한 이상적인 맥락을 경험하게 된다(Hoff-Ginsberg, 1991; Senechal, LeFevre, Hudson, & Lawson, 1996; Snow & Ninio, 1986).

이처럼 영아 그림책은 언어적으로나 정서적으로 많은 가치가 있는 매체이지만 영아들이 성인이 들려주는 소리를 들으면서 시각적으로 그림을 보고 내용을 이해해야 하기 때문에 그림책 선정에 각별히 주의를 기울여야 한다. 기본적으로 영아를 위한 그림책을 선정하는 과정에서는 영아의 발달 특성과 영아의 기본적인 요구를 고려해야 하며, 영아들의 독특한 발달 특성에 부합하는 그림책과의 상호작용 방법도 중요하게 인식해야 한다. 이번에는 영아 그림책의 종류와 영아 그림책을 선정하는 기준을 살펴보고자 한다.

1) 영아 그림책의 종류

영아 그림책은 일반적으로 내용과 형태에 따라 분류한다. 내용적 분류는 주제나 내용에 따른 분류를 말한다. 예를 들면, 이야기 그림책, 글 없는 그림책, 전래동요 그림책, 동시 그림책, 개념 그림책, ㄱㄴㄷ 그림책, 수 세기 그림책, 명명하기 그림책 등으로 분류할 수 있다. 책의 형태적 분류는 그림책의 재질이나 외형에 따른 분류로 보드 그림책, 감각놀이 그림책 등으로 분류할 수 있다. 그림책의 분류에 관하여 구체적으로 살펴보면 다음과 같다.

(1) 내용적 분류

① 이야기 그림책

이야기가 있는 그림책은 등장인물, 배경, 사건의 흐름에 문학적인 요소가 포함되어 영아에게 즐거움을 주는 그림책이다. 그림은 그 자체가 의미를 전달하고 연속성과 이야기를 담고 있으며, 내용은 등장인물의 갈등과 성장에 초점을 두고, 이야기 전개는 발단, 전개, 위기, 절정, 결말이라는 전형적인 이야기 구조로 나타난다. 특히 영아용 그림책에서는 짧은 서사가 있는 그림책이 많으며 등장인물의 수가 적고 반복적인 운율이 있으며 플롯이 단순하다. 그림책의 그림은 대부분 등장인물의 행위를 표현하고 있고, 글의 내용은 등장인물의 대화로 펼쳐진다(김세희, 2005).

하야시 아키코의 『달님 안녕』, 『손이 나왔네』, 『구두구두 걸어라』, 『싹싹싹』은 아이들의 일상을 담은 그림책이다. 반복되는 말과 짧은 문장, 흉내말들을 사용하여 노래하듯 읽을 수 있으며, 플롯이 단순하고 그림을 친근하게 표현하고 있으며 표정이나 행동이 살아 있다. 알로나 프랑켈의 『똥이 풍덩!』은 독특하고 친근한 글과 그림으로 엄마의 입장에서 주인공 송이와 변기에 대한 이야기를 들려주는 대화식 표현으로 되어 있어 변기를 처음 사용하는 영아들이 배변 훈련을 즐겁게 할 수 있도록 도와준다. 비슷한 배변 그림책으로 최민호의 『응가 하자, 끙끙』이 있다. 이 밖에도 낸시 태퍼리의 『아기 오리는 어디로 갔을까요?』, 기시다 에리코 글, 초 신타 그림의 『사과야, 빨리 익어라』, 다다 히로시의 『사과가 쿵!』, 안나 클라라 티돌름의 『두드려 보아요』, 제즈 앨버로우의 『안아 줘!』, 마가렛 와이즈 브라운 글, 진 샬럿 그림의 『모두 잠이 들어요』 등이 이야기 그림책의 대표적 예라 할 수 있다.

『달님 안녕』
하야시 아키코 글·그림,
한림출판사

『손이 나왔네』
하야시 아키코 글·그림,
한림출판사

『구두구두 걸어라』
하야시 아키코 글·그림,
한림출판사

『싹싹싹』
하야시 아키코 글·그림,
한림출판사

『똥이 풍덩!』
알로나 프랑켈 글·그림,
비룡소

『응가 하자, 끙끙』
최민오 글·그림,
보림

『아기 오리는 어디로 갔을까요?』
낸시 태퍼리 글·그림,
비룡소

『사과야, 빨리 익어라』
기시다 에리코 글,
초 신타 그림,
사계절

『사과가 쿵!』 다다 히로시 글·그림, 보림	『두드려 보아요』 안나 클라라 티돌름 글·그림, 사계절	『안아 줘!』 제즈 앨버로우 글·그림, 웅진주니어	『모두 잠이 들어요』 마가렛 와이즈 브라운 글, 진 샬럿 그림, 비룡소

② 운문 그림책

운문 그림책은 전래동요, 동요, 동시를 그림책으로 만든 것이다. 먼저 전래동요 그림책은 옛날부터 내려오는 어린이의 노래를 그림책으로 엮은 것으로 다음과 같은 가치를 갖는다(서정숙, 남규, 2010). 첫째, 반복어가 많고 비슷한 운율로 되어 있어 기억하기 쉽고 부르기도 쉬워 문학의 즐거움을 준다. 둘째, 우리 민족의 정서와 우리의 음악 예술을 체험하는 계기가 된다. 셋째, 놀이하며 부르는 노래로 사회성 발달, 창의성 발달, 그리고 언어 발달을 돕는다.

한국의 전래동요 그림책으로는 임동권 글, 류재수 그림의 『자장자장 엄마 품에』를 들 수 있다. 이 그림책에는 한국 전래동요 중 자장가 22곡의 노랫말이 실려 있다. 반복적 리듬과 자장가의 노랫말이 모국어의 아름다움을 느끼게 해 준다. 또한 김세희 글, 유애로 그림의 『하늘이랑 바다랑 도리도리 짝짜꿍』은 쭈까쭈까, 까꿍, 짝짜꿍, 걸음마 등 발달 단계마다 아기의 성장을 돕기 위해 부모와 함께 할 수 있는 전래놀이를 개월별로 정리한 그림책이다. 이 책은 전래동요에 맞춘 아기의 표정이 세심하게 그려져 있으며 어른이 아기와 함께 동요를 부르며 신체놀이를 할 수 있도록 구성되어 있다.

동요·동시 그림책으로는 윤석중의 동요(똑같아요)를 개작한 이미애 글, 한병호 그림의 『무엇이 무엇이 똑같을까?』가 있다. 이 책은 아이가 세수할 때는 토끼도 세수하고 아이가 응가할 때는 바둑이도 응가하는 식으로 주인공 아기의 생활과 동물의 생활을 함께 대응시키고 있으며 의성어와 의태어로 표현되어 있어 흥미롭다. 그 밖에 널리 불리는 동요의 노랫말에 그림을 곁들여 우리말의 아름다움을 느낄 수 있게 한

보드책 형태의 '아기 시 그림책'으로 『누가 누가 잠자나』, 『구슬비』, 『아기와 나비』가 있다.

『자장자장 엄마 품에』 임동권 글, 류재수 그림, 한림출판사

『하늘이랑 바다랑 도리도리 짝짜꿍』 김세희 글, 유애로 그림, 보림

『무엇이 무엇이 똑같을까?』 이미애 글, 한병호 그림, 보림

『누가 누가 잠자나』 목일신 글, 이준섭 그림, 문학동네어린이

『구슬비』 권오순 글, 이준섭 그림, 문학동네어린이

『아기와 나비』 강소천 글, 유진희 그림, 문학동네어린이

③ 글 없는 그림책

글 없는 그림책은 글이 전혀 없거나 아주 최소한의 글만으로 이야기를 전달하는 책의 형태를 띤 일련의 인쇄된 그림으로서 그림 안에 글의 내용과 의미가 전적으로 포함되어 있는 문학의 독특한 형태이다(Herman, 1976, 서정숙, 남규 2010, 재인용).

글 없는 그림책은 그림만 보고 이야기를 만들어 볼 수 있기 때문에 영아에게 적합하다고 볼 수 있으나 그림책에 따라서는 심오한 주제를 담고 있는 것들도 많다. 따라서 글 없는 그림책들 중 서사성이 없으며 사물의 시각적 특징을 부각시킨 그림책이 영아에게 적합하다고 할 수 있다. 도널드 크루즈의 『화물 열차』는 철길을 달리는 화물 열차에 달린 화차 하나하나를 소개하고 그것이 달리는 모습을 묘사한 그림책이다. 실제로는 검정색이었을 화차를 밝은 원색으로 표현하여 영아의 시선을 끌기에 충분하고 갖가지 색으로 연결된 화차 하나하나를 열거하고 있어서 영아는 다음에 나올 화차에 계속 호기심을 가질 수 있다. 또한 『트럭』도 영아에게 적합한 글 없는 그림책의 대표적인 예이다.

『화물 열차』
도널드 크루즈 글 · 그림,
시공주니어

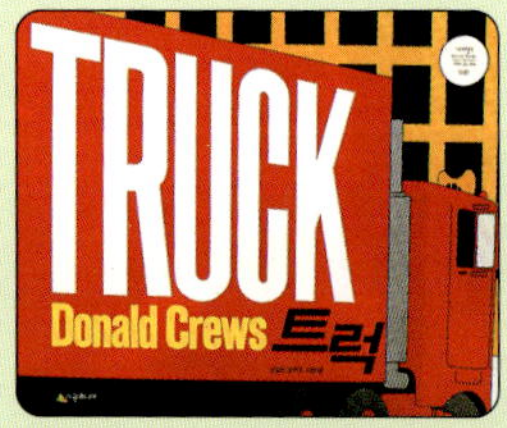

『트럭』
도널드 크루즈 글 · 그림,
시공주니어

④ ㄱㄴㄷ 그림책

알파벳 그림책이라고 하며 사물의 이름과 형태를 인식할 수 있도록 만들어졌다. 영아들이 글자 자체를 익히게 하는 것을 목적으로 하기보다는 반복적인 놀이를 통해 자연스럽게 지속적으로 글자에 관심을 갖도록 하는 데 의미가 있다.

영아용 ㄱㄴㄷ 그림책으로는 박은영의 『기차 ㄱㄴㄷ』이 있다. ㄱ부터 ㅎ까지의 자음이 순서대로 열거되고, 각 자음이 들어가 있는 말들이 이어져서 하나의 이야기가 되는 그림책이다. 밝은 색과 대담하고 활달한 붓놀림이 아이들로 하여금 친숙함을 느낄 수 있게 하는 그림이다. 한글 자음을 알려주기 위한 정보 그림책이지만 자음의 순서나 이름을 알려주는 데 목적을 두기보다는 기차를 타고 여행하는 즐거움에 초점을 두어 읽어 주는 것이 좋다.

『기차 ㄱㄴㄷ』
박은영 글 · 그림,
비룡소

⑤ 수 세기 그림책

수 세기 그림책도 ㄱㄴㄷ 그림책과 마찬가지로 수를 인식할 수 있도록 만들어졌다. 특히 영아들은 수 세기 그림책을 통해 수의 개념보다는 사물의 특징에 호기심을 가지면서 자연스럽게 숫자에 호기심을 갖게 된다.

엄혜숙 글, 변정연 그림의 『하나 둘 셋』은 여러 가지 과일을 먹는 주인공 곰이 의성어와 반복되는 말을 통해 1부터 5까지의 숫자를 재미있게 표현하고 있다. 정상경의 『가족 1 2 3』은 지점토 인형으로 가족사진을 찍는 상황을 만들어 놓아 가족이 한 명씩 늘어나게 하여 가족을 세어 보면서 간단한 수 개념을 익히도록 하는 동시에 가족의 개념까지 알게 해 주는 그림책이다.

『하나 둘 셋』
엄혜숙 글, 변정연 그림,
다섯수레

『가족 1 2 3』
정상경 글 · 그림,
초방책방

⑥ 명명하기 책

한 가지 주제를 그림으로 나타내고, 그 특정 물체나 대상에 관한 그림과 그것의 이름을 대응시키게 하는 그림책이나. 주제는 과일, 자동차, 동물, 스포츠, 과학, 기술 등 다양하다. 그 대표적인 예로 '세밀화로 그린 보리 아기 그림책'은 14명의 화가들이 직접 현장을 찾아가 보고 그린 세밀화 그림책 시리즈이다. 우리나라의 자연, 동물, 식물, 그리고 곤충이 아주 섬세하고 정확하게 그려져 있으므로 사물을 처음 접하는 영아들에게 유용하다. 이 밖에 엄혜숙 글, 이억배 그림의 『넌 누구니?』는 영아가 처음 만나는 열두 띠 동물을 차례로 생동감 넘치는 그림에 담아 동물의 모습과 이름을 재미있게 놀이식으로 알아갈 수 있도록 하는 그림책이다.

'세밀화로 그린 보리 아기 그림책'
『여름에 먹는 과일 냠냠 짭짭』
보리

『넌 누구니?』
엄혜숙 글, 이억배 그림,
다섯수레

⑦ 개념 책

영아들에게 색깔, 모양, 자신의 신체, 가족과 같은 개념을 소개하는 책이다. 로이스 엘러트의 『알록달록 동물원』은 동그라미, 정사각형, 삼각형, 직사각형, 하트 등의 모양으로 화면을 오려 내어 호랑이, 뱀과 같은 동물의 모습을 표현한 그림책으로서 모양과 색, 동물의 종류를 알려주는 개념 그림책이다. 필립 세들레츠스키의 『아기 세모의 세 번째 생일』은 아기 세모의 생일날 세모 친구들이 찾아와 네모, 바람개비 등을 만들며 노는 내용이다. 기본적인 도형을 알려주는 개념 그림책으로서 세모를 이용해 다양한 모양 구성을 이야기 속에서 자연스럽게 해 볼 수 있게 한다. 고미 타로의 '색깔 그림책'은 『빨간 책』, 『노란 책』 등의 6권으로 구성되어 있는데 당근, 금붕어, 장화, 소방차처럼 익숙한 소재에 사물과 색을 제시하여 자연스럽게 색깔의 개념을 익힐 수 있게 해 준다. 그 외에도 채인선 글, 이형진 그림의 『튼튼 쑥쑥 내 몸!』은 몸 각 부분의 이름과 하는 일을 소개하는 그림책이다.

『알록달록 동물원』
로이스 엘러트 글 · 그림,
시공주니어

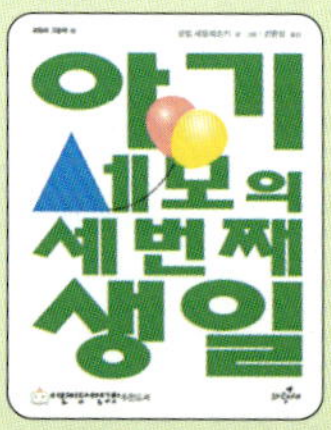

『아기 세모의 세 번째 생일』
필립 세들레츠스키 글 · 그림,
파랑새

『튼튼 쑥쑥 내 몸!』
채인선 글, 이형진 그림,
사계절

'고미 타로의 색깔 그림책'(『초록 책』,, 『노란 책』, 『갈색 책』, 『하얀 책』, 『까만 책』, 『빨간 책』)
고미 타로 글 · 그림,
달리

(2) 형태적 분류

책의 형태적 분류는 보드북과 토이북으로 나눌 수 있다. 보드북은 글, 그림이 있고 영아들이 두드리고 만져서 찢어지지 않을 정도의 조금 두꺼운 종이로 만들어진 네모 모양의 전형적인 책이다. 토이북은 입체적인 조작 변형이 가능하고 시각, 촉각, 후각 등 감각을 직접적으로 경험할 수 있는 입체적인 책이다. 예를 들면, 피오니 와트 글, 라헬 웰스 그림의 『물고기』와 같은 헝겊책, 누르면 소리 나는 책, 앤서니 브라운의 『이상한 놀이공원』처럼 잡아당기거나 펼치면 입체적인 장면이 나오는 팝업북(pop-up book), 끌어올리거나 들추어 볼 수 있는 다양한 날개가 있는 플랩북(flap book), 물에 넣어도 젖지 않는 비닐책 등을 들 수 있다.

영아는 사물을 감각을 통해 경험하기 때문에 직접 조작하고, 감각적으로 탐색할 수 있는 책이 발달에 적합하다. 따라서 영아가 직접 만지고 조작해 봄으로써 영아 스스로 책과 상호작용할 수 있도록 만들어진 토이북은 영아의 호기심을 유발하고 책에 오랫동안 흥미를 느끼게 하는 데 효과가 있다.

『물고기』
피오니 와트 글, 라헬 웰스 그림,
시공주니어

『이상한 놀이공원』
앤서니 브라운 글 · 그림,
미세기

2) 영아 그림책의 선정 기준

영아 그림책의 선정 기준은 학자에 따라 조금씩 차이가 있다. Schickedanz(1986, 1999)는 영아들의 연령별 발달 수준에 따라 그림책 선정 기준을 제시하는데 그 내용은 다음과 같다.

- 생후 3개월 : 단순하고 큰 그림이 들어 있거나 글과 그림이 통일된 의미를 갖는 그림책을 제시해야 한다.
- 12개월에서 18개월 : 친근한 사물과 사건을 다룬 책이나 글을 정확하게 반영한 그림과 반복적인 문장, 운율이 있는 예측 가능한 책을 제시하도록 한다.
- 18개월 이후 : 실제적인 이야기에 흥미를 가지기 시작하므로 주제를 다룬 책을 제시하도록 한다.
- 19개월에서 30개월 : 이 시기에는 자신의 경험과 관련된 실제적인 이야기를 즐긴다. 매 책장마다 짧은 글이 쓰여 있고, 단순하고 글의 내용을 명확히 반영한 그림으로 된 책이 필요하다. 또한 이 시기에는 문장이 반복되고, 단어에 운율이 있고, 그림이 글의 내용과 일치하는 것을 좋아한다. 그리고 사건을 순서 지을 수 있고, 친근한 순서적 상황에서 다음날에 일어날 일을 예상할 만한 능력이 있기 때문에 단순한 예상이 가능한 책을 제시하도록 한다.

한편 Jalongo(1988)는 다음과 같이 영아를 위한 그림책의 선정 기준을 제시하고 있다.

- 적절한 주제와 소재를 담고 있어야 한다. 신뢰감을 형성하고 자율성을 키워 가는 이 시기에는 부모의 사랑과 자율성이 담긴 내용이 바람직하다.
- 언어가 효과적이고 풍부한 상상력으로 창작된 그림책이어야 한다. 그림책 속의 글은 간결하고 음악적이며 창의적이어야 한다.
- 명확하고 단순한 직선적인 플롯이어야 영아들이 이해하기 좋다. 직접적인 것이 이해하기 쉽다.
- 빠른 결말이 나와야 하며 행복하게 끝나는 긍정적인 면이 있어야 영아는 위안을 느끼고 계속해서 반복하여 그 책을 읽고 싶어 하게 된다.

한편 김세희(2000), 김소양, 이경화, 채종옥(2001), 이상금, 장영희(1986) 등에 의하면 영아들의 발달에 적합한 그림책 선정 기준은 다음과 같다.

- 0세~1세 : 보고, 듣고, 만질 수 있는 다감각적인 경험을 할 수 있는 그림책과 운율이 있는 그림책
- 1세~2세 : 책장마다 그림이 그려져 있고 책의 그림이 내용을 정확히 반영해 주는 그림책, 영아들이 일상생활에서 접할 수 있는 소재를 중심으로 운율과 반복이 있는 짧은 문장으로 구성된 그림책

위 전문가들이 제시한 영아 그림책을 선정하는 기준을 종합해서 정리하면 다음과 같다.

첫째, 영아를 위한 그림책은 문학적 요소를 고려하여 선정하여야 한다. 영아 그림책의 주제는 영아의 발달 상황에 적합해야 한다. 플롯은 단순하면서 잘 짜인 이야기로 구성되어야 하고, 명확하며 직접적이고 약간의 긴장이 있으며 유머가 있는 책이 좋다. 일상생활에서 접할 수 있는 소재를 중심으로 단순하고 정확한 개념을 줄 수 있으며 예측이 가능한 이야기의 그림책이어야 한다. 등장인물은 영아들이 경험해 보았던 인물, 살아 있고 생동감 있는 인물이 좋다. 영아들이 성장과 함께 자연스럽게 경험하는 불안, 공포, 질투 등의 감정을 건강하게 체험하도록 돕고 기쁨, 애정 등을 다양하게 느낄 수 있게 하는 그림책을 제공해 주어야 한다(이송은, 2006). 문체는 영아들이 이해할 수 있는 수준의 어휘로 쓰인 것이어야 한다. 운율이 있거나 반복적이고 대화체로 표현되어 있는 그림책과 의성어와 의태어가 많이 등장하는 이야기가 좋다.

둘째, 영아를 위한 그림책은 예술적 요소를 고려하여 선정하여야 한다. 최근 그림책 작가들은 매우 다양한 매체와 다양한 기법을 동원함으로써 그림을 표현한다. 이러한 다양한 그림책을 접하면서 영아들은 심미감과 상상력을 기를 수 있다. 그림이 단순하게 그려졌다고만 해서 영아들에게 적합한 것은 아니다. 글과 그림이 통일된 의미를 가지는지, 그림이 밝은 색으로 대비가 되어 있어 그림에서 아름다움을 느낄 수 있는지, 영아들이 그림을 보면서 기본적인 개념이나 이야기 줄거리를 알게 되는지, 그림이 영아의 연령 수준에 맞는지 등을 고려하여 선택해야 한다.

셋째, 영아를 위한 그림책은 교육적 요소를 고려하여 선정하여야 한다. 그림책의 내용이 영아들의 정서, 신체, 인지 등 모든 발달을 바람직한 방향으로 촉진시키는 데

도움이 되어야 한다. 그러나 교훈적인 것보다는 교육성이 중요하다. 교훈을 직접적으로 가르치는 것보다는 교육적 영향을 줌으로써 영아의 인격 형성에 도움을 주어야 한다는 것이다.

넷째, 영아에게 흥미롭고 즐거운 것이어야 한다. 영아가 처음 접하게 되는 문학이므로 즐거움과 기쁨이 최우선이 되어야 한다.

다섯째, 신체적 발달 단계에 적합하게 조작하기 쉽고 안전하고 견고한 것이어야 한다. 아무리 좋은 그림책이라 할지라도 영아들이 다루기에 위험하거나 조작이 어려운 책은 지양해야 한다.

4. 영아문학교육 프로그램의 개요

영아를 대상으로 한 문학교육은 큰 틀에서 볼 때 유아문학교육과 유사하다. 영아문학교육은 영아를 대상으로 문학교육을 어떻게 할 것인가를 다루는 것으로, 영아문학교육의 목표, 내용, 방법이 포함된다. 영아문학교육 프로그램은 로젠블랫의 상호교류 이론(Rosenblatt, 1985)과 비고츠키의 비계 설정, 피아제의 능동적인 학습자에 대한 개념에 바탕을 둔다. 이에 기초한 프로그램의 기본 교수 원리는 다음과 같다.

- 독자와 그림책은 동등한 파트너이다. 독자는 그림책이 보여 주는 세계를 일방적으로 수용하는 존재가 아니라, 자신의 세계를 적극적으로 반영하면서 자신만의 의미를 구성해 가는 존재다. 그러므로 교사는 그림책을 읽어 주기 전, 읽어 주는 동안, 읽어 준 후에 영아가 다양한 반응을 할 수 있게 조장해 준다.
- 그림책과 영아뿐 아니라 영아와 영아, 영아와 교사와의 상호작용을 격려한다.
- 그림책에 대한 영아의 자발적인 반응을 중심으로 문학교육 활동을 실행한다.
- 교사는 영아에게 그림책 감상을 안내하는 역할, 영아의 다양한 반응을 수용·격려하고 조정하는 역할, 영아와 함께 감상하며 의문하고 예측하는 역할, 문학단원 개발자로서의 역할을 한다. 그리고 영아의 반응에 기초하여 적절한 질문과 상호작용을 격려하는 비계 설정자로서의 역할을 한다.

1) 영아문학교육의 목표, 내용 및 활동

영아문학교육의 목표, 내용 및 활동은 유아문학교육의 목표 및 내용(서정숙, 2001; 서정숙, 남규, 2005; 서정숙, 김정원, 2008)에 기초한 것이고, 이것은 유아를 대상으로 실시한 문학교육 프로그램 연구(서정숙, 김정원, 남규, 2006, 2008)와 영아를 대상으로 한 프로그램 연구(김정원, 남규, 2010)를 통해 그 효과가 검증된 바 있다.

(1) 영아문학교육의 목표

영아문학교육의 목표는 영아의 문학적 소양의 계발이다. 이에 대한 구체적인 목표는 다음과 같다.

① 목표 1 : 문학적 태도의 형성

- 그림책에 대해 관심과 호기심을 갖는다.
- 그림책이나 문학활동을 좋아한다.
- 그림책이나 문학활동을 자발적으로 선택한다.
- 그림책이나 문학활동에 적극적이고 몰입한다.
- 평상시 그림책에 대해 즐겨 말하고 표현하며 생활과 관련짓는다.

② 목표 2 : 문학적 능력의 함양

- 이해 및 감상 능력
  - a. 다양한 종류의 그림책을 감상하고 이해할 수 있다.
  - b. 등장인물, 배경, 사건, 이야기 구조, 주제, 줄거리, 문체 등을 감상하고 이해할 수 있다.
  - c. 색, 선, 배열, 모양, 매체 등 그림의 특징을 감상하고 이해할 수 있다.
  - d. 자신의 경험이나 생활과 관련지어 반응할 수 있다.
  - e. 등장인물에 대한 공감과 정서적 순화 과정을 통해 자신의 감정과 타인의 감정을 이해할 수 있다.
  - f. 그림책 속의 세계에 대한 간접 경험을 통해 다양한 사람, 다양한 삶, 다양한 문제에 대해 이해할 수 있다.

- 비평 능력

  a. 등장인물, 배경, 사건, 이야기 구조, 주제, 줄거리, 문체, 색, 선, 배열, 모양, 매체, 작가 등에 대해 이유나 근거를 들어 작품에 대한 비평(비판적 읽기)을 할 수 있다.

  b. 비슷한 특성을 지닌 그림책 간의 비교를 통해 장점과 단점을 평가할 수 있다.

  c. 같은 작가의 여러 그림책 간의 비교를 통해 공통점과 차이점을 파악할 수 있다.

- 창작 능력

  a. 그림책의 일부 요소를 바꾸어 글을 짓거나 그림으로 그리거나 그림책을 만들 수 있다. 또는 그 외의 방법으로 그림책의 일부를 바꾸어 표현할 수 있다.

  b. 새로운 이야기를 짓거나 창작 그림책을 만들 수 있다.

(2) 내용 및 활동

① 이해 및 감상

a. 등장인물의 마음 표현하기
b. 장면에 대한 느낌 표현하기
c. 자신의 경험과 관련짓기
d. 인상 깊었던 장면 그리기
e. 등장인물을 캐릭터로 꾸미기
f. 의상, 소품 만들기
g. 배경 꾸미기
h. 읽은 그림책에 대한 포스터 만들기
i. 읽은 그림책에 대한 광고 꾸미기
j. 읽은 그림책을 소재로 책갈피 만들기
k. 읽은 그림책에 대한 주제가(가사) 만들기
l. 등장인물 이름 붙이기
m. 다른 제목 붙이기
n. 이야기 회상하기
o. 이야기 내용에 기초하여 동극 하기

② 비평

a. 내용에 대해 생각 나누기

b. 그림에 대해 생각 나누기

c. 등장인물에 대해 평가하기

d. 주제, 배경, 색 등에 대해 평가하기

e. 같은 내용의 다른 책이나 매체(애니메이션, 영화 등)와 비교하기

f. 작가나 일러스트레이터에 대해 생각 나누기

③ 창작

a. 그림책을 읽는 중 자유롭게 연행적 반응(목소리 연기, 표정 짓기, 마임으로 상황에 대한 창의적 표현)하기

b. 이야기의 앞(또는 중간, 뒤) 이야기 짓기

c. 그림책에서 사용한 매체를 사용하여 그림 그리기

d. 창작 그림책 만들기

2) 그림책 단원 및 그림책 작품 망의 구성

이 책에서 소개하는 영아문학교육 프로그램은 영아가 그림책의 특징에 좀 더 몰입할 수 있도록 하기 위해 그림책의 이해 및 감상, 그림책의 비평, 창작을 내용으로 하고, 이에 관련된 활동으로 연결 짓도록 되어 있다.

(1) 그림책 단원 망

그림책 단원이란 이야기의 배경이나 소재, 등장인물의 성격, 플롯, 작가, 그림의 특징 등 그림책의 여러 요소 중 공통적인 특징을 지닌 그림책들끼리 하나로 묶는 것(서정숙, 2001)을 말한다. 영아기 그림책 단원이 될 수 있는 것들로는 '눈이 와요', '기차 놀이', '우리 엄마/우리 아빠', '동물', '밤이 오면' 등을 들 수 있다.

공통적인 특징을 지닌 그림책들을 모아서 읽어 주면 그림책 간 비교가 쉬워서 영아의 그림책 이해에 도움이 된다(서정숙, 2001; Glazer, 1997). 그림책 단원에 속하는 여러 그림책들을 일정 기간 동안 읽어 주면 영아는 같은 단원이라는 맥락에 주의를 기울

이게 되어 그림책의 공통적인 특징을 더 깊이 감상할 수 있는 동시에 같은 단원이면서 다르게 표현된 그림책들의 개별 특징을 더 쉽게 이해하게 된다. 만 5세를 대상으로 그림책 단원 중심의 문학교육을 실시한 결과, 유아는 그림책에 대한 이해도와 흥미도가 높아졌다. 좀 더 구체적으로 드러난 내용을 보면, 그림책의 세부 사항에 대한 관심과 다양한 그림책에 대한 관심이 높아졌고, 그림책을 스스로 선택한다든지 그림책을 읽은 후 하고 싶은 활동 아이디어를 자발적으로 낸다든지 하는 행동이 눈에 띄게 늘었다. 특히 정해진 시간 외에 자유놀이시간이나 놀이 중에도 그림책을 참조하는 행동을 보였고, 흥미 영역 간 통합된 그림책 활동을 보여 주었다(서정숙, 김정원, 남규, 2006; 2008). 또한, 그림책 단원 중심 문학교육을 실시한 교사들의 수업 양상에도 변화가 있었는데, 그들은 이전보다 그림책의 특징을 고려하여 수업을 하였고, 역동적이고 활발한 상호작용이 일어나는 수업을 한 것으로 나타났다(서정숙, 김정원, 김유정, 2009).

그림책 단원은 두 가지 방법으로 구성할 수 있다. 하나는 그림책 단원명을 정한 다음에 이와 관련이 있는 그림책들을 그림책 단원과 바로 연결하는 방법이고, 다른 하나는 그림책 단원을 정한 다음 그것을 다시 하위 단원으로 나누고 그 하위 단원과 관련이 있는 그림책들을 하위 단원과 연결하는 방법이다. 그런데 하위 단원이 있든 없든, 그림책 단원은 생활주제와 관련지어 정할 수도 있고 생활주제와 상관없이 정할 수도 있다. 그러므로 그림책 단원 망을 구성하는 방법은 모두 네 가지가 된다.

① 하위 단원이 없고, 생활주제와 관련 있는 그림책 단원 망(생활주제 예 : 건강과 안전)

다음은 잠자리에서 읽을 수 있는 그림책을 단원으로 망을 짠 예이다. 이것은 '건강과 안전'이라는 생활주제가 진행될 때 들어갈 수 있는 그림책 단원의 예로서, 만 2~3세를 대상으로 한 것이다.

잠자리 책

『잠자는 책』
『잘 자요, 달님』
『쉿 쉿!』
『북쪽나라 자장가』
『이렇게 자 볼까? 저렇게 자 볼까?』

『잘 자요, 달님』
- 내가 자는 방에 무엇이 있는지 이야기해 보기(이해 및 감상)
- '잘 자요, ○○'로 동시 짓기(창작)
- 그림 보며 이야기 나누기(이해 및 감상)

② 하위 단원이 없고, 생활주제와 관련이 없는 그림책 단원 망

다음은 '까꿍 놀이'를 내용으로 한 그림책을 단원명으로 하여 망을 짠 예이다. 이렇게 생활주제와 별도로 그림책 단원을 짤 수도 있다.

까꿍 그림책

『누구야?』
『모자가 빼꼼』
『뭐 하니?』
『열두 띠 동물 까꿍 놀이』

『누구야?』
- 다른 동물을 넣어 이야기 꾸미기(창작)

『모자가 빼꼼』
- 그림책 속 고양이처럼 해 보기(이해 및 감상)
- 보자기 썼다가 살짝 모습 보이는 까꿍 놀이(이해 및 감상)

『뭐 하니?』
- 인물들이 각각 무엇을 하고 있을지 맞혀 보기(이해 및 감상)

『열두 띠 동물 까꿍 놀이』
- 반복 문형 부분을 따라 하기(이해 및 감상)

③ 하위 단원이 있고, 생활주제와 관련 있는 그림책 단원 망(생활주제 예 : 나와 가족)

다음은 '엄마랑 아빠' 를 그림책 단원으로 망을 짠 예이다. '잠자리 책' 에서처럼 생활주제와 관련되는 망이지만, 하위 단원이 있다는 점에서 그것과는 다르다. 이 망은 '나와 가족' 이라는 생활주제를 선택할 때 들어갈 수 있는 그림책 단원의 예로, 단원명인 '엄마랑 아빠' 를 망의 중앙에 배치한 후 다시 하위 단원으로 '엄마', '아빠' 를 정한 후, 각각 관련 그림책을 연결시킨 것이다.

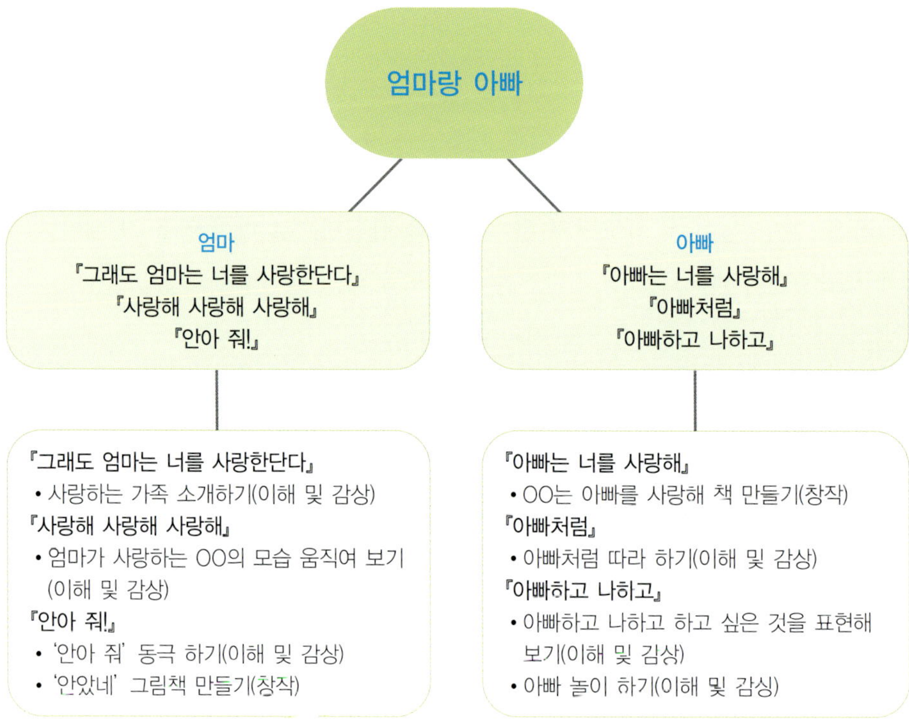

④ 하위 단원이 있고, 생활주제와 관련이 없는 그림책 단원 망

다음은 콜라주를 그림책 단원으로 하여 망을 짠 예이다. 이것은 '까꿍 그림책' 에서처럼 생활주제와 관련이 없는 망이지만, 하위 단원이 있다는 점에서 그것과는 다르다. 이 망은 단원명인 '여러 가지 그림책' 을 중앙에 배치한 후 다시 하위 단원으로 '구멍 뚫린 그림책', '앞뒤로 시작하는 그림책', '튀어 오르는(팝업) 그림책' 을 정한 후, 각각 관련 그림책을 연결시킨 것이다.

(2) 그림책 작품 망

그림책 작품 망은 그림책 한 권을 중심으로 망을 구성하는 방법인데, 이것도 두 가지 방법이 있다. 하나는 그림책 한 권을 선정하여 중심에 두고, 그것의 특징을 서너 가지 하위 범주로 나눈 다음 각 범주에 속하는 그림책끼리 하나로 묶는 방법이다. 다른 하나는 그림책 한 권을 선정하여 중심에 두고, 그것으로 할 수 있는 이해 및 감상, 비평, 창작 활동을 연결 짓는 방법이다. 이때 선정되는 그림책은 생활주제와 관련이 있을 수도 있고 없을 수도 있다.

① 하위 범주가 있는 그림책 작품 망

다음은 하야시 아키코의 『구두구두 걸어라』를 망의 중앙에 배치하고 이 그림책의 특징으로 뽑은 세 개의 하위 범주인 '잘할 수 있어요', '같은 작가 그림책'과 연결 짓고 각 범주에 속할 수 있는 그림책을 적은 다음, 해당 그림책으로 할 수 있는 활동을 적은 것이다.

구두구두 걸어라

잘할 수 있어요
『잘했어, 아가야』
『똥이 풍덩!』
『티치』

같은 작가 그림책
『달님 안녕』
『손이 나왔네』
『싹싹싹』

『잘했어, 아가야』
- 혼자서도 잘할 수 있어요(이해 및 감상)

『똥이 풍덩!』
- 알록달록 우레탄 블록으로 화장실 구성하기(이해 및 감상)

『티치』
- 티치의 물건을 찾아 주세요(이해 및 감상)

『달님 안녕』
- '○○ 안녕' 운율 따라 읽어 보기(이해 및 감상)

『손이 나왔네』
- 그림책 속 아가처럼 옷 입어 보기(이해 및 감상)

『싹싹싹』
- 인형에게 혼자서 할 수 있는 것 해 보기(이해 및 감상)

② 하위 범주가 없는 그림책 작품 망

다음은 『그건 내 조끼야』를 망의 중앙에 배치하고 이 그림책으로 할 수 있는 이해 및 감상, 비평, 창작 활동을 적은 것이다.

그건 내 조끼야

이해 및 감상
- 빨간 조끼 입고 역할극 하기
- 등장인물에게 조끼 입혀 보기

비평
- 등상인물 평하기
- 작가의 다른 그림책과 비교하기

창작
- 뒷이야기 짓기
- 동물들을 바꾸어 이야기 짓기

3) 단계별 그림책 읽어 주기

영아에게 그림책을 읽어 줄 때는 영아를 안고 소파에 앉아 편안한 자세로 읽어 주는 것이 좋다. 이때 영아가 좋아하는 그림책뿐만 아니라 책을 읽어 주는 부모나 교사도 좋아하는 그림책을 선정하는 것이 좋다. 좋아하는 그림책을 읽어 주는 성인과 함께 그림책을 경험하는 영아는 그림책의 이야기와 언어를 즐기는 목소리를 듣는 소중한 경험을 하게 된다. 부모나 교사는 언어의 아름다움에 흠뻑 젖어들어야 하며 영아에게 읽어 주기 위하여 몇 번이고 반복해서 그림책을 읽어 보아야 한다. 이 밖에도 영아가 예측할 수 있는 억양과 패턴으로 되어 있어 자연스럽게 목소리를 높이고 낮출 수 있는 그림책을 읽어 주는 것이 좋다. 이러한 그림책을 반복해서 읽는 경험을 통해 영아들은 읽어 주는 부모나 교사의 목소리와 억양에 익숙하게 되어 자연스럽게 감정을 진정시킬 수 있게 되고 그 목소리를 내면화함으로써 어려운 상황을 만났을 때 위로를 받게 된다. 영아와 걸음마기 아이들에게 책을 읽어 주는 경험을 통하여 이 시기에 발달시켜야 하는 개념을 형성하도록 도와주는 것도 중요하다. 영아는 명확하고 생생한 그림을 접하고 그림책을 읽어 주는 부모나 교사와 상호작용을 하면서 다양한 개념을 형성하게 된다. 이 시기 영아는 호기심 있는 성인의 목소리를 들으며 무엇인가를 알아 가는 즐거움을 자연스럽게 감지하게 된다.

교사나 부모는 편안한 자세로 그림책을 읽어 주면서 그림책을 얼마나 사랑하는지, 그리고 그림책 읽기를 얼마나 즐기는지를 보여 줄 필요가 있다. 그림책을 읽어 주는 과정에서 영아들에게 유능한 독자의 태도를 자연스럽게 가르쳐 주는 것도 중요하다. 예를 들면, 표지를 감상하면서 그림책 읽기를 시작하는 부모/교사의 모습을 보면서 영아들은 책의 표지에 집중하며 그림책을 읽는 좋은 태도를 익히게 된다. 책을 읽어 주는 성인이 표지를 보고 책장을 한 장 한 장 조심스럽게 넘기면서 다음 장에 대한 기대가 가득한 목소리와 표정을 보여 준다면 영아들은 책을 읽는 경험이 얼마나 흥분되는 순간인지를, 그리고 부모나 교사가 이 순간을 얼마나 즐기는지를 자연스럽게 느끼고 공감하게 된다. 영아들은 책을 읽으면서 좋아하는 내용이나 그림을 자연스럽게 지적하고, 교사/부모와 눈을 맞추며 고개를 끄덕이면서 그림책을 읽는 경이롭고 재미있는 경험을 하게 된다. 그림책을 읽으면서 좋은 일러스트레이션과 내용에 대하여 감탄하고 감동 어린 목소리와 표정을 보여 주는 것은 그림책으로의 경이로운 여행을 시작하는 영아들에게 오랫동안 지속되는 행복한 추억이 될 것이다. 다만 조심해야 할 것은 그림책을 읽으면서 무엇인가를 과도하게 가르치려는 것은 피해야 한다. 무엇인가를 일부러 가르쳐 주려고 하기보다는 그림책을 읽어 주는 성인이 정말로 좋아하는 그림책을 선정하여 행복한 책 읽기 시간을 갖는 것이 영아의 발달에 적합한 가장 의미 있는 책 읽기 시간이라고 할 수 있다.

한편 영아들은 그림책을 읽기 시작하면서 책 읽기와 관련된 좋은 습관을 형성할 수 있어야 한다. 예를 들면, 잠자리에 들기 전에 책을 읽는 경험을 습관화할 수가 있다. 잠자리에 드는 시간에 책 읽기를 습관화하기 위해서는 책 읽기를 위한 충분한 시간이 있어야 한다. 영아가 너무 졸려서 책에 주의 집중하기 어려운 시간에 서둘러 책을 읽어 주는 것은 바람직하지 않다. 또한 아주 어린 영아기에는 5~7분 정도로 짧게 시작하여 차츰 책 읽기 시간을 늘여 가는 것이 좋다. 물론 영아의 상태를 보고 영아의 집중 시간이 길거나 오랫동안 책 읽어 주는 소리를 듣고 있다면 좀 더 오랜 시간 동안 책을 읽어 줄 수도 있다. 영아가 책 읽기를 지루해하거나 충분히 책을 읽었다는 신호, 예를 들면 몸을 뒤척이거나 눈을 비비는 등의 행동을 한다면 책 읽기를 멈추는 것이 좋다. 익숙하고 편안한 책 읽는 소리를 들으며 행복하게 잠에 빠져드는 것은 영아에게도 행복한 순간이지만 책을 읽어 주는 부모나 교사에게도 더 없이 편안하고 위로가 되는 시간이어야 한다.

책 읽는 습관을 반드시 잠자리에 드는 시간으로 할 필요는 없다. 영아나 부모가 졸리고 피곤한 시간에 책 읽기를 하는 것은 그다지 행복한 시간이 될 수 없을 수도 있기 때문이다. 따라서 어린이집의 일상이나 가족의 일상에서 책 읽기에 적절한 시간을 찾아 각자 나름의 습관을 들이는 것이 좋다. 예를 들어, 식사를 하고 난 후 혹은 식사 이전 시간에 책을 읽을 수도 있고 아침에 잠 깨는 시간에 책을 읽어 줄 수도 있다. 아주 어린 영아는 품에 안거나 무릎에 앉히고 책을 읽어 줄 수 있다. 영아와 부모 혹은 영아반 교사가 편안하게 책을 읽을 수 있을 때는 언제나 책 읽기에 적절한 시간이라고 할 수 있다. 중요한 것은 하루 중 일정한 시간을 정해 놓고 책을 읽는 것이 습관이 되도록 하는 것이다. 그림책 읽기는 가정이나 영유아교육기관에서 영아와 부모, 혹은 영아와 교사에게 언제나 행복한 일상이 되어야 한다.

그림책을 읽어 주는 과정은 읽어 주기 전, 읽어 주는 동안, 읽어 준 후로 나눌 수 있다. 읽어 줄 때 각 단계별로 할 수 있는 상호작용을 정리하면 다음과 같다(Mason, Peterman, & Kerr, 1989). 그러나 이것은 그림책의 특성에 따라, 영아의 반응에 따라 선택적으로 이루어져야 하고, 때에 따라서는 아무런 상호작용을 하지 않을 수도 있다는 것을 염두에 두어야 한다. 교사가 그림책을 읽어 주면서 어떻게 상호작용을 할지 단계별로 제시하면 다음과 같다.

① 읽어 주기 전 : 표지의 제목, 그림, 책 모양을 보여주면서 이야기 나누기

- 관련되는 경험이 있는지에 대해 이야기를 나눈다.
- 내용을 예측해 보도록 한다.
- 그림책의 저자와 일러스트레이터에 대해 이야기를 나눈다.
- 이전에 읽었던 그림책과의 관련성에 대해 이야기를 나눈다.
- 필요한 배경 지식을 알려준다.

② 읽어 주는 동안

- 그림책에 몰입할 수 있게 재미있고 실감나게 읽어 준다.
- 그림책을 읽어 주는 동안 그림책에 대한 생각이나 느낌을 표현하고, 질문을 허용한다.
- 간혹 다음 이야기를 예측해 보게 하거나 적절한 질문을 하는 등 다양한 상호작용을 시도하여 영아의 반응을 활성화시킨다. 그러나 지나친 중간 멈춤으로 그림책 감상에 방해가 되어서는 안 된다.

③ 읽어 준 후

- 영아가 관심을 많이 보인 장면이나 부분에 대해 이야기를 더 나누면서 영아가 하고 싶어 하는 활동을 선택하도록 한다.
- 언어활동에 치우치지 말고 다양한 감각적 경험을 불러일으키는 활동을 한다.
- 여러 활동을 통해 그림책에 대해 다시 한 번 이야기 나누는 기회를 갖도록 한다.
- 같은 책을 여러 번 읽을 기회를 준다.

제 2 부

영아문학교육 프로그램의 실제

영/아/문/학/교/육/

프/로/그/램

제 1 장

만 1세반 영아를 위한 프로그램

문학단원 1 : 재미있는 놀이
문학단원 2 : 잠자리
문학단원 3 : 엄마, 아빠
문학단원 4 : 동물
문학단원 5 : 배변 훈련

문학단원 1

재미있는 놀이

『열두 띠 동물 까꿍 놀이』

『누가 숨겼지?』

문학단원 망

재미있는 놀이

『열두 띠 동물 까꿍 놀이』
- 이해 및 감상
  - 그림책 감상하기
  - 동물 까꿍 놀이를 해 보아요
  - 누구일까요?(OHP)

『누가 숨겼지?』
- 이해 및 감상
  - 그림책 감상하기
  - 누가 숨겼을까?

서 평

1.『열두 띠 동물 까꿍 놀이』

책 제목	『열두 띠 동물 까꿍 놀이』
서지 정보	글·그림 작가 : 최숙희 출판사 : 보림 출판 연도 : 2003년
내 용	강아지, 쥐, 닭, 뱀, 호랑이 등이 차례로 등장하여 손으로 눈을 가리고 있다가 다음 장에서 "까꿍" 하며 손을 떼며 눈을 동그랗게 뜨는 까꿍 놀이를 보여 주는 그림책이다.
특징 및 교육적 적용	• 영아는 엄마가 손으로 눈을 가리면 엄마가 잠시 사라진 것으로 알다가 엄마가 손을 치우고 눈을 크게 뜨면 엄마가 다시 돌아온 것으로 알고 매우 반가워하며 즐거워한다. 영아는 엄마와 까꿍 놀이를 할 때처럼 그림책 속 동물들이 손으로 눈을 가렸다 손을 떼는 과정을 보면서 마치 놀이에 참여하듯 즐거워하며 책을 볼 것이다. • "없다. 누구누구 없다."와 "까꿍"의 문형이 반복되므로 '누구누구'에 영아의 이름을 넣어서 읽기를 해 본다. 예를 들면, "없다. 재형이 없다.", "까꿍" 하며 읽어 볼 수 있다. • 그림을 보며 동물들의 동작을 함께 따라 해 본다. • 다른 동물을 첨가하여 이야기를 이어 본다.

2. 『누가 숨겼지?』

책 제목	『누가 숨겼지?』 
서지 정보	글·그림 작가 : 고미 타로 출판사 : 비룡소 출판 연도 : 2002년
내 용	동물 그림 속에서 장갑, 칫솔, 양말, 촛불 등의 사물 찾기 놀이를 하는 그림책이다.
특징 및 교육적 적용	• 왼쪽에는 글, 오른쪽에는 그림이 있다. 왼쪽에는 질문이 있고, 오른쪽에는 그 질문에 대한 답이 그림에 그려져 있어서 영아가 스스로 찾아서 답을 할 수 있게 되어 있다. 예를 들면, 왼쪽에는 "장갑을 숨긴 건 누구?"라는 질문과 분홍색의 작은 장갑 그림이 있고, 오른쪽에는 두 마리의 닭 그림이 있다. 그런데 왼쪽에 있던 분홍색 장갑은 오른쪽 책장의 닭 두 마리 중 한 마리의 머리 위 벼슬이 되어 있다. 영아는 닭의 머리에서 이 분홍색 장갑을 짚으며 장갑을 숨긴 건 "닭"이라고 대답하면 된다. 이런 식으로 "칫솔을 숨긴 건 누구?", "양말을 숨긴 건 누구?"라는 왼쪽의 질문에 대해 영아는 오른쪽 그림에서 답을 찾아 답하도록 되어 있어서 영아의 책 읽기 참여를 독려하기에 좋은 그림책이다. • 오른쪽의 동물 그림은 점차 한 마리씩 늘어나므로 교사가 이를 세면서 읽어 주면 좋다. • 고미 타로의 또 다른 작품 『저런, 벌거숭이네!』와 『악어도 깜짝, 치과 의사도 깜짝!』도 함께 보여 주기에 좋은 그림책이다.

활동의 실제

- 그림책 1 : 『열두 띠 동물 까꿍 놀이』

- 그림책 2 : 『누가 숨겼지?』

✻ 그림책 1 : 『열두 띠 동물 까꿍 놀이』

『열두 띠 동물 까꿍 놀이』

글 · 그림 작가 : 최숙희
출판사 : 보림
출판 연도 : 2003년

강아지, 쥐, 닭, 뱀, 호랑이 등이 차례로 등장하여 손으로 눈을 가리고 있다가 다음 장에서 "까꿍" 하며 손을 떼면서 눈을 동그랗게 뜨는 까꿍 놀이를 보여주는 그림책이다.

재미있는 놀이
『열두 띠 동물 까꿍 놀이』 활동 ❶

그림책 감상하기

활동 영역 이해 및 감상

활동 목표 • 그림책 속의 내용을 이해하고 즐겁게 감상한다.

활동 자료 『열두 띠 동물 까꿍 놀이』 그림책

활동 방법

【도입】 ❶ 그림책의 앞표지를 보며 이야기를 나눈다.

- 까꿍 놀이를 하는 동물 친구들이 밀알반에 찾아왔어.
- 누가 왔을까? 한번 만나 보도록 하자.
- 어떤 동물이 보이니?

【전개】 ❷ 그림책을 감상한다.

- 강아지 멍멍~ 없다. 까꿍, 여기 있지.
- 고양이 야옹~ 없다. 까꿍, 여기 있지.
- 어떤 동물이 나올까?

❸ 그림책을 회상하며 이야기를 나눈다.

- 어떤 동물 친구들이 있었니?

【종결】 ❹ 교사와 까꿍 놀이를 한다.

- 선생님 없다. 까꿍, 여기 있지.

영아들의 반응

영아들은 다양한 동물들이 등장하고 "없다. 까꿍, 여기 있지!"가 반복적으로 나오는 것에 흥미를 보였다. 교사가 그림책을 읽어 주자 영아들은 "어디 있지?"라며 찾거나 "하나 둘 셋 까꿍"이라고 이야기하기도 하였다. 동물의 이름을 말하거나 의성어로 흉내를 내며 그림책에 집중하며 감상하였다.

재미있는 놀이
「열두 띠 동물 까꿍 놀이」 활동 ❷

동물 까꿍 놀이를 해 보아요

활동 영역 이해 및 감상

활동 목표 • 그림책 속의 동물 가면을 쓰고 까꿍 놀이를 해 본다.

활동 자료 그림책 속 동물 가면, 그림책에 등장하는 눈 가리고 있는 동물 사진

활동 방법

【도입】 ❶ 블록을 높게 쌓아 본다.

- 오늘은 동물 친구들이 숨바꼭질 놀이를 한대.
- 동물 친구들이 어디에 숨으면 좋을까?
- 블록을 높이 쌓아서 그 뒤에 숨어 보자.

【전개】 ❷ 동물 가면을 탐색한다.

- 여기 무슨 동물이 있니?
- 호랑이랑 강아지가 숨바꼭질을 하고 싶대.
- 구멍이 뚫려 있네. ㅇㅇ가 보이네.

❸ 가면을 쓰고 까꿍 놀이를 한다.

- (교사가 가면을 쓰며) 어흥, 나는 호랑이다.
- (벽돌 블록 뒤에 숨으며) 호랑이 없다!
- (동물 가면을 쓰고 블록 뒤에서 나오면서) 까꿍! 여기 있지.

【종결】 ❹ 놀이한 것에 대해 이야기를 나누며 동물 친구들에게 인사한다.

- 오늘 호랑이랑 강아지랑 까꿍 놀이 하니까 기분이 어때?
- 다음에 또 만나자고 인사해 주자. "안녕."

영아들의 반응

영아들은 교사와 함께 벽돌 블록을 쌓은 후에 호랑이와 강아지가 눈을 가리고 있는 사진을 붙여 놓고 그 뒤에 숨어서 동물 가면을 쓰고 “까꿍!” 하며 나오자는 것에 많은 흥미를 보였다. 영아들은 동물 가면을 가리키며 “나도”라고 하면서 손을 내밀었다. 영아들이 벽돌 블록을 세워 놓고 넘어뜨리는 것을 더 좋아하여 블록을 세우고 그 뒤에서 까꿍 놀이를 하는 것이 발달 특성을 고려할 때 조금은 어려운 점이었다. 그래서 교구장에 동물 사진을 붙인 후에 숨어서 까꿍 놀이를 하자 영아들은 더 즐거워했다. 동물 가면을 쓴 영아들은 그 동물에 맞게 “어흥”, “멍멍” 소리를 내기도 했다.

재미있는 놀이
『열두 띠 동물 까꿍 놀이』 활동 ❸

누구일까요?(OHP)

활동 영역 이해 및 감상

활동 목표
- 그림책 속의 동물 그림자를 보고 추측해 본다.
- 그림책 속의 동물 그림자를 보며 까꿍 놀이를 한다.

활동 자료 그림책 속 동물 그림자(OHP), 그림책 속 동물 그림(OHP)

활동 방법

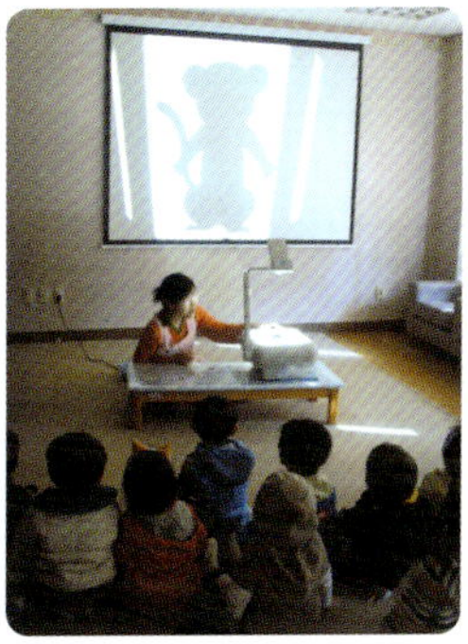

【도입】 ❶ 그림책을 다시 보며 이야기를 회상한다.
- 강아지 없다. 까꿍.
- 꼬꼬닭 없다. 병아리도 없네. 까꿍.
- 어떤 동물이 나왔니?

【전개】 ❷ 동물 그림자를 보여준 후에 실제 색깔이 있는 그림을 보여주며 까꿍 놀이를 한다.
- 꼭꼭 숨어라 머리카락 보일라.
- 이게 누굴까?
- 호랑이 같구나. 정말 호랑인지 보자. 하나, 둘, 셋!
- 까꿍! 정말 호랑이였네.

【종결】 ❸ OHP 위에 동물 그림과 "까꿍" 하며 전이 활동을 한다.
- 선생님이 이름을 불러 주면 동물 그림자를 열어 보고 동물들과 "까꿍" 한 다음에 산책 나가자.

영아들의 반응

OHP 매체를 처음 경험해 보아서인지 매우 흥미로워하였다. 처음에는 동물 그림자를 보여 주고 "까꿍" 하며 색깔 있는 동물의 그림을 보여 주자 "우와" 하며 소리를 냈다. 영아들이 직접 OHP 위에 그림을 올려놓고 비춰지는 모습을 보는 것을 즐거워하였다.

✻ 그림책 2 : 『누가 숨겼지?』

『누가 숨겼지?』

글 · 그림 작가 : 고미 타로
출판사 : 비룡소
출판 연도 : 2002년

동물 그림 속에서 장갑, 칫솔, 양말, 촛불 등의 사물 찾기 놀이를 하는 그림책이다. 왼쪽에서는 사물의 모양을 보여 주며 '○○을 숨긴 건 누구?' 라고 묻고 오른쪽에는 동물의 그림 속에서 숨겨진 사물을 찾으며 반복적으로 놀 수 있도록 구성된 그림책이다.

재미있는 놀이
『누가 숨겼지?』 활동 ❶

그림책 감상하기

활동 영역 이해 및 감상

활동 목표 • 그림책 속의 그림과 내용을 이해하고 즐겁게 감상한다.

활동 자료 『누가 숨겼지?』 그림책

활동 방법

【도입】 ❶ 그림책의 앞표지를 보며 이야기를 나눈다.

- 무엇이 보이니?
  '꼬꼬댁' 닭도 보이고, '어흥' 사자도 보이고, '야옹' 고양이도 보이네.
- 동물들이 무엇을 하고 있니?
- 그림책의 제목은 '누가 숨겼지?' 야. 무엇을 숨겼을까?
  선생님이랑 함께 찾아보도록 하자.

【전개】 ❷ 그림책을 감상한다.

- 이것은 무엇이니? 치카치카 칫솔이야.
- 칫솔은 누가 숨겼을까? 찾아보자.
  짠! 여기 악어 입에 숨겨져 있네.
- 다른 것은 또 누가 숨겼을까? 책을 넘겨 보자.

❸ 그림책을 다시 보며 이야기를 나눈다.

- 동물 친구들이 무엇을 숨겼었지?
- ○○은 찾는 것이 재미있었니?

【종결】 ❹ 그림책을 보면서 숨겨져 있는 부분을 찾아본다.

- 너구리가 숨긴 것은 어디 있지?
- 꼬리에 양말을 숨겼구나.
- ○○야, 잘 찾는구나.

영아들의 반응

양말, 자석, 연필 등을 동물들에게 숨겨 놓고 찾게 하는 방식의 이 그림책은 영아들이 일상생활 속에서 볼 수 있는 물건에 대해 흥미를 갖게 할 수 있었다. 책 속에서는 "~를 숨긴 건 누구?"라는 질문이 반복적으로 나오는데 언어적으로 빠른 영아들은 교사의 언어를 모방하여 따라 하기도 하였다. 동물들 가운데 교묘하게 숨어 있는 도구들을 찾는 것에 있어서는 쉽게 찾는 영아, 자세히 오랫동안 관찰해서 찾는 영아, 교사가 힌트를 줘야지 찾는 영아 등 개별적인 차이를 많이 보였다.

재미있는 놀이
『누가 숨겼지?』 활동 ❷

누가 숨겼을까?

활동 영역 이해 및 감상

활동 목표 • 같은 부분을 찾아서 짝 지어 본다.

활동 자료 '누가 숨겼을까?' 조작판

활동 방법

【도입】 ❶ 『누가 숨겼을까?』 그림책을 다시 보며 회상한다.

- 꽃게는 자석을 숨겼네. 악어는 칫솔을 숨겼구나.
- 기린은 무엇을 숨겼니? 촛불을 숨겼네.

【전개】 ❷ 조작판을 보면서 이야기를 나눈다.

- 여기에 누가 있어? 그림책에서 본 동물들이 나왔네.
- 너구리도 있고, 닭도 있구나.

❸ 동물들이 숨긴 물건을 찾아서 맞춰 본다.

- 연필은 누가 숨겼니?
- 메뚜기가 숨겼구나.

【종결】 ❹ 활동한 것에 대한 이야기를 나눈 후 마무리한다.

- 다른 친구들이 놀이를 할 수 있도록 쏙 떼어서 상자에 넣어 보자.

영아들의 반응

양말, 자석, 연필 등의 같은 부분을 찾아서 짝 지어 보는 이 활동은 영아들이 찾기에 조금 어려움이 있었다. 영아들은 도구의 이름을 교사의 언어를 모방하여 따라 하기도 하였고, 떼고 붙이는 것에는 흥미를 보였다. 동물들의 수가 많아서 교사들이 보기에도 쉽게 파악하기 어려워서 반복적으로 교구를 조작하여 영아들이 기억하고 붙일 수 있도록 격려하였다. 같은 동물들을 두 종류씩 만들었는데 한 동물만 만들었으면 영아들이 쉽게 해볼 수 있었을 것 같았다.

문학단원 2

잠자리

『누가 누가 잠자나』

『잘 자요, 달님』

『나비잠』

『잠자는 책』

『모두 잠이 들어요』

『잘 자라, 우리 아가』

문학단원 망

잠자리

『누가 누가 잠자나』
- 이해 및 감상
  - 그림책 감상하기
  - '누가 누가 잠자나' 자장가를 들어 보아요
- 창작
  - 그림책처럼 꾸며 보아요

『잘 자요, 달님』
- 이해 및 감상
  - 그림책 감상하기
  - 토끼 방 안에 있는 물건을 찾아보아요
  - 그림자에 맞는 물건 찾아 주기
- 창작
  - 토끼 방을 꾸며요

『나비잠』
- 이해 및 감상
  - 그림책 감상하기
  - 인형을 재워 주어요
- 창작
  - 블록으로 아기 침대를 만들어 보아요
  - '자장가' 들으며 율동해 보아요

『잠자는 책』
- 이해 및 감상
  - 그림책 감상하기
- 창작
  - 잠자는 책을 만들어 보아요

『모두 잠이 들어요』
- 이해 및 감상
  - 그림책 감상하기
  - 흔들침대에 인형을 재워 보아요

『살 자라, 우리 아가』
- 이해 및 감상
  - 그림책 감상하기
  - 친구에게 이불을 덮어 주어요
  - 막대 인형 놀이를 해요
- 창작
  - 잠옷을 입고 멋지게 걸어 보아요
  - 잠옷을 꾸며 보아요

서 평

1. 『잘 자요, 달님』

책 제목	『잘 자요, 달님』 
서지 정보	글 작가 : 마거릿 와이즈 브라운 그림 작가 : 클레먼트 허드 출판사 : 시공주니어 출판 연도 : 2000년
내 용	토끼가 침대에 누워서 잠자기 전에 방 안의 물건이나 보이는 것들 하나하나에 인사를 하는 내용의 그림책이다.
특징 및 교육적 적용	• 주인공 토끼는 잠자리에 누워 자신의 물건에만 인사를 하는 것이 아니라 평상시에는 관심을 갖지 않았을 물건이나 대상들, 또는 잠자리 인사를 할 대상이 아닌 대상들에게도 하나하나 인사를 건넨다. 즉 빗 하나, 솔 하나, 옥수수죽 그릇 하나, 방에 걸려 있는 그림 속 암소나 곰 세 마리, 초록색 방, 심지어 창 밖의 달, 먼지, 소리에게까지 인사를 건넨다. 영아에게 인사를 나눌 또 다른 물건이나 친구가 무엇일지 이야기해 보도록 한다. 더불어 그림책 속 글과 같은 문형으로 "잘 자요, ○○○"를 돌아 가면서 말하기를 해 본다. • 마거릿 와이즈 브라운은 유아를 대상으로 글을 많이 쓴 작가다. 그의 글에는 외국의 그림 작가뿐만 아니라 한국의 그림 작가도 그림을 그렸다. 『작은 기차』, 『난 별이 좋아』, 『중요한 사실』 등도 영아와 함께 읽으면 좋을 그의 작품들이다.

2. 『나비잠』

책 제목	『나비잠』 
서지 정보	글 작가 : 신혜은 그림 작가 : 장호 출판사 : 사계절 출판 연도 : 2008년
내 용	잠이 오기 시작해서 잠을 잘 때까지의 아기의 모습을 담은 그림책이다.
특징 및 교육적 적용	• 아기가 잠이 와서 눈을 부비는 모습은 고양이가 앞발로 얼굴을 문지르며 '고양이 세수' 하는 모습에 대응시키고, 아기가 입을 크게 벌려 하품을 하는 모습은 하마가 입 벌려 하품하는 모습에 대응시켰다. 엄마 품에 안겨 있는 아기의 모습은 엄마 원숭이 품에 안긴 아기 원숭이의 모습과, 엄마 무릎에 머리를 기댄 아기의 모습은 강아지가 어미 개의 다리를 베고 누운 모습과 대응시켰다. 그 밖에도 아기가 웅크리고 자는 모습이나 팔을 벌려 자는 모습을 달팽이나 나비 같은 동물의 움직임에 빗대어 묘사하였다. • 영아와 함께 책 속 아기처럼 졸릴 때의 표정 짓기나 잠자는 모습 따라 하기나 고양이 잠, 하마 잠, 원숭이 잠, 강아지 잠, 달팽이 잠, 나비잠 시늉 내기, '부비 부비' 나 '아아-함' 같은 그림책 속 단어에 맞는 동작을 해 본다.

3. 『잠자는 책』

책 제목	『잠자는 책』 
서지 정보	글 작가 : 샬로트 졸로토 그림 작가 : 스테파노 비탈레 출판사 : 풀빛 출판 연도 : 2002년
내 용	동물들의 자는 모습 하나하나를 묘사하고 마지막에 아이가 자는 모습을 묘사하여 모두가 잠들어 있는 모습을 보여 주는 그림책이다.
특징 및 교육적 적용	• 샬로트 졸로토의 서정적인 언어와 스테파노 비탈레의 편안하면서도 색채감 있는 매력적인 그림이 잘 어우러진 그림책이다. 또한 글자 배치를 일렬로만 하지 않고 때때로 사선 배치를 하여 시적 리듬감을 시각적으로 살린 그림책이다. • "○○○가 잠을 자요"라는 문형이 반복되므로 ○○○ 자리에 다른 동물이나 친구의 이름을 넣어 글을 지어 볼 수 있다. • 국내에 번역된 스테파노 비탈레 그림의 또 다른 그림책인 『바람이 멈출 때』, 『귀를 기울이면』, 『하늘에서 떨어진 해와 달 이야기』는 영아에게 함께 보여 주면서 같은 작가의 그림책임을 확인시키기 좋은 그림책이다. 그러나 글 텍스트는 만 4세 이상의 유아와 감상하기에 적합하다.

활동의 실제

✽ 그림책 1 : 『누가 누가 잠자나』

✽ 그림책 2 : 『잘 자요, 달님』

✽ 그림책 3 : 『나비잠』

✽ 그림책 4 : 『잠자는 책』

✽ 그림책 5 : 『모두 잠이 들어요』

✽ 그림책 6 : 『잘 자라, 우리 아가』

✻ 그림책 1 : 『누가 누가 잠자나』

『누가 누가 잠자나』

글 작가 : 목일신
그림 작가 : 이준섭
출판사 : 문학동네어린이
출판 연도 : 2003년

깊은 밤 하늘에 달도 자고, 별도 자고, 숲 속 새들도 잠을 잔다. 엄마 품엔 새근새근 예쁜 아기가 잠을 잔다. 『누가 누가 잠자나』는 시 그림책으로 반복되는 단어를 사용하고 있어서 엄마가 아이에게 잠을 자면서 들려주는 자장가를 연상시킨다.

잠자리 『누가 누가 잠자나』 활동 ❶

그림책 감상하기

활동 영역 이해 및 감상

활동 목표 • 그림책 속의 그림과 내용을 이해하고 즐겁게 감상한다.

활동 자료 『누가 누가 잠자나』 그림책

활동 방법

【도입】 ❶ 아기 인형을 소개한다.

- 아이 졸려. 아기 인형이 졸린가 봐.
- 쉿! 선생님이 자장가를 불러 줄게.
- 아기가 잠이 들었네. 아기처럼 졸린 친구들이 있대. 우리 같이 만나 보자.

【전개】 ❷ 그림책의 겉표지를 보며 이야기를 나눈다.

- 뭐가 보이니?
- 엄마와 아기는 무엇을 보고 있을까?
- 엄마와 아기는 무엇을 하고 있니?
- 달님과 별님을 보는 친구들을 만나 보자.

❸ 그림책을 감상한다.

【종결】 ❹ 그림책을 다시 보며 이야기를 나눈다.

- 누가 누가 잠을 자고 있었니?
- 엄마와 함께 자는 아기 동물들이 행복해 보이네.
- 엄마가 아기에게 자장가를 불러 주네.

영아들의 반응

영아들에게 먼저 자장가를 불러 주었더니 교사의 목소리에 주의를 기울이는 모습을 볼 수 있었다. 그림책의 겉표지를 보며 교사가 엄마와 아기가 무엇을 보고 있냐고 질문하였는데 '달님, 별'이라고 표현하였다. 스크래치 기법의 신기한 그림은 영아들이 관심 있게 볼 수 있었고, 등장하는 동물들을 손으로 가리키면서 언어적으로 표현하기도 하였다. 처음 그림책을 읽어 줄 때는 동화 읽는 형식으로 읽어 주었고, 두 번째는 자장가처럼 노래를 부르며 들려주었는데 이때 더 즐거워하였다.

잠자리
『누가 누가 잠자나』 활동 ❷

'누가 누가 잠자나' 자장가를 들어 보아요

활동 영역 이해 및 감상

활동 목표
- 『누가 누가 잠자나』 그림책 속 자장가를 귀 기울여 듣는다.

활동 자료 녹음된 테이프, 카세트, 『누가 누가 잠자나』 그림책

활동 방법

【도입】 ❶ 아기 인형을 소개한다.

- 안녕? ○○야.
- 오늘 열심히 놀이를 해서 너무 졸려.
- 자장가를 불러 줄 수 있니?
- 오늘은 선생님이 자장가를 불러 주신대.
- ○○도 같이 들어 보자.

【전개】 ❷ 카세트를 소개한다.

- 이게 뭘까?
- 이건 카세트야.
  이 버튼을 누르면 소리가 난단다.
- 카세트에 선생님이 '누가 누가 잠자나' 를 녹음했어.
  우리 같이 들어 보자.

❸ 자장가를 들어 본다.

【종결】 ❹ 자장가를 들은 활동에 대해서 이야기를 나눈다.

- 자장가를 듣는 아기 인형이 행복해 보이네.
- ○○는 아기 인형을 토닥거려 주었구나.

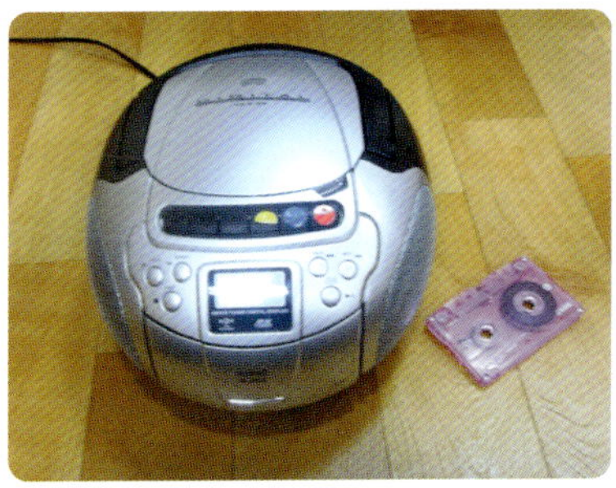

영아들의 반응

교사의 목소리가 녹음된 자장가를 듣자 영아들은 친숙해했다. 누구의 목소리와 비슷한지 물어보자 "엄마"라고 말하는 영아가 많았다. 자장가를 들으며 아기 인형을 데리고 와서 토닥거리며 재워 주는 영아도 있었고, 영아 자신이 누워서 "코~ 자."라고 말하는 영아도 있었다. 여러 번 다양하게 녹음을 하였는데 밀알반 영아들의 이름을 넣어서 녹음을 하였더니 신기해하였고, 친구들의 이름이 나올 때마다 친구를 가리키기도 하였다. 더 확장하여 낮잠 시간에 매트에 누워서 자신의 이름이 나오는 것을 들으면서 잠을 잘 수 있도록 하였다.

잠자리 『누가 누가 잠자나』 활동 ❸

그림책처럼 꾸며 보아요

활동 영역 창작

활동 목표
- 『누가 누가 잠자나』 그림책 속 스크래치 기법을 경험해 본다.
- 소근육을 사용하여 그림을 그려 본다.

활동 자료 검은색 크레파스로 색칠한 종이, 막대기

활동 방법

【도입】 ❶『누가 누가 잠자나』 그림책의 그림을 감상한다.
- 무엇이 보이니?
- 깜깜한 밤하늘에 달님도 보이고, 반짝반짝 작은 별도 보이네.
- 알록달록한 나무들도 보이는구나.

【전개】 ❷ 검은색 종이를 탐색한다.
- 선생님이 종이를 가지고 왔어. 어? 깜깜하네. 아무것도 안 보여.
- 종이 위를 만져 보자. 검은색 크레파스로 색칠했나 봐.

❸ 막대기를 사용하여 검은색 종이 위에 그림을 그려 본다.
- 막대기로 그림을 그리면 어떻게 될까? 선생님이 먼저 해 볼게.
- 어? 검은색 종이 위에 막대기로 그림을 그렸더니 알록달록 예쁜 색깔이 나오네.
- ○○도 그려 보자. 노란색 동글동글한 달님을 그렸구나. 달님, 안녕.

【종결】 ❹ 활동한 것에 대한 이야기를 나눈 후 마무리한다.
- ○○가 멋진 그림을 그렸구나. 재미있었니?
- 선생님이 ○○가 그린 그림을 다른 친구들이 볼 수 있도록 ㅁㅁ에 붙여 놓을게.
- 화장실에서 깨끗이 손 씻고 다른 활동을 하도록 하자.

영아들의 반응

『누가 누가 잠자나』 그림책 속에 나오는 스크래치 기법으로 그림을 그려 보았다. 먼저 영아들과 책 속의 그림들을 감상해 보았는데 '나무, 별, 달님, 꽃, 집' 등을 언어적으로 표현하는 모습을 볼 수 있었다. 검은색 크레파스로 색칠된 종이를 영아들에게 제시해 주어서 다양한 방법으로 탐색하도록 하였다. 교사가 먼저 막대기로 종이에 긁적거려서 나타나는 알록달록한 색깔을 보여 주었더니 영아들은 신기한 눈으로 쳐다보며 막대기를 달라고 하였다. 영아들은 직접 막대기를 긁적이면서 힘의 세기에 따라서 긁적거릴 때 나타나는 선의 굵기와 색이 다르다는 것을 알게 되었다. 자유롭게 긁적거리면서 그림책 속에서 보았던 '나무, 별, 달님' 등을 교사에게 그려 달라고 하였다. 언어적으로 발달된 영아들은 그리면서 이야기를 만들어 가기도 하였다.

✽ 그림책 2 : 『잘 자요, 달님』

『잘 자요, 달님』

글 작가 : 마거릿 와이즈 브라운
그림 작가 : 클레먼트 허드
출판사 : 시공주니어
출판 연도 : 2000년

커다란 초록 방 안에 토끼가 침대에 누워 있다. 토끼는 침대에 누워서 방 안의 보이는 물건 하나하나에게 "잘 자요." 인사를 나눈다. 초록 방, 스탠드, 빨간 풍선, 의자들, 시계, 양말, 심지어는 창밖의 먼지에게도 인사를 나누고 마지막으로 "잘 자요. 소리들." 인사를 건넨 후 토끼는 잠이 든다. 초록 방도 점점 어두워진다.

잠자리 『잘 자요, 달님』 활동 ❶

그림책 감상하기

활동 영역 이해 및 감상

활동 목표 • 그림책 속의 그림과 내용을 이해하고 즐겁게 감상한다.

활동 자료 『잘 자요, 달님』 그림책

활동 방법

【도입】 ❶ 그림책의 겉표지를 보며 이야기를 나눈다.

- 무엇이 보이니?
- 달도 보이고 별도 보이는구나. 달님이 졸려서 코~ 자고 있대.
- “잘 자요, 달님.”이라고 인사해 주자.

【전개】 ❷ 그림책을 감상한다.

- 달님처럼 노란색이네.
- 커다란 초록 방 안에 전화기 하나, 빨간 풍선 하나. 어디 있을까?

【종결】 ❸ 그림책을 다시 보며 이야기를 나눈다.

- 초록 방에는 누가 자고 있었지?
- 빨간 풍선도 자고, 시계도 자고, 고양이도 자고 있었어.
- “잘 자.”라고 인사해 주자.

영아들의 반응

방을 빨간색과 노란색처럼 화려한 색으로 그린 『잘자요, 달님』 그림책은 영아들의 관심을 끄는 그림책이다. 그림책을 읽으며 교사와 함께 방 안에 있는 물건들을 찾아보았는데 처음엔 어려움이 있었다. 반복적으로 읽고 교사가 도움을 주었을 때 손으로 가리키면서 명명하기도 하였다. ‘잘 자요’ 라는 인사가 반복해서 나오는데 언어적으로 표현하는 영아, 손을 흔들어서 ‘잘 자’ 라는 표현을 하는 영아 등 다양한 반응을 볼 수 있었다.

잠자리 『잘 자요, 달님』 활동 ❷

토끼 방 안에 있는 물건을 찾아보아요

활동 영역 이해 및 감상

활동 목표
- 그림책 속 토끼 방 안에 있는 다양한 물건을 찾아본다.
- 물건의 그림자를 맞춰 본다.

활동 자료 초록 방 안 그림, 방 안에 있는 사물들의 그림

활동 방법

【도입】 ❶ 밀알반에 있는 다양한 물건을 찾아본다.
- 밀알반에 있는 물건을 찾아보자.
- 전화기는 어디 있니?
- ○○○ 선생님은 어디 있니?
- 밀알반에는 물건들이 많이 있구나.
- 오늘은 다양한 물건들이 많은 토끼의 초록 방을 소개해 줄게.

【전개】 ❷ 토끼 인형으로 교구를 소개한다.
- 안녕? 나는 토끼야. 내 방을 소개해 줄게.
- 내 방에는 많은 물건들이 있단다.
- 어떤 물건이 있는지 한번 찾아보자.

❸ 토끼 인형과 함께 방 안의 다양한 물건을 찾아본다.
- 이건 어떤 물건의 그림자일까?
- 찾아서 방 안에 붙여 보자.
- 창문을 잘 찾아 주었구나.

【종결】 ❹ 토끼 방 안의 물건들에게 "안녕, ○○야."라고 인사하며 마무리를 한다.
- 빨간 풍선아, 안녕.
- 토끼야, 안녕.

영아들의 반응

초록 방 안에 있는 물건의 그림자를 보고 물건을 찾아서 붙여 줄 때 사물의 이름을 말하는 영아들도 있었다. 한번 활동을 해 본 영아들이 다른 영아들이 활동을 할 때 어디에 있는지 손가락으로 알려 주기도 했다. 그 외에 초록 방 안의 다른 물건을 찾는 활동에 흥미로워했다.

잠자리 『잘 자요, 달님』 활동 ❸

그림자에 맞는 물건 찾아 주기

활동 영역 이해 및 감상

활동 목표
- 그림책의 내용을 듣고 이해한다.
- 사물의 모양에 대해 관심을 갖는다.

활동 자료 바닥판, 인형, 침대 모형, 여러 가지 가구들

활동 방법

【도입】 ❶ 『잘 자요, 달님』을 보고 방의 모습을 관찰한다.
- 이 그림책을 보면 방 안에는 어떤 물건들이 있니?
- 토끼가 자고 있는 방 안에는 여러 가지 물건들이 있구나.
- 우리 같이 토끼처럼 "잘 자요, ○○"을 말해 줄까?

【전개】 ❷ 준비해 온 '그림자에 맞는 물건 찾아 주기' 게임판을 보여 주며 이야기를 나눈다.

- 책 속에서 본 그림이 여기 모여 있네.
- 이 물건들(그림자)이 어때?
- 이 자리에는 어떤 물건이 있었을까?
- 물건이 없어져서 토끼가 속상하겠구나.
- 우리가 물건의 자리를 찾아 주자.

❸ 그림자 물건의 자료를 제시하며 물건의 자리를 찾아 줄 수 있도록 한다.
- 이 물건은 어떤 그림자에 놓아 주면 좋겠니?

❹ 물건의 자리를 찾아 준다.
- 너희들이 자리를 다 찾아 주었는데 어떤 것들이 방 안에 있는지 볼까?

【종결】 ❺ 토끼 방 안의 물건들에게 "안녕, ○○야."라고 인사하며 마무리를 한다.
- 빨간 풍선아, 안녕.
- 토끼야, 안녕.

잠자리
『잘 자요, 달님』 활동 ❹

토끼 방을 꾸며요

활동 영역 창작

활동 목표
- 그림책 속 토끼 방 안에 있는 다양한 물건을 찾아본다.
- 영아가 다양한 물건으로 방 안을 꾸며 본다.

활동 자료 사물 사진 스티커, 사인펜, 배경 그림, 풀

활동 방법

【도입】 ❶ 『잘 자요, 달님』을 보고 방의 모습을 관찰한다.
- 토끼 방에는 어떤 것들이 있니?
- 우리 밀알반에는 어떤 물건이 보이니?

【전개】 ❷ 그림책에 나오는 토끼 방을 꾸며 본다.
- 선생님이 오늘 『잘 자요, 달님』에 나오는 토끼의 방을 준비해 왔어.
- 토끼의 방에서 토끼랑 침대만 가져왔는데 어떤 물건을 더 놓아 주면 좋겠니?
- 너희들이 토끼라면 방을 어떻게 꾸미고 싶니?
- 여기에는 무엇을 놓아 준 거니?

【종결】 ❸ 내가 꾸며 준 토끼 방을 소개해 본다.
- 멋진 방을 꾸며 주었구니.
- ○○는 방에 강아지도 있네.
- 책에서처럼 풍선도 놓아 주었구나.

✲ 그림책 3 : 『나비잠』

『나비잠』

글 작가 : 신혜은
그림 작가 : 장호
출판사 : 사계절
출판 연도 : 2008년

잠이 오기 시작해서 잠을 잘 때까지 아기의 모습을 '눈을 부비부비 부비는 고양이 잠, 입을 크게 벌리고 하품하는 하마 잠' 등 귀여운 아기 동물로 형상화해서 담은 그림책이다.

잠자리 『나비잠』 활동 ❶

그림책 감상하기

활동 영역 이해 및 감상

활동 목표 ● 그림책 속의 그림과 내용을 이해하고 즐겁게 감상한다.

활동 자료 『나비잠』 그림책

활동 방법

【도입】 ① 그림책의 겉표지를 보며 이야기를 나눈다.

- 무엇이 보이니?
- 아기도 보이고, 나비도 훨훨 날아다니네.
- 아기가 무엇을 하고 있니?
- 아기가 누워서 나비를 보며 발을 비비고 있네. 아기가 코~ 잠들 것 같아.
- 책 제목은 '나비잠' 이야. 선생님과 함께 읽어 보도록 하자.

【전개】 ② 그림책을 감상한다.

- 야옹~ 누구지? 우리 아기 고양이 잠이 오나 봐.

【종결】 ③ 그림책을 다시 보며 이야기를 나눈다.

- 누가 누가 잠을 자고 있었니?
- 아기는 어떻게 하고 잠을 잤지?
- ○○는 어떻게 잠을 자니?

영아들의 반응

따뜻한 느낌의 이 그림책은 잠들기 전 영아들에게 읽어 주면 스르르 잠에 빠져들 것 같은 편안한 그림책이다. 영아들에게 낮은 톤으로, 엄마처럼 편안한 목소리로 그림책을 들려주었더니 집중하여 감상하는 모습을 볼 수 있었다. 등장하는 동물들을 보며 손으로 가리키기도 하고 자는 모습을 두 손을 머리에 대고 코~ 하며 흉내 내기도 하였다.

잠자리 「나비잠」 활동 ❷

블록으로 아기 침대를 만들어 보아요

활동 영역 창작

활동 목표
- 블록으로 아기 침대를 만들어 본다.

활동 자료 와플블록

활동 방법

【도입】 ❶ 아기 인형의 생일 파티를 한다.
- 오늘은 아기 인형의 생일이래.
- 생일 축하 노래를 불러 보자.
- 우리 아기 인형한테 선물을 만들어 주자.

【전개】 ❷ 블록으로 아기 침대를 만들어 본다.
- 아기가 잠을 자려면 침대가 필요한가 봐.
- 아기 침대를 만들어 주자.
- 블록을 연결하니까 블록 침대가 되었네.
- 아기 침대를 만들어 보자.

【종결】 ❸ 아기 침대를 아기에게 선물로 준다.
- 아기 침대를 만들어서 아기에게 선물을 주었네.
- 아기가 행복해서 웃고 있네.

영아들의 반응

블록으로 인형이 들어갈 수 있게 침대를 만든 후, 아기 인형을 눕혀 보았다. 아기 인형을 재워 주기도 하고, 사람 모형 블록을 재워 주는 등 각 영아들마다 달랐다. 침대를 만든 후, 아기 인형을 재워 주는 놀이보다는 케이크를 만들어서 아기 인형에게 생일 축하를 하자는 반응이 나왔다. 그래서 침대에서 2단 케이크를 만들어 아기 인형의 생일 축하를 해 주었다.

잠자리 『나비잠』 활동 ❸

인형을 재워 주어요

활동 영역 이해 및 감상

활동 목표
- 아기 인형을 재워 주는 가작화 놀이를 한다.

활동 자료 아기 인형, 이불, 블록으로 만든 아기 침대

활동 방법

【도입】 ❶ 아기 침대를 소개한다.
- 블록으로 만든 아기 침대야.
- 놀이하다가 졸리면 여기에서 자렴.

【전개】 ❷ 아기 인형을 어부바해 주다가 아기 침대에 재워 본다.
- (아기를 보여 주며) 아이 졸려. 자고 싶다.
- 아기 인형을 어부바해 줄 수 있니?
- 자장가도 불러 주자.
- 아기가 자고 있네. 아기 침대에 눕혀 보자.
- 이불도 덮어 주자.

【종결】 ❸ 아기를 재워 본 활동에 대해서 이야기를 나눈다.
- ○○가 재워 줘서 아기는 기분이 어떨까?
- ○○가 재워 줘서 아기가 행복한가 봐.

영아들의 반응

블록으로 침대를 만들 때는 놀이에 많은 확장이 이루어지지 않았는데 블록으로 만든 침대를 교사가 먼저 제시하자 놀이가 더 확장된 것을 볼 수 있었다. 영아들은 인형을 가지고 와서 아기 침대에 눕히더니 "이불!" 이라고 이야기하며 교사가 제시해 준 이불을 덮어 주기도 하고, 음률 영역의 스카프를 가지고 와서 덮어 주었다. 불을 끄고 자장가 CD를 틀어 주었더니 아기 침대 옆에서 누워 아기 인형을 토닥거리거나 교사처럼 책을 가지고 와서 읽어 주며 잠을 재우기도 하였다. 또한 토닥거리며 "자장 자장" 하며 자장가를 불러 주는 영아들도 있었다. 자신이 좋아하는 인형을 가지고 와서 재워 주는 영아들도 있었다.

잠자리 『나비잠』 활동 ❹

'자장가' 들으며 율동해 보아요

활동 영역 창작

활동 목표 • 슈베르트의 '자장가' CD를 들으며 잠자는 모습을 자유롭게 표현해 본다.

활동 자료 슈베르트의 '자장가' CD

활동 방법

【도입】 ❶ '자장가' 음악을 들어 본다.

- ○○야, 집에서 코~ 자고 아침에 일찍 일어나서 어린이집에 왔어?
- 아주 부지런하고 씩씩하구나.
- 선생님이 '자장가' 라는 음악을 들려줄 거야.

【전개】 ❷ 음악을 들으며 잠자는 모습을 자유롭게 표현해 본다.

- 잠자는 모습을 어떻게 표현할 수 있을까? 바닥에 누워서 눈을 감고 코~ 자는 모습을 표현할 수 있겠다.

【종설】 ❸ 활동한 것에 대한 이야기를 나누며 마무리한다.

- 음악을 들으며 잠자는 모습을 표현해 보았는데 재미있었니?

✻ 그림책 4 : 『잠자는 책』

『잠자는 책』

글 작가 : 샬로트 졸로토
그림 작가 : 스테파노 비탈레
출판사 : 풀빛
출판 연도 : 2002년

곰, 두루미, 고양이 등 동물들이 자는 모습 하나하나를 묘사하고 마지막에 아이가 입불 속에서 포근하게 자는 모습을 묘사하여 모두가 잠들어 있는 모습을 보여 주는 그림책이다.

잠자리 『잠자는 책』 활동 ❶

그림책 감상하기

활동 영역 이해 및 감상

활동 목표 ● 그림책 속의 그림과 내용을 이해하고 즐겁게 감상한다.

활동 자료 『잠자는 책』 그림책

활동 방법

【도입】 ❶ 그림책의 겉표지를 보며 이야기를 나눈다.

- 무엇이 보이니?
- 캄캄한 밤하늘에 구름이 떠 있네. 아이가 책 위에 코~자고 있어.
- 책 제목은 '잠자는 책' 이래. 이 책에는 잠자는 친구들이 나온대.
- 어떤 친구들이 어디서 잠을 자는지 선생님과 함께 보도록 하자.

【전개】 ❷ 그림책을 감상한다.

- 곰들이 잠을 자요, 비둘기들이 잠을 자요, 물고기들이 잠을 자요, 두루미가 잠을 자요, 말들이 잠을 자요, 나방들이 잠을 자요, 물개들이 잠을 자요, 풀벌레들이 잠을 자요, 거북들이들이 잠을 자요, 애벌레들이 잠을 자요, 거미들이 잠을 자요, 고양이들이 잠을 자요, 개들이 잠을 자요, 아이가 잠을 자요.

【종결】 ❸ 그림책의 내용을 회상하며 이야기를 나눈다.

- 어떤 친구들이 나왔었지?
- 맞아. 곰, 비둘기, 물고기, 말, 나비 친구들이 나왔었어.
- 곰은 어디서 잠을 잤지?
- 캄캄한 동굴 속에서 아빠 곰, 엄마 곰, 아기 곰이 함께 코~ 잤어.
- 너희들은 어디서 코~ 자니?
- 이불 속에서 포근히 잠을 자는구나.

영아들의 반응

겉표지를 보며 이야기를 나누었는데 "구름, 코 자네."라고 표현하였다. 동물들의 잠자는 모습이 설명된 그림책이어서 영아들이 관찰하면서 읽기엔 좀 어렵다는 생각이 들었다. 그래서 교사가 짧게 내용을 바꿔서 들려주었다. 예를 들어서, "○○들이 잠을 자요."라고 들려주었다. 영아들은 등장하는 동물들의 잠자는 모습을 몸짓으로 흉내를 내 보기도 하고, 잠자는 물고기 장면에서 "물고기들이 잠을 자요."라고 하였더니 "물고기는 눈을 뜨고 자."라고 표현하는 영아도 있었다.

잠자리 『잠자는 책』 활동 ❷

잠자는 책을 만들어 보아요

활동 영역 창작

활동 목표 • 그림책 등장인물과 친구들의 사진을 붙여서 잠자는 책을 만들어 본다.

활동 자료 등장인물 사진, 잠자는 책

활동 방법

【도입】 ❶ 『잠자는 책』을 보며 그림책의 내용을 회상한다.

- 어떤 동물들이 나왔니?
- 동물들이 잠자기 전에 무엇이라고 인사했니?

【전개】 ❷ 그림책 속 등장인물 스티커와 잠자는 책을 소개한다.

- 이게 뭘까? 한 번 열어 보자.
- 이것은 잠자는 책이야.
- 여기에 『잠자는 책』 그림책 속에 나왔던 동물 친구들이 있어.
- 이건 무슨 동물일까?

❸ 잠자는 책에 등장인물 스티커를 붙인다.

- 어떤 동물을 붙이고 싶니?
- 비둘기들을 붙여 주었구나.
- 밀알반의 친구들 중에서 어떤 친구를 붙이고 싶니?
- "○○가 잠을 자요."라고 이야기해 보자.

【종결】 ❹ 자신이 만든 잠자는 책을 다시 본다.

- ○○가 만든 잠자는 책이 완성됐네.
- 참 재미있겠다. 우리 다시 한 번 보도록 하자.

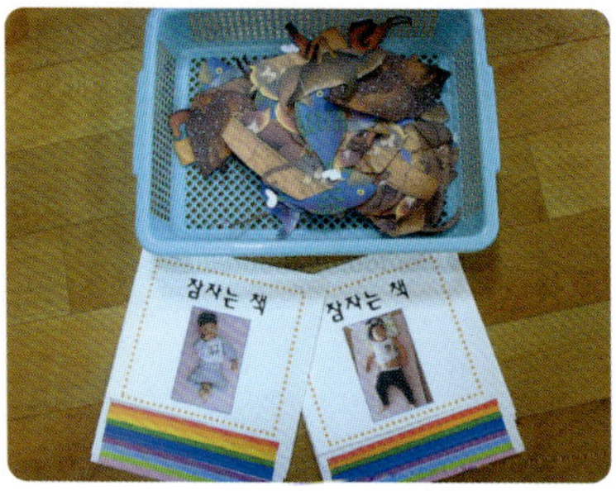

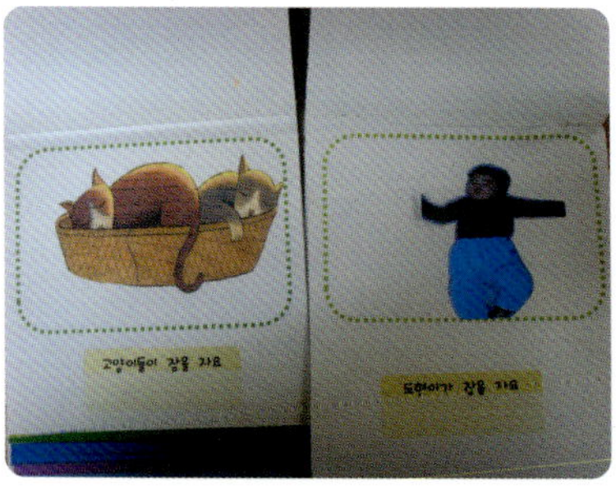

영아들의 반응

영아는 자신이 만든 앞표지의 자는 모습을 보며 좋아했다. 주위에 있던 다른 영아들이 그 영아의 이름을 말해 주기도 하였다. 그림책 속 동물의 이름을 이야기하며 원하는 그림 스티커를 붙였다. 붙인 후에 "○○가 잠을 자요."라고 교사가 몇 번 이야기하자 손을 흔들며 "잠을 자요."라고 말하며 책장을 넘겼다. 자신이 만든 책을 처음부터 보며 혼자서 "○○가 잠을 자요."라고 그림책을 들려주는 영아도 있었다.

그림책 5 : 『모두 잠이 들어요』

『모두 잠이 들어요』

글 작가 : 마가렛 와이즈 브라운
그림 작가 : 진 샬럿
출판사 : 비룡소
출판 연도 : 2001년

눈을 뜬 채 잠든 물고기, 코를 벌름이며 잠이 드는 사자, 가늘게 눈을 뜬 고양이, 새, 캥거루 등의 동물들과 아이들까지 졸음에 눈을 감고 잠에 빠지는 모습을 담아 놓은 책이다. 반복되는 운율에 작은 판형의 그림책이 영아들에게 쉽게 다가가게 한다.

잠자리
『모두 잠이 들어요』 활동 ❶

그림책 감상하기

활동 영역 이해 및 감상

활동 목표 • 그림책 속의 그림과 내용을 이해하고 즐겁게 감상한다.

활동 자료 『모두 잠이 들어요』 그림책

활동 방법

【도입】 ❶ 그림책의 앞표지를 보며 이야기를 나눈다.

- 무엇이 보이니?
- 깜깜한 하늘에 달도 있고 별도 있네. 달 위에서 아이가 코~ 자고 있어.
- 이 책의 제목은 '모두 잠이 들어요' 란다. 또 어떤 친구들이 잠이 들었는지 선생님과 함께 보도록 하자.

【전개】 ❷ 그림책을 감상한다.

- 밤이 오고 있어요. 모두 잠자리에 들어요. 밖은 이제 어두워요. 졸린 아이들.

【종결】 ❸ 그림책의 내용을 회상하며 이야기를 나눈다.

- 어떤 동물 친구들이 코~ 잠을 잤지?
- 맞아. 새, 물고기, 캥거루, 양, 토끼가 코~ 잠을 잤어.
- 동물 친구들이 어떻게 잠을 잤지? 눈을 감고 누워서 코~ 잤어.
- 너희들은 졸리면 어떻게 하니?
- 너희들도 눈을 감고 이불에 누워서 코~ 자는구나.

영아들의 반응

먼저 앞표지를 보며 "무엇이 보이니?"라고 질문하였는데, '달' 이라고 표현하는 영아, '코~' 자는 모습을 표현하는 영아가 있었다. 새, 토끼, 양, 물고기, 그리고 아이들이 나오는 이 그림책은 영아들이 동물의 이름을 언어로 표현하기도 하였고 동물들의 자는 모습을 표현하기도 하였다. "~잠이 들어요", "졸린 물고기들" 등으로 단순한 문장이 반복적으로 구성되어 있어서 교사의 언어를 모방하여 따라 하기도 하였다.

잠자리
『모두 잠이 들어요』 활동 ❷

흔들침대에 인형을 재워 보어요

활동 영역 이해 및 감상

활동 목표
- 친구와 둘이서 이불을 이용하여 흔들침대를 만들어 본다.
- 흔들침대 위에 인형을 재워 본다.

활동 자료 이불, 아기 인형

활동 방법

【도입】 ❶ 그림책을 감상한다.
- 엄마, 아빠가 무엇을 하고 있니?
- 엄마, 아빠가 아기랑 동물들을 흔들침대에서 잠을 재워 주는구나.
- 우리도 흔들침대를 만들어 보자.

【전개】 ❷ 이불로 흔들침대를 만들어 본다.
- 아기 인형이 이불 위로 올라왔네.
- 미끌미끌 스케이트를 타는 것 같네.
- 이불을 들고 흔들어 볼까?
- 우와~ 흔들침대가 되었네.

❸ 흔들침대 위에 아기 인형을 눕히고 재워 본다.
- 우리 아기 인형을 흔들침대에 태워 보자.
- 흔들흔들~ 아기가 재미있어서 웃고 있네.
- 아함~ 졸려. 아기 인형이 졸린가 봐.
- 천천히 흔들어 보자.
- '자장~자장~ 우리 아기' 자장가도 불러 보자.

【종결】 ❹ 잠이 든 아기 인형을 아기 침대에 눕혀 준다.
- 쉿! 아기가 잠들었나 봐.

• 우리 아기를 침대에 눕혀 주자.

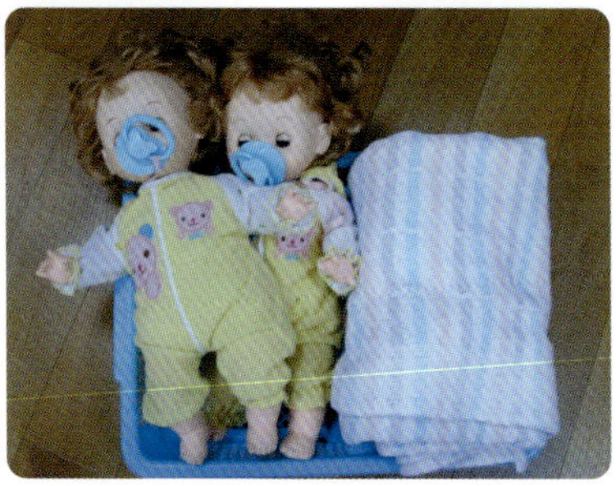

영아들의 반응

이불과 인형을 보자 아기 인형 위에 이불을 덮어 주며 토닥거려 주었다. 교사가 이불 위에 인형을 올리며 흔들침대를 태워 주자고 하자 교사와 함께 양쪽에서 잡고 흔들흔들 움직여 주었다. 놀이하는 모습을 본 다른 영아들은 영아들끼리 하고 싶어 했다. 재미있었는지 웃으며 흔들침대를 태워 주었다. 다 잠이 들었다고 하자 와플블럭으로 아기가 잘 수 있는 침대를 만들어 재워 주는 영아들도 있었다.

✲ 그림책 6 : 『잘 자라, 우리 아가』

『잘 자라, 우리 아가』

글·그림 작가 : 존 버닝햄
출판사 : 비룡소
출판 연도 : 2003년

하루 일을 마치고 잠이 드는 동물과 아기들의 모습을 다양한 색상의 배경을 통해 표현하였으며 '자장자장'이 반복되어 영아들에게 잠자리에 대한 편안함을 느끼게 해 준다.

잠자리 『잘 자라, 우리 아가』 활동 ❶

그림책 감상하기

활동 영역 이해 및 감상

활동 목표 • 그림책 속의 그림과 내용을 이해하고 즐겁게 감상한다.

활동 자료 『잘 자라, 우리 아가』 그림책

활동 방법

【도입】 ❶ 그림책의 앞표지를 보며 이야기를 나눈다.

- 무엇이 보이니?
- 물 위에 배가 떠 있네. 흔들흔들 배 위에서 아가가 코~ 자고 있어.
- 잘 자라, 우리 아가~ 자장자장 자장자장.
- 아가가 깨지 않도록 조용히 책을 읽어 보자.

【전개】 ❷ 그림책을 감상한다(그림책의 내용을 간단하고 반복되게 고쳐서 영아들에게 읽어 준다).

> 엄마 고양이와 아기 고양이들 자장자장,
> 아기는 흔들흔들 배 위에서 자장자장,
> 곰 세 마리는 아침이 올 때까지 자장자장,
> 물고기도 산호 베개를 베고 자장자장,
> 달 아저씨는 대낮까지 자장자장,
> 거위도 의자에서 자장자장,
> 개구리는 그물 침대에 누워 자장자장,
> 우리 아가는 푹신한 베개를 베고 자장자장 자장자장 자장자장.

【종결】 ❸ 그림책의 내용을 회상하며 이야기를 나눈다.

- 아기는 어디서 잠을 잤지? 흔들흔들 배 위에서 코~ 잠을 잤어.
- 거위는 어디서 잠을 잤지? 거위는 의자에서 코~ 잠을 잤어.

- 너희들은 어디서 코~ 자니?
- 엄마 아빠 품에서 포근히 잠을 자는구나. 자장자장~

영아들의 반응

앞표지에 그려진 배를 보며 "부우 부우 배~"라고 표현하는 영아도 있었다. 영아들이 감상하기엔 그림책의 내용이 길어서 누구나 잠이 드는 밤 장면부터 그림책을 들려주었다. 교사의 언어를 모방하여 "자장자장"이라고 표현하기도 하였고, 등장인물들이 잠자는 곳(의자, 배, 그물 침대)을 손으로 가리키며 "뭐야?"라고 질문하는 영아도 있어서 이름을 말해 주기도 하였다.

잠자리
「잘 자라, 우리 아가」 활동 ❷

친구에게 이불을 덮어 주어요

활동 영역 이해 및 감상

활동 목표
- 친구들의 자는 모습 사진 위에 이불 사진을 붙여 본다.
- 친구의 모습과 이불을 일대일 대응을 한다.

활동 자료 이불 모양 자석, 친구들 자는 모습 사진판

활동 방법

【도입】 ❶ 교구를 탐색한다.
- 밀알반 친구들이 여기 모여서 무엇을 하고 있을까?
- 어떤 친구들이 있니?
- 여기 밀알반 친구들의 이불도 있네.
- 밀알반 친구들이 자고 싶은데 너무 춥대. 우리 이불을 찾아서 덮어 주자.

【전개】 ❷ 친구들의 이불을 찾아서 덮어 준다.
- 이건 누구의 이불일까?
- 따뜻하게 덮어 주자.
- ○○에게 이불을 덮어 주었구나.

【종결】 ❸ 이불을 덮은 친구들에게 "잘 자"라고 인사해 준다.
- "○○야 잘 자~"라고 인사해 주자.
- ○○가 이불을 덮어 주어서 너무 따뜻하대.

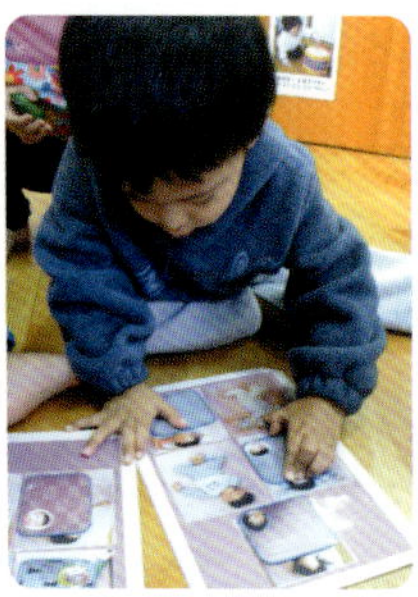

영아들의 반응

"민주다, 영모다."라며 친구들의 이름을 말해 주고 그 친구가 어디서 놀이하고 있는지 손가락으로 가리키는 영아들이 많았다. 자신의 이불을 먼저 찾아서 이불을 덮어 주고 다른 영아의 이불을 사진 힌트를 보며 찾아 덮어 주었다. "○○야 잘 자~"라고 말하며 토닥거리는 영아도 있었다. 자는 친구들의 모습을 잘 찾아서 어려움 없이 이불을 덮어 줄 수 있었다.

잠자리
『잘 자라, 우리 아가』 활동 ❸

잠옷을 입고 멋지게 걸어 보아요

활동 영역 창작

활동 목표 • 잠옷을 입고 멋지게 걸어 보기를 해 본다.

활동 자료 집에서 보내 준 잠옷, 수면모자, 헤어밴드, 무대

활동 방법

【도입】 ❶ 무대와 헤어밴드를 탐색한다.

- 이게 무엇일까?
- 한번 만져 보자.
- 반짝반짝 장식도 있네.
- 바닥에 발바닥도 있구나.
- 헤어밴드는 머리에 한번 해 보자.

【전개】 ❷ 헤어밴드를 하고 무대 위를 걸으며 패션쇼를 한다.

- 선생님이 어떻게 걸어가는지 보여 줄게.
- △△도 걸어 보자.
- 멋지게 걷고 있네.
- ○○의 잠옷은 곰이 그려진 잠옷이구나.

【종결】 ❸ 무대 위에서 멋진 포즈로 사진을 찍는다.

- "사랑해." 하고 사진을 찍어 보자.

영아들의 반응

영아들은 무대를 탐색하고 그 위에 올라가서 잠옷을 입고 걷는 것을 즐거워했다. 친구들의 걷는 모습을 보며 하하하 소리를 내며 웃는 영아들도 있었다. 친구들과 손을 잡고 걸어가는 것을 좋아하기도 했다. 뽕뽕이 인형이나 아기 인형을 양쪽으로 잡고 인형도 걷게 해 주었다. 또한 토끼처럼, 사자처럼 흉내 내며 걸어서 가는 영아들도 많았다. 대부분의 영아들이 허리에 손을 올리고 포즈를 취하였다.

잠자리
『잘 자라, 우리 아가』 활동 ❹

잠옷을 꾸며 보아요

활동 영역 창작

활동 목표
- 마블링 기법을 경험한다.
- 마블링 모양종이로 잠옷을 꾸며 본다.

활동 자료 도화지, 마블링 물감, 모양 펀치(펀치로 뚫은 모양 종이)

활동 방법

【도입】 ❶ 마블링 물감을 탐색한다.
- 여기 물이 있네.
- 물 위에 알록달록 예쁜 색깔의 물감이 둥둥 떠 있네.
- 막대기로 저어 볼까? 신기하게 물감이 따라 다니네.

【전개】 ❷ 마블링 물감에 종이를 묻혀 본다.
- 종이에 손잡이가 있네. 여기를 잡고 선생님처럼 종이에 물감을 묻혀 보자.
- 이야~ 종이에 방울처럼 알록달록 예쁜 물감을 묻혔네.

❸ 잠옷에 모양종이(마블링 기법으로 만든 종이)를 붙여 본다.
- 짠~ 무엇인 것 같니? 코~ 잠잘 때 입는 잠옷이야.
- 잠옷에 알록달록 모양 종이를 풀로 붙여 보자.
- ○○는 정말 멋진 잠옷을 만들었구나.

【종결】 ❹ 활동한 것에 대한 이야기를 나누며 마무리한다.
- ○○의 멋진 잠옷을 꾸며 보았어. 재미있었니?
- 너희들이 멋지게 만든 잠옷에 얼굴을 붙여서 막대 인형으로 만들어 줄 거야. 막대 인형을 가지고도 친구들과 재미있게 활동하자.

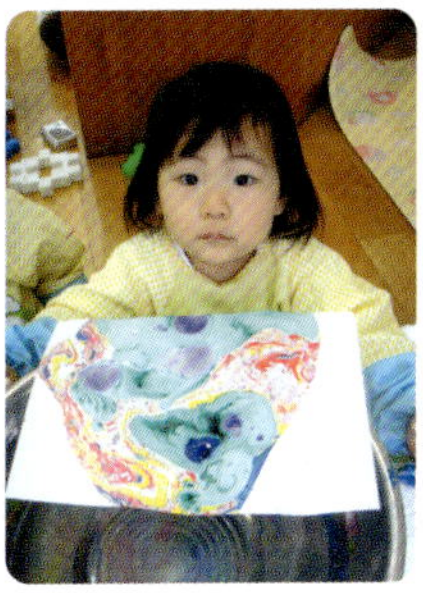  

영아들의 반응

영아들이 마블링 물감에 종이를 쉽게 묻혀 볼 수 있도록 도화지에 코팅지로 손잡이를 만들어서 제시해 주었더니 거의 모든 영아들이 손잡이를 잡고 스스로 물감에 묻히는 모습을 볼 수 있었다. 영아들은 알록달록 다양한 모양이 찍히는 것을 보고 매우 신기해하며 미소를 짓기도 하였다. 영아들이 찍은 마블링 종이는 말린 후, 모양 펀치로 뚫어서 잠옷을 꾸며 보는 활동을 해 보았다. 영아들은 소근육을 사용하여 잠옷에 알록달록 모양종이를 풀로 붙여 보았다. 꼼꼼하게 붙이는 영아, 듬성듬성 붙이는 영아 등 개인차가 있었다.

잠자리
『잘 자라, 우리 아가』 활동 ❺

막대 인형 놀이를 해요

활동 영역 이해 및 감상

활동 목표 • 막대 인형으로 놀이하면서 언어로 표현해 본다.

활동 자료 잠옷을 입고 있는 친구들의 막대 인형

활동 방법

【도입】 ❶ 막대 인형을 탐색한다.

- 이게 무엇일까?
- 너희들이 예쁜 모양 종이로 만든 잠옷이네.
  잠옷에 얼굴도 붙어 있네.
  이건 누구지?
- 선생님이 이렇게 멋진 막대 인형으로 만들어 보았어.

【전개】 ❷ 막대 인형을 가지고 놀이를 한다.

- ○○ 야, 안녕! 밤이 되었네.
- 아~ 졸려.
- 우리 침대에서 코~ 자자.
  쉿! 친구가 잠들었나 봐.
- 이불도 덮어 주었네.
- 아~ 아침이다! 일어나서 씻고 어린이집 가자.

【종결】 ❸ 활동한 것에 대한 이야기를 나눈 후 마무리한다.

- 막대 인형으로 놀이해 보았는데 재미있었니?
- 다른 친구들이 놀이할 수 있도록 막대 인형을 정리해 보자.

영아들의 반응

영아들이 꾸민 잠옷에 얼굴을 붙여서 막대 인형으로 만들어 언어 영역에 제시해 주었다. 영아들은 자신의 얼굴 막대에 관심을 가졌다. 친구의 막대 인형과 자신의 막대 인형을 들고 "사랑해~ 뽀뽀"라고 표현하기도 하고, 어떤 영아는 막대 인형을 역할 영역에 가지고 가서 음식을 인형에게 먹여 주기도 하고, 막대 인형을 가지고 패션쇼를 하는 영아도 있었고, 막대 인형을 언어 영역 침대에 눕히고는 잠을 재워 주는 등 영아들이 다양한 방법으로 놀이하는 모습을 볼 수 있었다. 영아들은 자신의 사진으로 만든 막대 인형이라서 그런지 애착을 가지고 놀이를 하였다.

문학단원 3

엄마, 아빠

『안아 줘!』

『나도 엄마처럼……』

문학단원 망

엄마, 아빠

『안아 줘!』
- 이해 및 감상
  - 그림책 감상하기
  - 퍼즐을 맞춰 보아요
  - 엄마, 아빠가 안아 주었어요
  - 『안아 줘!』 동극 하기
- 창작
  - '안았네' 그림책 만들기

『나도 엄마처럼……』
- 이해 및 감상
  - 그림책 감상하기
  - 나도 엄마처럼
  - 엄마, 아빠 놀이를 해 보아요
  - 가족 손가락 인형 놀이를 해 보아요
  - 엄마, 아빠 사랑해요

서 평

1. 『안아 줘!』

책 제목	『안아 줘!』 
서지 정보	글·그림 작가 : 제즈 앨버로우 출판사 : 웅진주니어 출판 연도 : 2000년
내 용	새끼 원숭이 보보가 코끼리, 이구아나, 뱀, 기린, 하마 등의 동물들이 서로 안는 것을 보고 "안았네"를 연발하다가 "안아 줘!"를 외친다. 그러자 엄마 원숭이가 나타나 새끼 원숭이를 안아 준다. 그러자 이번에는 다른 동물들이 보보에게 "안아 줘!"를 외치고, 보보는 코끼리 코를 안아 주고 동물들이 서로 다른 동물들을 안아 준다.
특징 및 교육적 적용	• 거의 "안았네", "안아 줘!"만 반복되는 글 텍스트로 매우 단순하여 영아가 교사와 함께 읽기를 한 후 영아 혼자서도 볼 수 있는 그림책이다. • 보보는 다른 동물끼리 안은 것을 처음 보았을 때는 웃다가 여러 동물들의 그런 모습을 자꾸 보면서 점차 시무룩해지고 급기야 "안아 줘!" 하면서 우는 표정을 보인다. 이런 보보의 표정 변화를 보면서 보보가 왜 그런 표정을 지었을지 보보의 마음을 이야기해 주면서 읽어 준다.

활동의 실제

- 그림책 1 :『안아 줘!』
- 그림책 2 :『나도 엄마처럼……』

✻ 그림책 1 : 『안아 줘!』

『안아 줘!』

글·그림 작가 : 제즈 앨버로우
출판사 : 웅진주니어
출판 연도 : 2000년

새끼 원숭이 보보가 코끼리, 이구아나, 뱀, 기린, 하마 등의 동물들이 서로 안는 것을 보고 "안았네"를 연발하다가 "안아 줘!"를 외친다. 그러자 엄마 원숭이가 나타나 새끼 원숭이를 안아 준다. 그러자 이번에는 다른 동물들이 보보에게 "안아 줘!"를 외치고, 보보는 코끼리 코를 안아 주고 동물들이 서로 다른 동물들을 안아 준다.

엄마, 아빠 『안아 줘!』 활동 ❶

그림책 감상하기

활동 영역 이해 및 감상

활동 목표 • 그림책 속의 그림과 내용을 이해하고 즐겁게 감상한다.

활동 자료 『안아 줘!』 그림책

활동 방법

【도입】 ❶ 원숭이 손가락 인형을 소개한다.

- 우리 밀알반에 놀러 온 동물 친구가 있어요.
- "끼끼." 어, 누가 왔을까?
- 안녕? 나는 아기 원숭이야. 오늘 우리 엄마를 소개해 주려고 왔어.
- 우리 같이 만나 보자.

【전개】 ❷ 책의 앞표지를 보며 이야기를 나눈다.

- 여기 누가 있니?
- 우리가 아까 만났던 아기 원숭이랑 엄마 원숭이가 있네.
- 무엇을 하고 있니?

❸ 그림책을 감상한다.

❹ 그림책을 다시 보며 이야기를 나눈다.

- 엄마 코끼리랑 아기 코끼리는 무엇을 하고 있었니?
- 아기 원숭이는 기분이 어떤 것 같니?

【종결】 ❺ 아기 원숭이의 마음에 대해서 이야기를 나눈다.

- 다른 동물 친구들이 서로 안아 주는 모습을 보고 있는 원숭이는 기분이 안 좋아 보이네.
- 아기 원숭이가 엄마를 만나서 행복해 보이네.

영아들의 반응

책의 앞표지를 보고 "엄마 원숭이와 아기 원숭이가 무엇을 하고 있니?"라는 질문을 하자 "안고 있네."라고 말하는 영아들이 많았다. "누가 안아 줬어?"라는 질문에 "엄마가"라고 영아들은 대답했다. "안아 줘"라고 말하는 아기 원숭이의 기분이 어떨까라는 질문에 "기분이 좋아, 엄마가 나도 안아 줬는데."라고 하였다. 그림책을 본 후에 한 영아가 안아 주자 그 모습을 보고 다른 영아들도 서로 안아 주고 그림책을 안아 주기도 하였다.

엄마, 아빠 『안아 줘!』 활동 ❷

퍼즐을 맞춰 보아요

활동 영역 이해 및 감상

활동 목표
- 그림책 속의 그림 퍼즐을 맞추어 본다.
- 감각 능력과 소근육 발달을 길러 줄 수 있다.

활동 자료 그림 퍼즐

활동 방법

【도입】 ❶ 그림책을 읽으며 내용을 회상한다.
- 동물들이 무엇을 하고 있니?
- 어떤 동물들이 있었니?
- 서로 안아 주면 기분이 어떨까?

【전개】 ❷ 퍼즐 교구를 탐색한다.
- 여기 그림책 속 동물들이 밀알반에 왔네.
- 동물 친구들이 떨어져 있네.
- 엄마랑 아기 동물이 만날 수 있게 도와주자.
- ㅇㅇ가 엄마랑 아기 동물을 만나게 해 줘서 너무 행복하대.

【종결】 ❸ 퍼즐 놀이를 하면서 즐거웠던 것에 대해 이야기를 나눈다.
- 엄마랑 아기 동물이랑 다시 만나서 기분이 어땠을까?
- 엄마랑 아기 동물을 만나게 해 줘서 너무 행복하대.

영아들의 반응

테이프케이스로 만든 그림 퍼즐을 꺼내서 흔들어 보며 소리가 나자 흥미를 느꼈다. 그림책을 감상한 후 퍼즐을 보자 손가락으로 동물을 가리키며 "안았네."라고 말하는 영아들이 많았다. 영아들은 퍼즐을 맞추는 것보다 틀 안에 넣는 것을 더 즐거워했다. 퍼즐 조각과 퍼즐 틀을 높이 쌓더니 "생일 축하합니다" 하며 노래를 부르는 영아도 있었다.

엄마, 아빠
『안아 줘!』 활동 ❸

엄마, 아빠가 안아 주었어요

활동 영역 이해 및 감상

활동 목표 • 영아들과 함께 엄마 아빠가 안아 준 사진을 보며 이야기를 나눈다.

활동 자료 엄마 아빠가 안아 주는 모습이 담긴 사진 책

활동 방법

【도입】 ❶ 간단한 손 유희로 '사랑해' 노래를 불러 본다.

- 선생님은 ○○를 사랑해.
- 선생님은 너희들을 사랑해. 사랑하면 이렇게 꼭 안아 주는 거래.

【전개】 ❷ 사진 책을 보며 이야기를 나눈다.

- 누구일까? 맞아, 민주야.
- 민주 옆에 있는 사람은 누구야?
- 민주 엄마야. 엄마가 민주를 "사랑해!" 꼭 안아 주고 있구나. 민주는 행복하겠다.
- 다음엔 어떤 친구가 나올까?

【종결】 ❸ '사랑해' 노래를 부르며 활동을 마무리한다.

- 엄마 아빠가 ○○를 많이 사랑한대.
- 선생님은 ○○를 사랑해.

영아들의 반응

'사랑해' 노래를 부르며 영아들을 따뜻하게 안아 주었더니 미소를 지으며 좋아하는 모습을 볼 수 있었다. 사진 책을 한 장 한 장 넘기며 영아들과 이야기를 나누었다. 사진 속에 등장하는 사람이 누구인지 질문했을 때, 언어적으로 표현할 수 있는 영아들은 친구의 이름을 말하거나 '엄마, 아빠' 라고 표현하기도 하였다. 친구들의 사진보다 자신의 사진에 더욱 흥미를 보였으며 "○○ 엄마야."라고 하였다. 엄마나 아빠가 안아 주는 사진을 보며 영아들은 미소를 짓기도 했다. 엄마 아빠가 안아 주는 사진을 보며 자신의 엄마라고 친구들에게 이야기를 해 주기도 하였다. 사진을 크게 뽑아서 교실 벽면에 게시하였더니 놀이하다가 엄마 사진을 보러 가기도 하고 작은 책을 낮잠시간에 안고 자는 영아들도 있었다. 또한 자신의 사진만 빼서 들고 다니기도 하였다. 엄마, 아빠 사진이 있어서 영아들이 안정감을 느끼는 것 같았다.

엄마, 아빠 『안아 줘!』 활동 ❹

『안아 줘!』 동극 하기

활동 영역 이해 및 감상

활동 목표
- 그림책 내용을 이해하고 극놀이로 표현할 수 있다.
- 서로 아끼고 사랑하는 마음을 갖는다.

활동 자료 『안아 줘!』 그림책, 원숭이 배역 머리띠 한 쌍, 기린 배역 머리띠 한 쌍, 코끼리 배역 머리띠 한 쌍, 하마 배역 머리띠 한 쌍

활동 방법

【도입】 ❶ 그림책을 읽으며 동화의 내용을 회상한다.
- 동물들이 무엇을 하고 있니?
- 어떤 동물들이 있었니?
- 서로 안아 주면 기분이 어떨까?

【전개】 ❷ 그림책을 다시 보며 등장하는 동물에 대해 이야기를 나눈다.
- 『안아 줘!』 그림책에 어떤 동물들이 나오니?
- 동물들이 무엇을 하고 있어?

❸ 영아들과 동극에서 하고 싶은 역할을 정한다.
- 여기 나오는 동물이 되어 동극을 해 볼 건데 어떤 동물을 하고 싶니?
- 원숭이 '보보' 가 되고 싶은 친구?
- 보보 엄마가 되고 싶은 친구?

❹ 맡은 배역 머리띠를 두르고 동극을 한다.

【종결】 ❺ 동극을 하면서 즐거웠던 것에 대해 이야기를 나눈다.
- 친구들이 직접 동물이 되어서 활동해 보니까 어땠어?
- 친구들과 서로 안아 보니 어떤 기분이 들어?

엄마, 아빠 『안아 줘!』 활동 ❺

'안았네' 그림책 만들기

활동 영역 창작

활동 목표 • 비슷한 제목의 그림책을 만들 수 있다.

활동 자료 안고 있는 영아들 사진, 엄마와 안고 있는 영아 사진, 원숭이 보보와 엄마가 안고 있는 사진, 가위, 풀, 색상지, 하드보드지

활동 방법

【도입】 ❶ 그림책 장면을 보며 영아들과 이야기 나눈다.

- 이 사진은 무엇을 하고 있는 사진일까?
- 너희들은 누구와 안아 봤어?
- 안았을 때 어떤 느낌이 들었어?

【전개】 ❷ 영아들과 가족이 안고 있는 사진 자료를 보며 활동을 소개한다.

- 지난 시간에 『안아 줘!』 그림책을 보았는데 이번에는 우리가 직접 그림책을 만들어 보면 어떨까?
- 친구들과 엄마, 아빠가 찍은 사진을 가지고 책을 만들어 보자.

❸ 준비된 사진과 말풍선을 오려 붙인다.

- ○○는 어떤 사진을 붙여 주고 싶어?
- '안았네' 라고 말하는 말풍선은 어디에다 붙이면 좋을까?

【종결】 ❹ 책 만들기를 하면서 즐거웠던 것에 대해 이야기를 나눈다.

- 서로 안고 있는 사진들을 보니 어떤 기분이 들어?
- 선생님이 원숭이 보보를 만들어서 친구들이 움직이면서 볼 수 있도록 언어 영역에 놓아 줄게.

✻ 그림책 2 :『나도 엄마처럼……』

『나도 엄마처럼……』

글·그림 작가 : 엠마 도드
출판사 : 대교출판
출판 연도 : 2007년

아기 곰은 엄마처럼 슬기롭고 용감한 어른이 되고 싶어 한다. 아기 곰의 엄마는 모르는 것이 없고 상냥하고 친절하고 아낌없이 사랑해 주기 때문이다. 그림책에 엄마와 아기 곰의 사랑스런 장면이 나오며 중간중간에 금박이 있어 영아들이 흥미로워할 것이다.

엄마, 아빠
『나도 엄마처럼』 활동 ❶

그림책 감상하기

활동 영역 이해 및 감상

활동 목표 • 그림책 속의 그림과 내용을 이해하고 즐겁게 감상한다.

활동 자료 『나도 엄마처럼……』 그림책

활동 방법

【도입】 ❶ 곰 인형을 소개한다.
- 안녕? 나는 아기 곰이야.
- 나는 오늘 엄마랑 같이 놀이하러 갈 거야.
- 함께 가서 나랑 같이 놀이하자.

【전개】 ❷ 책의 앞표지를 보며 이야기를 나눈다.
- 무엇이 보이니?
- 엄마 곰과 아기 곰이 무엇을 하고 있을까?
- 엄마 곰과 아기 곰이 무엇을 하고 있는지 함께 보도록 하자.

❸ 그림책을 감상한다.

❹ 그림책을 다시 보며 이야기를 나눈다.
- 엄마 곰이 무엇을 하고 있니?
- 아기 곰은 어떻게 했니?

【종결】 ❺ 엄마 곰과 아기 곰의 마음에 대해서 이야기를 나눈다.
- 엄마 곰은 아기 곰이랑 놀이해서 행복해 보이네.
- 아기 곰도 엄마 곰을 따라 하는 것이 즐거운가 봐.

영아들의 반응

곰 인형으로 주의가 집중되자 영아들은 곰 인형을 만지고 싶어 했다. 표지를 보며 "무엇이 보이니?"라는 질문에 "엄마 곰, 아기 곰."이라고 대답하는 영아들이 많았다. "엄마 곰, 아기 곰이 무엇을 하고 있니?"라고 묻자 손을 벌려 안는 흉내를 내며 "안고 있어, 사랑해 하고 있네."라고 하였다. 곰이 나올 때마다 "곰."이라고 말하기도 하고, 곰의 모습을 흉내 내 보는 영아도 있었다.

엄마, 아빠
『나도 엄마처럼……』 활동 ❷

나도 엄마처럼

활동 영역 이해 및 감상

활동 목표 • 그림책 속 엄마 곰, 아기 곰의 모습을 표현해 본다.

활동 자료 엄마 곰 머리띠(2개), 아기 곰 머리띠(5개)

활동 방법

【도입】 ❶ 『나도 엄마처럼……』 그림책의 내용을 회상한다.
- 엄마 곰과 아기 곰이 무엇을 하며 놀았니?
- 아기 곰이 엄마 곰과 똑같이 놀이하고 있구나.

【전개】 ❷ 곰 머리띠를 하고 그림책 속 곰의 모습을 흉내 내 본다.
- 여기 무엇이 있니? 엄마 곰, 아기 곰의 머리띠가 있네.
- 우리 엄마 곰처럼 물을 마셔 보자.
- 엄마 곰처럼 어부바를 해 보자.

【종결】 ❸ 놀이한 후에 즐거웠던 것에 대해 이야기를 나눈다.
- 엄마 곰과 아기 곰이 되어서 놀이하니까 즐거웠니?
- 어떤 놀이가 제일 재미있었니?

영아들의 반응

"엄마 곰과 아기 곰이 무슨 놀이를 했니?"라고 묻자 손을 밑으로 내리고 물장구를 치는 모습을 보여 주어 교사와 함께 물장구도 쳐 보고 어부바도 해 보고 물고기도 잡아 보았다. 여러 장면이 있었지만 영아들은 어부바가 나오는 장면을 가장 좋아하였다. 신체를 접촉하면서 하는 놀이라 그런 것 같았다. 또한 교사에게 엄마 곰 머리띠를 달라고 해서 자신이 하고는 친구들에게 "어부바해 줄게."라고 말하는 영아도 있었다.

엄마, 아빠
『나도 엄마처럼……』 활동 ❸

엄마, 아빠 놀이를 해 보아요

활동 영역 이해 및 감상

활동 목표 • 엄마 아빠의 물건을 이용하여 엄마 아빠 놀이를 해 본다.

활동 자료 엄마, 아빠의 물건

활동 방법

【도입】 ❶ 엄마, 아빠의 물건을 소개한다.
- 이게 무엇일까?
- 엄마 구두도 있고 엄마 화장품도 있구나.
- 아빠 가방도 있네.

【전개】 ❷ 엄마, 아빠의 물건으로 놀이를 한다.
- 어떤 옷을 입고 싶니?
- 아빠 옷을 입었구나. 가방도 들었네. 회사 다녀오세요.
- 엄마처럼 화장을 하는구나.

【종결】 ❸ 엄마, 아빠 놀이를 한 기분에 대해서 이야기를 나눈다.
- 엄마, 아빠 놀이를 하니까 재미있었니?

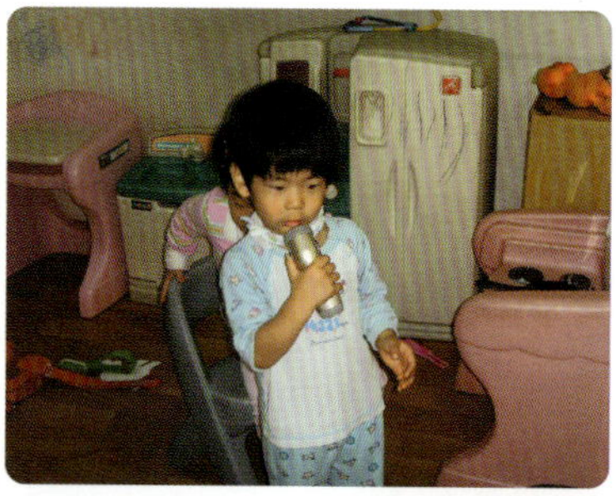

영아들의 반응

엄마와 아빠의 물건에 흥미를 가지고 탐색을 하였다. 여아들은 엄마가 화장하는 것을 많이 봐서 그런지 화장대에 앉아서 로션을 바르고 파우더를 톡톡 두들겨서 바르기도 했다. 남자 영아들은 자동 면도기에 관심을 가졌다. 화장대 앞에서 면도기로 수염을 깎는 것처럼 놀이하였다. 아빠 옷을 입은 한 남아는 "아빠"라고 말하면서 다니기도 했다. 여아 한 명은 화장을 하더니 교회에 간다고 말하기도 하였고, 아빠 옷을 입은 남아 중에는 아빠 옷이 좋다며 낮잠시간에 그대로 입고 자서 잠이 든 후 옷을 벗겨 주기도 하였다. 상징놀이가 나타나기 시작해서 영아들은 엄마, 아빠 역할에 많은 흥미를 가지고 즐겁게 놀이할 수 있었던 것 같다.

엄마, 아빠
『나도 엄마처럼……』 활동 ❹

가족 손가락 인형 놀이를 해 보아요

활동 영역 이해 및 감상

활동 목표
- 손가락 인형을 보고 생김새에 맞게 가족의 이름을 말해 본다.
- 손가락 인형을 손가락에 끼워 본다.

활동 자료 가족 손가락 인형, 집 그림

활동 방법

【도입】 ❶ 손가락 인형의 생김새를 관찰한다.
- (인형을 가리키며) ○○야, 여기 인형이 있네. 누구일까?
- 맞아. 엄마 인형이야.
- (영아의 손에 인형을 끼우며) 엄마 인형을 손가락에 끼워 볼까?
  ○○의 손가락에 쏘옥 들어가네.

【전개】 ❷ 손가락 인형을 가지고 논다.
- ○○의 손가락에 엄마, 아빠 인형이 끼워져 있네.
- (집 그림을 가리키며) 여기는 어디일까? 맞아, 집이야.
- 집에 엄마, 아빠 인형이 있네.
- 엄마 아빠께 인사해 볼까?
  안녕하세요, 엄마, 아빠.

【종결】 ❸ 손가락 인형과 인사하고 활동을 마무리한다.
- 손가락 인형을 가지고 놀이를 했어. 재미있었니?
- 이제 손가락 인형이 코~ 자고 싶대.
  우리 "안녕" 인사하고 다음에 또 놀이하자.

영아들의 반응

먼저 교실 벽에 붙어 있는 집 그림을 탐색하였다. 창문을 '띵동' 하고 열어서 그 안에 보이는 집 안을 탐색하며 영아들과 이야기를 나누었다. '쉬하는 곳, 코 자는 곳, 냠냠 먹는 곳' 이라며 말로, 행동으로 표현하는 모습을 볼 수 있었다. 집을 탐색한 후 손가락 인형을 제시해 주었더니 인형의 생김새를 보고 '할머니, 엄마, 아빠, 언니, 오빠' 라고 표현하기도 하였다. 교사의 행동을 모방하여 대부분의 영아들이 인형을 손가락에 스스로 끼우는 모습을 볼 수 있었다. 인형을 가지고 집 속으로 들어가서 음식을 만들어 먹는 영아, 화장실 변기에 앉아서 '응가, 쉬' 를 하는 영아, 침대에서 쿨쿨 자는 행동을 하는 영아 등 손가락 인형을 가지고 다양하게 놀이하는 모습을 볼 수 있었다.

엄마, 아빠
『나도 엄마처럼……』 활동 ❺

엄마, 아빠 사랑해요

활동 영역 이해 및 감상

활동 목표 • 다양한 재료를 사용하여 엄마, 아빠의 얼굴을 꾸며 본다.

활동 자료 엄마 아빠께 드릴 카드, 털실, 빨대

활동 방법

【도입】 ❶ 엄마, 아빠가 안아 주었던 사진 책을 보며 이야기를 나눈다.

- ○○야, 여기 사진이 있네. 누구일까?
- 맞아. ○○의 엄마야. 엄마가 ○○를 꼭 안아 주고 있네.
- 엄마의 예쁜 눈, 코, 입은 어디 있니?

【전개】 ❷ 카드를 만들 다양한 재료를 탐색한다.

- (카드를 보며) 여기 무엇이 있니?
  책처럼 생겼네. 한번 열어 볼까?
- 짠! 엄마 아빠의 얼굴이 있네.
- (빨대, 털실을 보며) 이것은 무엇이니?
  만져 보자. 아이 부드러워.

❸ 재료를 사용하여 엄마, 아빠의 얼굴을 꾸며 본다.

- 빨대와 털실로 엄마, 아빠의 얼굴을 꾸며 볼 거야.
- ○○는 예쁜 털실로 엄마, 아빠의 머리카락을 꾸며 주었구나.
- 크레파스를 사용하여 눈과 코도 그려 볼까?
- 예쁜 입술 쪽~ 엄마 아빠에게 뽀뽀도 해 주자. 엄마 아빠 사랑해요.

【종결】 ❹ 활동한 것에 대한 이야기를 나눈 후 마무리한다.

- 엄마, 아빠에게 선물할 예쁜 카드를 만들어 보았어. 재미있었니?
- "엄마, 아빠 사랑해요."라고 이야기하며 선물로 드리자.

영아들의 반응

엄마, 아빠의 얼굴이 그려진 카드를 보고, "엄마, 아빠야."라고 표현하는 영아들도 있었다. 재료(빨대, 털실)를 탐색한 후 머리에 붙여 놓은 테이프를 떼어서 그 자리에 자유롭게 빨대와 털실을 붙여 보도록 했다. 영아들은 소근육을 사용하여 빨대를 하나씩 연결해서 머리를 표현하기도 하고, 털실과 빨대를 섞어서 머리를 표현하기도 하였다. 크레파스를 사용하여 눈과 코를 그려 보도록 했는데 눈과 코의 위치를 알고 동그란 눈과 코를 정확하지는 않지만 비슷하게 그리기도 하고, 얼굴 전체에 동그라미 모양을 그리며 색칠하는 등 다양한 반응을 볼 수 있었다. 영아들의 입술에 립스틱을 바른 후, 엄마 아빠의 얼굴에 뽀뽀하여 입술을 표현하도록 했더니 매우 흥미로워했다. 카드를 만든 후 영아들은 교사의 언어를 모방하여 "엄마, 아빠 사랑해요."라고 표현하며 활동을 마무리하고, 엄마 아빠에게 선물로 카드를 드렸다.

문학단원 4

동물

『그건 내 조끼야』

『기린아, 너랑 똑같지?』

『찾았다!』

『찾았다, 우리 집!』

『아기 오리는 어디로 갔을까요?』

문학단원 망

동 물

「그건 내 조끼야」
- 이해 및 감상
  - 그림책 감상하기
  - 빨간 조끼를 입어 보아요
  - 조끼를 입혀 주세요

「기린아, 너랑 똑같지?」
- 이해 및 감상
  - 그림책 감상하기
  - 그림책에 나온 동물처럼~

「찾았다!」
- 이해 및 감상
  - 그림책 감상하기
  - 나비야, 어디 있니?

「찾았다, 우리 집!」
- 이해 및 감상
  - 그림책 감상하기
  - 동물들의 집 찾기 놀이

「아기 오리는 어디로 갔을까요?」
- 이해 및 감상
  - 그림책 감상하기
  - 아기 오리를 찾아보아요
  - 엄마 오리 따라가기

서 평

1. 『기린아, 너랑 똑같지?』

책 제목	『기린아, 너랑 똑같지?』
서지 정보	글 작가 : 행복의 나무 그림 작가 : 노혜연, 박혜선 출판사 : 큰북작은북 출판 연도 : 2008년
내 용	아기가 돼지, 기린, 거북, 사자 등의 동물 모습을 흉내 내는 내용의 그림책이다.
특징 및 교육적 적용	• 그림책 속 아이처럼 돼지, 기린, 거북, 사자 등의 동물 모습 흉내 내기를 해 볼 수 있다. 또는 다른 방식으로 그 동물들의 흉내를 낼 수 있는 방법을 생각해 볼 수 있다. • 여러 동물의 울음소리를 듣고 흉내 내기를 해볼 수 있다.

2. 『찾았다!』

책 제목	『찾았다!』
서지 정보	글·그림 작가 : 문승연 출판사 : 길벗어린이 출판 연도 : 2008년
내 용	고양이가 나비를 찾아다니는 이야기다.
특징 및 교육적 적용	• 겉으로 드러난 이야기는 고양이가 나비를 찾는 것으로 되어 있지만, 실제로는 독자인 영아가 그림 속에서 나비를 직접 찾을 수 있게 되어 있는 구조라 책 읽기에 영아가 참여하기 좋은 그림책이다. 영아로 하여금 나비를 짚으며 찾아보도록 한다. • '고양이는 야옹야옹, 나비는 팔랑팔랑' 이라는 반복 문형에 따라 소리 흉내 내기, 동작 해 보기를 할 수 있다.

3. 『아기 오리는 어디로 갔을까요?』

책 제목	『아기 오리는 어디로 갔을까요?』 
서지 정보	글·그림 작가 : 낸시 태퍼리 출판사 : 비룡소 출판 연도 : 1999년
내 용	아기 오리 중 한 마리가 둥지를 벗어나는 바람에 엄마 오리와 다른 아기 오리들이 찾으러 다니는 내용의 그림책이다.
특징 및 교육적 적용	• 표제지의 그림에서부터 이야기가 시작된다. 둥지에 모여 있던 8마리의 오리 중 한 마리가 나비 뒤를 쫓아 둥지를 벗어나는 그림이다. 그러므로 교사는 이 부분에 영아들의 주의를 끌어들여 이야기가 시작되었음을 알려 준다. 이를 위해 교사는 "이 그림에는 어떤 이야기가 들어 있을까?" 같은 질문을 한다. • 전체적으로 최소한의 글만 있고 연결된 그림으로 이야기를 이어가는 형식으로 이루어져 있으므로 교사는 영아들에게 그림을 보여 주면서 어떤 일이 일어나고 있는지 적절한 질문을 한다. 또는 각 장면에서 아기 오리들이 했을 말이나 엄마 오리가 했을 말, 아기 오리를 보았느냐는 질문을 받는 동물들이 했을 말을 해 보게 한다. • 각 장면에서 무리를 벗어난 아기 오리의 그림을 찾아보게 하면 영아들이 매우 흥미를 느낄 것이다.

활동의 실제

✻ 그림책 1 : 『그건 내 조끼야』

✻ 그림책 2 : 『기린아, 너랑 똑같지?』

✻ 그림책 3 : 『찾았다!』

✻ 그림책 4 : 『찾았다, 우리 집!』

✻ 그림책 5 : 『아기 오리는 어디로 갔을까요?』

✻ 그림책 1 : 『그건 내 조끼야』

『그건 내 조끼야』

글 작가 : 나카에 요시오
그림 작가 : 우에노 노리코
출판사 : 비룡소
출판 연도 : 2000년

아기 생쥐는 엄마가 떠 준 예쁜 빨간 조끼를 입고 동물 친구들에게 자랑한다. 처음에는 오리가 조끼를 보고 "정말 멋진 조끼다. 나도 한번 입어 보자."라고 하며 조끼를 입어 본다. 그 다음은 원숭이, 물개, 사자, 얼룩말, 코끼리까지 점점 큰 동물들이 조끼를 입어서 조끼가 늘어난다. 늘어나서 입을 수 없게 된 조끼 때문에 생쥐가 슬퍼하자 코끼리는 그걸 가지고 그네를 태워 준다.

동물
『그건 내 조끼야』 활동 ❶

그림책 감상하기

활동 영역 이해 및 감상

활동 목표 • 그림책 속의 그림과 내용을 이해하고 즐겁게 감상한다.

활동 자료 『그건 내 조끼야』 그림책, 곰 인형, 부직포로 만든 빨간 조끼

활동 방법

【도입】 ❶ 바구니에 있는 조끼를 소개한다.

- 바구니에 손을 넣고 이 안에 무엇이 들었는지 만져 볼래?
- 어떤 느낌이 나니?
- (조끼를 꺼내며) 이게 뭘까?
- 그래, 빨간 조끼구나.
- 이건 누구 조끼일까?
- (곰 인형을 꺼내며) 이건 곰돌이의 조끼야.
- 한번 입혀 볼까?
- 그런데 곰돌이에게는 이 조끼가 끼네. 곰돌이의 조끼가 아닌가 봐. 그럼 누구 조끼지?
- 누구 조끼인지 그림책을 보러 가자.

【전개】 ❷ 그림책 앞표지를 보며 상호작용을 한다.

- 뭐가 보이니?
- 생쥐가 빨간 조끼를 입고 있구나. 생쥐 조끼인가 봐.
- 빨간색이 보이는구나. 빨간색은 어디에 있니?
- 제목이 '그건 내 조끼야' 래. 어? 제목도 빨간색이네.
- 왜, 생쥐가 "그건 내 조끼야" 라고 했을까? 한번 보자.

❸ 그림책을 보면서 상호작용을 한다.

- 어떤 동물 친구가 빨간 조끼를 입었니?

- 커다란 코끼리가 작은 생쥐의 조끼를 입었네.

【종결】 ④ 그림책의 내용을 회상하며 이야기를 나눈다.

- 어떤 동물 친구들이 조끼를 입어 보았니?
- 생쥐의 기분은 어땠을까?

영아들의 반응

영아들에게 책 표지를 보며 “무엇이 보이니?”라고 질문했더니 “빨강”이라고 말하는 영아가 있었다. “빨강이 어디에 있니?”라고 묻자 손가락으로 제목의 글씨와 작은 생쥐의 빨간 조끼를 가리켰다. 그림책의 내용 중 ‘조금 끼나?’라는 말이 나오는 부분에서는 교사의 표정을 보며 흉내를 내며 그림책을 보는 영아가 많았다. 늘어난 빨간 조끼를 끌고 가는 장면을 보면서 “어! 늘어났네.”라고 이야기했다. 마지막 장면에서 늘어난 조끼를 코끼리 코에 걸고 생쥐가 그네를 타는 모습을 보고 “우와 재밌겠다. 나도 타고 싶어.”라고 하였다.

동물 『그건 내 조끼야』 활동 ❷

빨간 조끼를 입어 보아요

활동 영역 이해 및 감상

활동 목표 • 빨간 조끼를 입어 보고, 그림책 속의 등장인물이 되어 본다.

활동 자료 부직포로 만든 빨간 조끼

활동 방법

【도입】 ❶ 바구니에 있는 조끼를 소개한다.

- 바구니에 손을 넣고 이 안에 무엇이 들어 있는지 만져 볼래?
- 어떤 느낌이 나니?
- (조끼를 꺼내며) 이게 뭘까?
- 그래, 빨간 조끼구나.

【전개】 ❷ 동물 머리띠를 해 보고, 빨간 조끼를 입어 본다.

- 우리 빨간 조끼를 입어 보자.
- 조끼를 입으니까 기분이 어때?
- (영아들이 원하는 동물 머리띠를 채워 주며) 빨간 조끼를 입은 생쥐가 되었네.
- 찍찍 소리를 내 보자.
- 토끼도 빨간 조끼를 입었네. 깡충깡충 뛰어 볼까?

【종결】 ❸ 빨간 조끼와 동물 머리띠를 바구니에 담으며 정리한다.

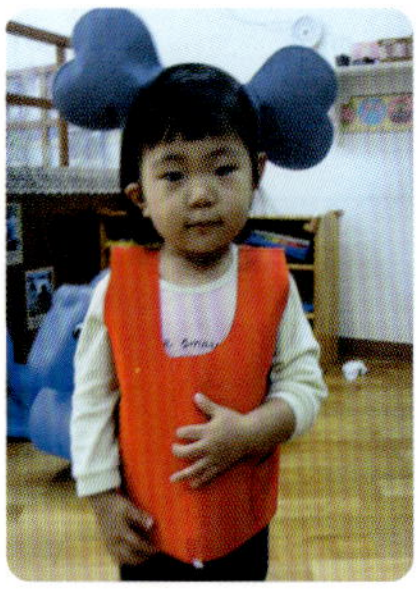
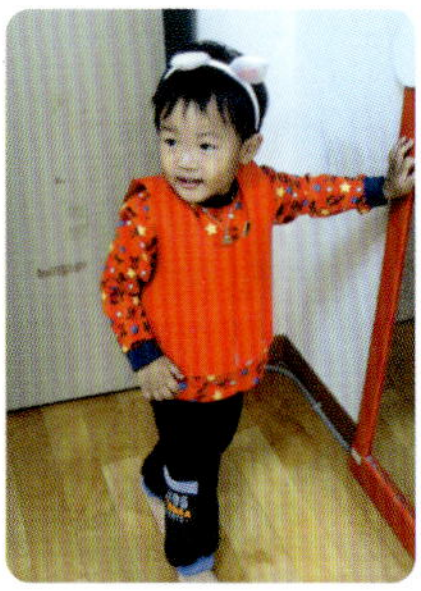
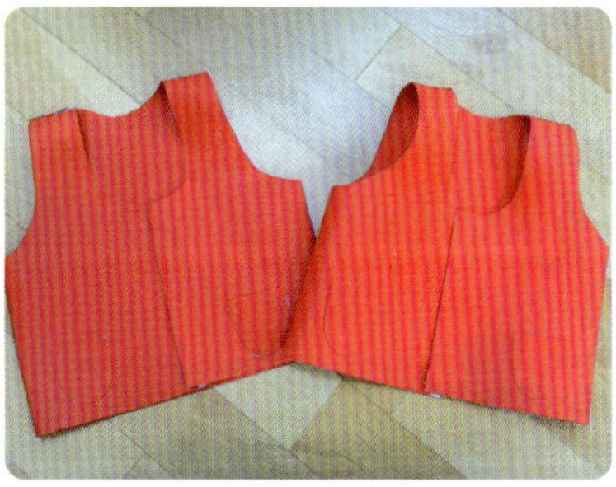

영아들의 반응

영아들은 빨간 조끼 입는 것을 즐거워했다. 빨간 조끼를 입고 생쥐 머리띠를 하고 찍찍 소리를 내는 영아도 있었고, 토끼 머리띠를 하고 CD에서 나오는 노래에 맞춰 깡충깡충 춤을 추는 영아도 있었다. 자유선택시간에 빨간 조끼를 입고 다른 영역에서 다른 놀이를 하는 영아들이 많았다. 또한 교사가 빨간 조끼를 입어 보았다. "조금 끼나?"라고 교사가 말하자 영아들은 교사의 우스운 모습에 즐거워했다. 영아들이 모여서 조끼를 벗는 것을 도와주기도 하였다.

동물 『그건 내 조끼야』 활동 ❸

조끼를 입혀 주세요

활동 영역 이해 및 감상

활동 목표
- 그림책 속의 그림과 내용을 이해한다.
- 동물에게 알맞은 크기의 조끼를 붙여 본다.

활동 자료 자석으로 된 조끼와 동물 그림판

활동 방법

【도입】 ❶ 동물 그림과 조끼를 관찰한다.

- (교구판에 있는 동물을 보며) 어떤 동물이 있니?
- 『그건 내 조끼야』 그림책에서 보았던 동물들이 있네.
- 달그닥달그닥 말도 있고, 어흥 사자도 있고, 코가 긴 코끼리도 보이네.
- (자석으로 된 빨간 조끼를 보며) 이것은 무엇이지?
  빨간 조끼야. 작은 조끼도 있고, 큰 조끼도 있구나.

【전개】 ❷ 동물에게 알맞은 조끼를 붙여 본다.

- 동물들이 조끼를 입고 싶대.
  동물들에게 맞는 빨간 조끼를 입혀 줄 수 있겠니?
- 코끼리는 어떤 조끼를 입어야 할까?
- 코끼리는 몸짓이 아주 크니까 큰 조끼를 입어야겠구나.

【종결】 ❸ 활동을 하고 난 후 이야기를 나눈다.

- ○○야, 동물에게 조끼를 입혀 보니까 어땠어?
- 재미있었구나.
  또 어떤 동물에게 조끼를 입혀 주고 싶니?

영아들의 반응

그림책 속 동물들에게 자석으로 된 빨간 조끼를 붙여 보는 이 활동은 빨간 조끼에 동물의 사진을 넣어 단서를 제공해 주어서 영아들이 동물에게 맞는 조끼를 입히는 데 도움을 주었다. 그림책 『그건 내 조끼야』를 가지고 와서 그림책 속 동물과 교구판에 있는 동물을 가리키며 "똑같아~"라고 말하는 영아, 코끼리의 조끼를 보며 "크다~"라고 말하며 붙이는 영아 등 다양한 반응을 볼 수 있었다. 영아들이 소근육을 사용하여 어려움 없이 할 수 있었고, 흥미롭게 참여한 활동이었다.

✻ 그림책 2 : 『기린아, 너랑 똑같지?』

『기린아, 너랑 똑같지?』

글 작가 : 행복의 나무
그림 작가 : 노혜연, 박혜선
출판사 : 큰북작은북
출판 연도 : 2008년

아기가 돼지, 기린, 거북, 사자 등의 동물 모습을 흉내 내는 내용의 그림책이다.

동물
『기린아, 너랑 똑같지?』 활동 ❶

그림책 감상하기

활동 영역 이해 및 감상

활동 목표 • 그림책 속의 그림과 내용을 이해하고 즐겁게 감상한다.

활동 자료 『기린아, 너랑 똑같지?』 그림책

활동 방법

【도입】 ❶ 그림책 앞표지를 보며 상호작용을 한다.

- ○○야, 무엇이 보이니?
  아기가 신발을 들고 있네.
- 신발 무늬를 보니까 어떤 동물의 무늬와 비슷한 것 같네.
- 어떤 동물의 무늬일까?
  기린의 무늬 같구나.
- 기린아 너랑 똑같지?
  그림책 제목이네. 기린이 나오나 봐.
  선생님이랑 함께 찾아보자.

【전개】 ❷ 그림책을 보면서 상호작용을 한다.

- 돼지는 어떻게 흉내를 내지?
- 코를 올려서 돼지 흉내를 냈구나.
  여기 아가도 돼지처럼 흉내를 내었구나.
- 코끼리 아저씨의 긴 코와 아이의 긴 팔이 비슷하네.

❸ 그림책을 다시 보며 이야기를 나눈다.

【종결】 ❹ 그림책에 나온 동물들의 모습을 표현해 본다.

- 그림책에 나온 아이처럼 기린을 흉내 내 보자.
- 일어서서 목을 길게 했구나.
  정말 기린처럼 목이 길어졌네.

영아들의 반응

그림책 앞표지에 나온 아이의 머리 위에 있는 신발 무늬를 보며 이야기를 나누었는데 대부분의 영아들이 기린의 무늬인 것을 알고, 언어로 표현하거나 목이 긴 기린의 모습을 흉내 내는 것을 볼 수 있었다. 새로운 동물들이 등장할 때마다 동물들의 이름을 언어로 표현하는 영아, 동물들의 몸짓을 흉내 내는 영아, 동물들의 소리를 따라 하는 영아 등 영아들의 반응이 다양하였다.

동물
『기란아, 너랑 똑같지?』 활동 ❷

그림책에 나온 동물처럼~

활동 영역 이해 및 감상

활동 목표 • 그림책 속에 나오는 동물을 탐색하고 몸으로 표현한다.

활동 자료 그림책 속에 나오는 동물 그림 카드

활동 방법

【도입】 ❶ 그림책의 내용을 담은 그림 카드를 보며 이야기를 회상한다.

- 이건 무슨 동물일까?
- 기린이구나. 기린은 어떻게 움직일까?
- 기린은 목이 참 길구나.

【전개】 ❷ 동물 그림 카드를 보며 동물 흉내를 내 본다.

- (그림 카드를 보여 주며) 이 친구는 어떻게 하고 있어?
- 우리도 똑같이 해 볼까?
- 어떤 동물을 흉내 내고 있는 걸까?
- 거북이를 흉내 내고 있는 거구나.
- ○○는 거북이처럼 엉금엉금 기어가네.

【종결】 ❸ 신체표현을 하고 난 후 이야기를 나눈다.

- 동물 흉내를 내 보니 재미있었니?
- 또 어떤 동물의 모습을 흉내 내 보고 싶니?

영아들의 반응

그림 카드를 제시하며 그림책의 내용을 회상할 때 영아들은 그림에 나오는 동물들의 소리를 내거나 몸짓으로 표현하였다. 그림 카드 중에 어느 동물을 흉내 내고 싶은지 고르도록 하자 사자와 코끼리를 선택하는 영아들이 많았다. 코끼리 그림 카드를 보고 한 손은 코를 잡고 다른 한 손은 쭉 뻗어 표현하는 영아들이 많았고, 사자는 "어흥"이라는 소리를 통해 표현하는 영아들이 많았다. 영아들은 동물 흉내를 내는 것을 즐거워했다. 동물 흉내를 내는 친구의 모습을 서로 보면서 즐거워했다.

✽ 그림책 3 : 『찾았다!』

『찾았다!』

글·그림 작가 : 문승연
출판사 : 길벗어린이
출판 연도 : 2008년

나비는 팔랑팔랑 날아가며 커튼의 무늬, 화분의 꽃, 모빌에 있는 새의 날개, 고양이의 넥타이에 숨는다. 고양이는 나비를 찾아다닌다.

동물 『찾았다!』 활동 ❶

그림책 감상하기

활동 영역 이해 및 감상

활동 목표 • 그림책 속의 그림과 내용을 이해하고 즐겁게 감상한다.

활동 자료 『찾았다!』 그림책

활동 방법

【도입】 ❶ 그림책의 앞표지를 보며 상호작용을 한다.

- 여기에 누가 있지? 고양이가 있네. 나비도 있구나.
- 고양이가 커튼 뒤에 숨었네. 나비를 잡으려고 하나 봐.
- 커튼 무늬랑 나비 모습이 비슷하네.
- 나비는 어디 가는 걸까?

【전개】 ❷ 그림책을 감상한다.

- 나비가 어디 숨어 있지?
- 커튼에 숨었구나. 고양이가 나비를 따라가네.
- 또 어디 숨었지? 꽃에 앉았구나.

【종결】 ❸ 그림책을 다시 보며 이야기를 나눈다.

- 나비가 어디에 숨어 있었지?
- 커튼에도 숨어 있었고, 예쁜 꽃에도 숨어 있었어.
- 새의 몸 속에 꼬옥 숨기도 했네.

영아들의 반응

숨은 나비를 찾아가는 이 그림책은 영아들이 집중하여 감상할 수 있는 그림책이다. 앞표지를 보며 이야기를 나누었는데 "고양이가 몰래~"라고 말하면서 숨는 모습을 표현하는 영아도 있었다. 그러나 대부분의 영아들은 앞표지만 보고서는 어떤 내용인지 이해하고 언어적으로 표현하는 것을 어려워하였다. 나비와 비슷한 곳에 숨어 있어서 영아들이 처음에는 잘 구분하지 못했는데 교사와 함께 찾아보고 난 후에 다시 보면서 나비를 찾을 수 있었다. 그림책을 함께 읽으면서 숨은 나비를 찾고 손으로 가리키며 "여기"라고 표현하기도 하였다.

동물 『찾았다!』 활동 ❷

나비야, 어디 있니?

활동 영역 이해 및 감상

활동 목표 • 교실에 숨어 있는 나비를 친구들과 찾아본다.

활동 자료 나비 막대 인형, 고양이 막대 인형, 고양이 머리띠, 나비 스티커

활동 방법

【도입】 ❶ 나비 막대 인형과 고양이 막대 인형으로 주의집중을 시킨다.

- 나　비 : 고양아~ 안녕?

  고양이 : 나비야 안녕? 만나서 반가워. 나비야 어디 가는 길이야?

  나　비 : 날아다니면서 여행하는 중이야. 훨훨 날아서 너의 가슴에 앉아서 나비넥타이도 되고, 꽃에 앉아서 꽃에 숨기도 했어. 다시 여행하러 갈 거야. 나를 찾아볼 수 있겠니?

  고양이 : 그래. 너를 따라가 봐야지.

【전개】 ❷ 고양이 머리띠를 하고 교실에 숨어 있는 나비를 친구들과 찾아본다.

- 얘들아, 고양이와 나비 이야기 들었지? 우리가 고양이가 되어서 나비를 찾아보자.
- 노란 나비야 꼭꼭 숨어라. 어디에 숨어 있니?
- 창문에 숨었나? 미끄럼틀에 숨었나?
- 찾았다. 노란 나비가 교구장에 숨어 있었구나.
- 다른 나비는 또 어디에 숨었는지 찾아보자.

【종결】 ❸ 나비를 찾은 영아의 얼굴에 스티커를 붙여 주며 활동을 마무리한다.

- ㅇㅇ가 꼭꼭 숨은 나비를 잘 찾아서 선물을 준비했어.
  짠~ 나비 스티커네. 나비가 ㅇㅇ의 얼굴에 꼬옥~ 붙었네.

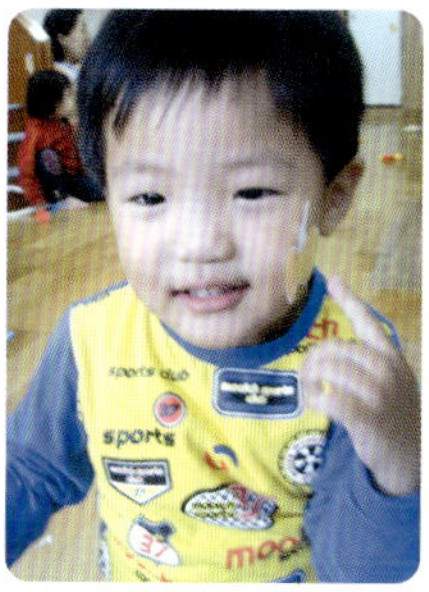

영아들의 반응

나비 막대 인형과 고양이 막대 인형으로 영아들의 주의를 집중시켰다. 나비를 그냥 찾아보는 것보다 고양이 머리띠를 하고 찾아보는 것이 영아들에게 더 흥미롭게 다가간 것 같았다. 마치 고양이가 된 것처럼 흉내를 내면서 찾아보고, 나비를 찾으면서 나비의 날개를 자신의 두 팔을 벌려 표현하기도 하였다. 영아들이 교실 구석구석을 다니며 나비를 찾는 모습을 볼 수 있었고, 나비를 찾고 손으로 나비를 가리키며 교사를 쳐다보는 영아도 있었다. 나비를 찾은 영아의 얼굴에 나비 스티커를 붙여 주는 것이 영아들로 하여금 니비 찾기에 더 흥미를 느끼고 참여하도록 한 것 같았다.

✽ 그림책 4 : 『찾았다, 우리 집!』

『찾았다, 우리 집!』

글 · 그림 작가 : 심스 태백
출판사 : 베틀북
출판 연도 : 2008년

"너의 집은 어디야?"라는 질문과 함께 "우리 집은 ○○야."라고 동물들이 사는 집을 알 수 있도록 대화식으로 표현한 책이다. 동물들이 집을 찾는 과정을 통해 동물 이름과 동물들이 사는 집에 대해서 알 수 있으며 동물들의 말소리가 의성어, 의태어로 표현되어 있다.

동물
『찾았다, 우리 집!』 활동 ❶

그림책 감상하기

활동 영역 이해 및 감상

활동 목표 • 그림책 속의 그림과 내용을 이해하고 즐겁게 탐색한다.

활동 자료 『찾았다, 우리 집!』 그림책, 여자 아이 막대 인형

활동 방법

【도입】 ❶ 그림책에 등장하는 여자 아이 막대 인형이 집을 소개한다.

- 안녕? 나는 ○○야. 우리 집은 이렇게 생긴 집이야.
  너희들도 집이 있니?
  내가 내 친구들의 집을 소개해 주려고 해. 우리 같이 가 볼까?

【전개】 ❷ 그림책의 표지를 보며 이야기한다.

- 여기에 어떤 동물들이 있니?
- 당나귀, 꼬꼬닭, 토끼, 멍멍 강아지, 새, 생쥐가 있구나.
- 동물들이 여기서 무엇을 하고 있을까?
- 동물들이 무엇을 하는지 그림책을 보자.

❸ 그림책을 감상한다.

- 딩동 딩동~ 토끼 집에 왔어요.
- 토끼 집은 이렇게 바람이 잘 통하는 집이구나.

【종결】 ❹ 그림책을 다시 보며 이야기를 나눈다.

- 그림책을 다시 보면서 어떤 동물이 나왔는지 보자.

영아들의 반응

넘겨 보는 팝업북으로 영아들이 까꿍 놀이를 할 수 있는 그림책이어서 흥미로웠다. 교사가 넘기려고 하자 영아들은 "딩동" 초인종을 눌러 보면서 동물의 집을 확인하려 하였다. 그래서 매번 집을 확인할 때마다 영아들과 "딩동" 하면서 문을 열어서 확인

해 보았다. 영아들은 그림책을 통해서 동물에 관심을 갖기 시작했고, 그림책을 감상하면서 동물의 이름을 말하는 영아들이 많았다. 교사가 계속 손으로 짚어 가며 동물의 이름을 말해 주기를 원하기도 했다. 쥐가 나오는 장면에서 손으로 눈을 가리며 "깜깜해졌다."라고 표현하는 영아도 있었다.

동물
『찾았다, 우리 집』 활동 ❷

동물들의 집 찾기 놀이

활동 영역 이해 및 감상

활동 목표
- 그림책 속의 그림과 내용을 이해하고 즐겁게 탐색한다.
- 동물들의 이름과 사는 집을 알 수 있다.

활동 자료 동물들 집이 그려진 판, 동물들 그림

활동 방법

【도입】 ❶ 영아들과 상호작용하면서 그림책을 읽어 준다.
- 그림책 앞표지에 어떤 동물들이 있니?
- 동물들이 무엇을 하고 있는 걸까?
- 동물들도 집이 있을까?

【전개】 ❷ 동물들의 집이 그려진 판을 제시하고 탐색할 수 있도록 한다.
- 여기 판에 어떤 것들이 있니?
- 누가 살고 있을까?

❸ 동물들을 소개한다.
- 어떤 동물들이 있니?
  멍멍 강아지도 있고, 깡충깡충 토끼도 보이는구나.
- 만져 보자. 느낌이 어떠니? 흔들어 볼까? 소리도 나네.

❹ 판에 동물들을 붙일 수 있도록 한다.
- 동물들의 집을 찾아 주자. 토끼의 집은 어디일까?
- 토끼의 집은 바람이 솔솔 들어오는 집이구나.

【종결】 ❺ 활동한 것에 대해 이야기를 나누고 마무리한다.
- 동물들의 집을 모두 다 찾아 주었구나.
- 동물들의 집을 찾아 주니 기분이 어떠니?
- 동물들에게 ○○가 집을 찾아 주어서 동물들이 기분이 좋을 것 같구나.

영아들의 반응

다양한 촉감의 동물과 알록달록 예쁜 집은 영아들의 흥미를 끄는 매체이다. 활동에 들어가기 전 그림책을 보며 동물들이 사는 곳을 찾아보았는데 영아들은 동물들과 집에 관심을 갖고 손으로 가리키면서 질문을 하기도 하였다. 그림책 감상 후, 다양한 느낌과 소리가 나는 동물들을 탐색하며 집을 찾아보았다. 영아들마다 개인차가 있어 동물들의 집을 기억하고 어렵지 않게 찾아서 붙이는 영아도 있었고 어려워하는 영아도 있었다. 어려워하는 영아들에게는 교사가 도움을 주면서 동물 집을 찾아볼 수 있도록 하였다.

✲ 그림책 5 : 『아기 오리는 어디로 갔을까요?』

『아기 오리는 어디로 갔을까요?』

글·그림 작가 : 낸시 태퍼리
출판사 : 비룡소
출판 연도 : 1999년

아기 오리 중 한 마리가 둥지를 벗어나는 바람에 엄마 오리와 다른 아기 오리들이 찾으러 다니는 내용의 그림책이다.

동물
『아기 오리는 어디로 갔을까요?』 활동 ❶

그림책 감상하기

활동 영역 이해 및 감상

활동 목표 • 그림책 속의 그림과 내용을 이해하고 즐겁게 감상한다.

활동 자료 『아기 오리는 어디로 갔을까요?』 그림책, 오리 손 인형

활동 방법

【도입】 ❶ 오리 손 인형으로 주의를 집중시킨다.
- "꽥꽥~" 어, 이게 무슨 소리지?
- 엄마 오리구나.
- 밀알반~ 내 아기 오리들이 얼마나 귀여운지 아니?
- 내가 우리 아기 오리들을 보여 줄게.

【전개】 ❷ 그림책의 앞표지를 보며 이야기를 나눈다.
- 아기 오리들이 어디를 보고 있을까?
- 이 오리는 저기 있는 ○○를 보고 있네.
- 어, 이 오리는 앞에 있는 ○○를 보고 있구나.
- 이 아기 오리가 어디를 보고 있는지 따라가 보자.

❸ 그림책을 감상한다.

❹ 그림을 다시 보며 이야기를 나눈다.
- 그림만 다시 보여 줄게.
- 그림책을 재미있게 보았니? 엄마 오리가 아기 오리를 찾았구나.

【종결】 ❺ 엄마 오리의 마음을 생각해 본다.
- 엄마 오리가 아기 오리를 잃어버려서 많이 속상했을 것 같아.
- 엄마 오리가 아기를 찾으러 다녔나 봐. 이제 아기 오리들이 엄마 품에서 잠을 자네.

영아들의 반응

손 인형 오리로 주의집중을 시도하자 영아들이 오리가 하는 말에 흥미를 보였다. 책의 앞표지를 보여 주며 "무엇이 보이니?"라고 묻자 "엄마 오리." 또는 "아기 오리." 라고 대답했다. 책 속의 숨은 오리들을 손가락으로 가리키며 어디에 있는지 알려 주었다. 마지막 장면에 아기 오리, 엄마 오리가 잠자는 것을 보고는 "캄캄해졌네. 오리가 코 자."라고 하였다.

동물
『아기 오리는 어디로 갔을까요?』 활동 ❷

아기 오리를 찾아보아요

활동 영역 이해 및 감상

활동 목표 • 그림책 속에 숨겨진 아기 오리를 찾아본다.

활동 자료 『아기 오리는 어디로 갔을까요?』 그림책, 오리 손가락 인형

활동 방법

【도입】 ❶ 오리 모양 손가락 인형으로 아기 오리를 소개한다.

- (주머니에서 오리 손가락 인형을 꺼내며) 안녕? 난 엄마 오리란다.
- 우리 아기 오리가 없어졌어. 찾는 것을 도와줄 수 있겠니?

【전개】 ❷ 그림책을 감상한다.

- 우리 아기 오리가 어디로 갔지? 나는 못 찾겠어.
- 다시 한 번 찾아보자.

❸ 그림책을 다시 보며 숨어 있는 아기 오리를 찾아본다.

- 아기 오리는 어디 있을까?
- 풀 뒤에 숨어 있었구나.
  아직 엄마 오리는 못 봤나 봐.
- 아기 오리가 엄마를 만났구나.

【종결】 ❹ 오리 손가락 인형이 나와 고마움을 전한다.

- ○○야, 내 아기 오리를 찾아 줘서 고마워.

영아들의 반응

그림책을 보면서 숨어 있는 아기 오리를 찾아보았다. 그림책을 다시 보면서 아기 오리를 찾아보았는데 꼭꼭 숨겨진 오리를 어려움 없이 찾으면서 많은 흥미와 관심을 보였다. 한 영아는 엄마 오리가 아기 오리를 못 찾는 것을 보고 "내가 밖에 나가서 아기 오리 찾아올게."라고 말했다. 이 그림책은 영아들이 즐겁게 감상하고 오리 찾는 데 즐거움을 느낄 수 있어서 인기가 있는 그림책이었다. 그래서 서로 그림책을 소유하려고 갈등을 일으키는 경우도 많았다. 더 많은 책을 배치해야겠다는 생각이 들었다.

동물
『아기 오리는 어디로 갔을까요?』 활동 ❸

엄마 오리 따라가기

활동 영역 이해 및 감상

활동 목표
- 그림책 속의 그림과 내용을 이해하고 즐겁게 탐색한다.
- 오리의 모습을 신체로 표현한다.

활동 자료 오리 머리띠, 오리 음악

활동 방법

【도입】 ❶ 오리에 대해 관찰할 수 있도록 한다.
- (그림책의 그림을 보여 주면서) 엄마 오리와 아기 오리가 어떻게 물속에서 다닐까?
- 뒤뚱뒤뚱 꽥꽥 소리를 내며 다닐 것 같구나.
- ○○처럼 손으로 헤엄치면서 다니는구나.
- 우리도 오리처럼 헤엄쳐 볼까?

【전개】 ❷ 음악을 들려주면서 교사가 엄마 오리가 되고 영아는 아기 오리가 되어 보는 활동을 한다.
- 연못에서 첨벙첨벙 헤엄쳐 볼까?
- 땅 위에서 뒤뚱뒤뚱 걸어 보자.
- 밤이 되었네.
  아기 오리와 엄마 오리가 쿨쿨 잠을 잘 거래. 코~

❹ 엄마 오리를 해 보고 싶은 친구가 있으면 역할을 바꿔서 해 본다.

【종결】 ❺ 아기 오리가 되어 본 것에 대해 이야기를 나눈다.
- 아기 오리가 되어 보니까 어떤 마음이 들었니?
- 엄마 오리를 따라가 보는 것은 재미있었니?

영아들의 반응

영아들이 그림책을 회상하는 것에는 조금 어려움이 있었다. 오리가 어떻게 물속에서 다닐까에 대한 이야기를 나누었는데 '뒤뚱뒤뚱'이라고 표현하며 걷는 영아, '푸하푸하' 헤엄치는 영아의 모습을 볼 수 있었다. 영아들에게 머리띠를 제시해 주었는데 그림책을 가리키며 "똑같아~"라고 표현하며 많은 관심을 보였다. 교사가 먼저 엄마 오리가 되어 영아들과 '꽥꽥' 소리를 내며 산책도 하고 연못에 가서 물도 먹고 밤이 되어 누워서 자는 등 활동해 보았다. 영아들은 교사를 따라서 재미있게 활동하였고, 언어적으로 발달한 영아에게 엄마 오리를 시켜 보았더니, 교사가 한 행동을 모방하여 엄마 오리가 되어 놀이를 주도하는 모습도 볼 수 있었다.

문학단원 5

배변 훈련

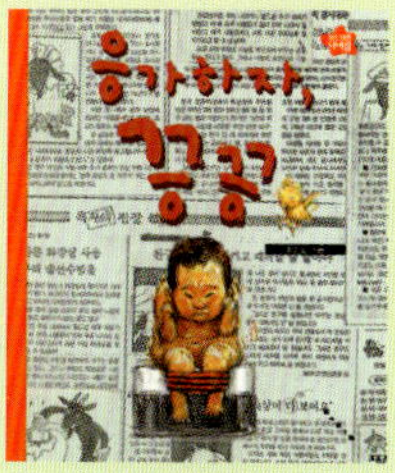

『응가 하자, 끙끙』

『똥이 풍덩!』

『내 쉬통 어딨어』

『끙끙 응가 놀이』

문학단원 망

배변 훈련

『응가하자, 끙끙』

- 이해 및 감상
  - 그림책 감상하기
  - '응가 하자, 끙끙' 놀이를 해 봐요
- 창작
  - 사각 블럭으로 변기를 만들어 보아요
  - 신문지로 응가를 만들어 보아요

『똥이 풍덩!』

- 이해 및 감상
  - 그림책 감상하기
  - '나왔니?' 노래를 부르며 악기 연주를 해 보아요
- 창작
  - 송이의 변기를 꾸며 보아요

『내 쉬통 어딨어』

- 이해 및 감상
  - 그림책 감상하기
  - 꼭꼭 숨어라, 쉬통을 찾아라

『끙끙 응가 놀이』

- 이해 및 감상
  - 그림책 감상하기
  - 누가 숨어 있을까?
  - 곰 인형을 변기에 앉혀 보아요

서 평

1. 『응가하자, 끙끙』

책 제목	『응가하자, 끙끙』 
서지 정보	글 · 그림 작가 : 최민오 출판사 : 보림 출판 연도 : 2001년
내 용	여러 가지 동물들이 차례대로 변기에 앉아서 대변을 보는 모습이 담겨 있고, 마지막으로 아이가 변기에 앉아서 대변을 본다. 처음에는 대변이 안 나와서 아이가 쑥스러워하지만, 앞에 나왔던 동물들이 모두 그 아이 곁에서 함께 힘을 주면서 대변 잘 보라고 격려해 준다. 결국 대변을 본 아이와 동물들은 기뻐서 함께 춤을 춘다.
특징 및 교육적 적용	• 대변을 보느라 변기에 앉아 있는 동물의 모습에 "응가하자. 끙끙, 끙끙, 끄으끙"이라는 글이 적혀 있고, 대변을 보고 기뻐하는 동물의 모습에 "이야, 나왔다. 야호!"라는 글이 적혀 있다. 영아가 이 부분에 참여하여 교사를 따라 읽을(말할) 수 있게 유도한다. • 각 동물마다 변기에 앉아서 대변 누는 모습이나 대변을 보고 기뻐하는 모습이 각양각색이다. 이 모습을 영아가 묘사할 수 있도록 격려한다. 예를 들면, "염소가 어떻게 하고 있어?"라고 묻는다. • 염소가 대변을 보려고 변기에 앉아 있고, 다음 장에는 염소가 대변을 성공적으로 봐서 기뻐하고 있고, 그 다음 장에는 대변을 보려고 변기에 앉아 있고, 그 다음 장에는 개도 대변을 성공적으로 봐서 기뻐하고 있고, 다시 그 다음 장에는 하마가 등장하는 방식으로 패턴이 반복됨으로써 리듬감을 느끼게 한다. 그러다가 아이의 실패가 한 번 삽입되어 이야기의 속도가 잠깐 늦추어졌다가 앞에 등장했던 동물들이 모두 힘을 합쳐 아이를 응원하는 장면으로 인해 이야기에 다시 응집력이 생기면서 긴장감이 조성된다. 그리고 마지막에 아이의 배변에 동물들이 모두 기뻐서 어쩔 줄 모르는 모습의 그림은 바로 전 장면에서의 긴장을 유쾌하게 풀어놓는 역할을 한다. 교사는 이러한 일련의 이야기 흐름을 이해함으로써 읽어 주는 속도나 목소리의 강도를 조절하면서 읽어 주도록 한다. 그러면 영아에게 책 읽는 즐거움을 배가시켜 줄 수 있을 것이다.

2.『똥이 풍덩!』

책 제목	『똥이 풍덩!』
서지 정보	글·그림 작가 : 알로나 프랑켈 출판사 : 비룡소 출판 연도 : 2001년 
내 용	배변 훈련의 과정을 담은 그림책이다. 처음에는 변기에 용변 보는 것에 실패하다가 어느 날 제대로 변기에 용변을 볼 수 있게 되는 모습을 담고 있다.
특징 및 교육적 적용	• 남아를 대상으로 한 그림책과 여아를 대상으로 한 그림책이 별도로 있다. 성별 성기 모양의 차이가 자연스럽게 도입되고, 이어서 이에 맞는 배변 자세가 묘사되어 있어 영아가 자신의 몸에 대해 관심을 갖도록 해 준다. • 변기를 사용하여 용변을 보지만 처음에는 실패하는 것을 보여 줌으로써 이 책을 보는 영아나 부모의 배변 과업에 대한 부담을 덜어 준다.

활동의 실제

- 그림책 1 : 『응가하자, 끙끙』
- 그림책 2 : 『똥이 풍덩!』
- 그림책 3 : 『내 쉬통 어딨어』
- 그림책 4 : 『끙끙 응가 놀이』

✽ 그림책 1 : 『응가하자, 끙끙』

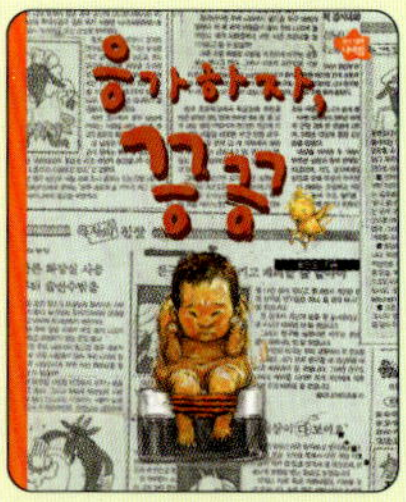

『응가하자, 끙끙』

글·그림 작가 : 최민오
출판사 : 보림
출판 연도 : 2001년

여러 가지 동물들이 차례대로 변기에 앉아서 대변을 보는 모습이 담겨 있고, 마지막으로 아이가 변기에 앉아서 대변을 본다. 처음에는 대변이 안 나와서 아이가 쑥스러워하지만, 앞에 나왔던 동물들이 모두 그 아이 곁에서 함께 힘을 주면서 대변 잘 보라고 격려해 준다. 결국 대변을 본 아이와 동물들은 기뻐서 함께 춤을 춘다.

배변 훈련
『응가하자, 끙끙』 활동 ❶

그림책 감상하기

활동 영역 이해 및 감상

활동 목표 • 그림책 속의 그림과 내용을 이해하고 즐겁게 감상한다.

활동 자료 『응가하자, 끙끙』 그림책, 호랑이 손 인형

활동 방법

【도입】 ❶ 호랑이 손 인형을 소개한다.

- (스카프로 가린 후) 아이고 배야, 아이고 배야.
- 어? 이게 무슨 소리지?
- 밀알반, 안녕? 나는 호랑이야.
  내가 너무 많이 먹어서 배가 너무 아파.
- 응가하는 것 좀 도와줄래?
  응가하자, 끙끙!
- 우와, 나왔다. 나처럼 배가 아파서 응가하는 다른 동물 친구들이 있대.
- 같이 한번 만나 보자.

【전개】 ❷ 책의 앞표지를 보며 이야기를 나눈다,

- 뭐가 보이니?
- 아기도 배가 아파서 응가를 하고 있나 봐. 응가하자, 끙끙!

❸ 그림책의 내용을 감상한다.

【종결】 ❹ 그림책의 내용을 회상하며 이야기를 나눈다.

- 어떤 동물 친구들이 응가를 했니?
- 동물 친구들이 응가를 할 때 뭐라고 이야기했니?
- 응가하자, 끙끙.

영아들의 반응

'응가하자, *끙끙*' 이라는 말을 반복하자 말을 똑같이 흉내를 내며 얼굴을 찌푸리기도 했다. 똥이 나오는 것을 확인하는 부분에서는 '나왔다' 라고 말하며 웃는 표정을 지었다. 그림책 속 동물들의 이름을 말하는 영아들이 많았다. 영아들이 자유선택활동시간이나 놀이시간에 응가 놀이를 할 때나 화장실에서 대변을 볼 때 "응가하자, *끙끙*." 하면서 그림책의 등장인물들처럼 흉내를 내기도 하였다.

배변 훈련
『응가하자, 끙끙』 활동 ❷

'응가하자, 끙끙' 놀이를 해 보아요

활동 영역 이해 및 감상

활동 목표 • 변기에 앉아서 '응가', '쉬' 하는 놀이를 한다.

활동 자료 케이크 상자로 만든 변기

활동 방법

【도입】 ❶ 변기를 탐색한다.

- 이게 무엇일까?
- 네모난 모양이네. 어? 가운데가 동그랗게 쏙 들어가 있네.
- 손을 넣어 보자. 손 씻는 곳인가?
  머리 위에 올려 보자. 모자 같기도 하구나.
- 앉아 볼까? 의자도 되는구나.
- 이것은 끙끙 응가하는 변기야.

【전개】 ❷ 변기에 앉아 '응가하자, 끙끙' 놀이를 한다.

- ○○ 야, 변기에 앉아 보자. 엉덩이가 쏙 들어갔네.
- 응가하자, 끙끙, 끙끙, 끄응끙!
  나왔니? 아직 안 나왔구나.
- 괜찮아, 한 번 더 해 보자. 끄응끙!
  나왔구나. 잘했어!

【종결】 ❸ 활동한 것에 대해 이야기를 나눈 후 마무리한다.

- 변기에 앉아서 '응가하자, 끙끙' 놀이를 해 보았는데 재미있었니?
- 너희들 '응가, 쉬' 마려우면 어디에 하는 거야?
  맞아, 변기에 앉아서 하는 거야.

영아들의 반응

케이크 상자를 재활용하여 변기를 만들어서 영아들에게 제시해 주었다. 먼저 하얀색 변기에 영아들과 크레파스를 사용하여 변기를 꾸며 보았다. 영아들은 자유롭게 긁적거리며 변기를 꾸미는 모습을 볼 수 있었다. 변기 속에 '응가' 라며 똥을 표현하여 그리는 영아도 있었다. 영아들과 함께 꾸민 변기 위에 교사가 먼저 앉아서 '응가, 쉬' 하는 행동을 보였다. 영아들은 교사의 행동을 모방하여 변기에 앉아 "끄응끙! 응가" 하며 힘을 주었고, 인형을 가지고 와서 변기 위에 앉혀 놓고는 '응가, 쉬' 하는 모습도 볼 수 있었다. 영아들의 신체 크기에 맞는 변기여서 그런지 더욱 흥미로워하였고, 계속 가지고 다니는 영아도 있었다.

배변 훈련
『응가하자, 끙끙』 활동 ❸

사각 블럭으로 변기를 만들어 보아요

활동 영역 창작

활동 목표
- 사각 블럭으로 변기를 만들어 본다.
- 변기에 앉아서 '응가', '쉬'를 해 본다.

활동 자료 사각 블럭, 아기 인형

활동 방법

【도입】 ❶ 아기 인형을 소개한다.
- 아이, 배 아파! 응가가 나올 것 같아.
- 어디에 응가를 해야 하지?
- 그래 아기 인형이 응가할 수 있게 변기를 만들어 보자.

【전개】 ❷ 사각 블럭으로 변기를 만들어 본다.
- 여기 사각 블럭이 많이 있네.
- 변기를 어떻게 만들까?
- 우와, 멋진 변기가 되었네.

❸ 아기 인형을 사용하여 변기에 응가, 쉬를 해 본다.
- 아기 인형이 응가가 나올 것 같대.
- 응가! 우와, 응가가 나왔네.

❹ 변기 위에 영아가 앉아서 쉬, 응가를 해 본다.
- 아이 배야, 선생님도 배가 아프네.
- 응가해야지, 응가!
- ○○도 응가, 쉬 해 보자.
- ○○ 응가가 나왔네. 동글동글하게 생겼구나.

【종결】 ❺ 변기의 물을 내려 준다.

- 아이고 냄새! 우리 응가를 했으니까 물을 내려 주자.
- 내려갔네. 이제 냄새가 안 나네.
- 잘 가, 똥아. 잘 가, 오줌아.

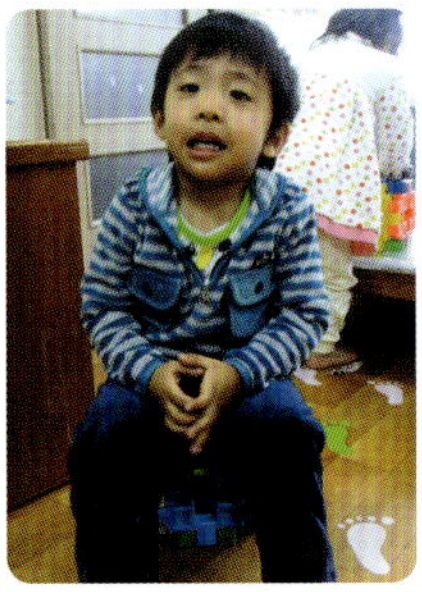

영아들의 반응

사각 블럭을 사용해서 네모 모양의 변기를 만들어서 그 위에 앉아 힘을 주는 표정을 지으며 응가하는 흉내를 내기도 했다. 힘을 준 후 엉덩이를 들어서 자신이 응가했다고 말하며 교사에게 보여 주는 영아도 많았다. 자신의 애착 인형 등을 가져와 자신이 만든 변기에 앉혀 놓고 응가를 시켜 주는 영아들도 있었다.

배변 훈련 『응가하자, 끙끙』 활동 ❹

신문지로 응가를 만들어 보아요

활동 영역 창작

활동 목표
- 신문지를 탐색한다.
- 신문지를 뭉쳐서 응가를 만들어 본다.

활동 자료 신문지

활동 방법

【도입】 ❶ 신문지를 탐색한다.

- 이것은 무엇일까? 얇은 종이네.
  이것은 '신문지' 라고 하는 거래.
- 만져 보자. 부드럽네.
  냄새도 맡아 볼까?
  찢어 볼까? 찢어지네.
- 신문지를 구겨 보자. 동그랗게 되었네.
- 소리도 나는구나.

【전개】 ❷ 신문지로 똥을 만들어 본다.

- 신문지로 무엇을 만들 수 있을까?
  선생님은 이렇게 구겨서 '응가' 를 만들어 보았어.
- ○○도 만들어 보자.
  ○○는 동글동글한 '응가' 를 만들었구나.
- 누구의 '응가' 니?

【종결】 ❸ 만든 똥을 변기에 담아 정리한다.

- ○○는 길죽한 모양의 '응가' 를 만들었구나.
  만든 '응가' 를 변기 속에 쏙 넣어서 정리해 보자.

영아들의 반응

영아들은 신문지를 탐색한 후, 교사가 만든 '응가'를 모방하여 다양한 방법으로 '응가'를 만드는 모습을 볼 수 있었다. 신문지를 손으로 구겨서 동그란 모양의 '응가'를 만드는 영아, 콩처럼 작은 모양을 만들어서 '토끼 똥'이라고 표현하는 영아, 길죽길죽한 모양의 '응가'를 만드는 영아 등 다양한 반응을 볼 수 있었다. 지난 시간에 사각 블록으로 변기 만드는 활동을 해 보아서인지 영아들이 사각 블록으로 만든 변기를 가져온 후 신문지 똥을 사각 블록 변기에 자연스럽게 담았다. 만든 '응가'를 변기 속에 쏙 넣고서는 그 위에 앉아 '응가 응가' 끙끙대며 '응가' 하는 흉내를 내기도 하였다.

그림책 2 : 『똥이 풍덩!』

『똥이 풍덩!』

글·그림 작가 : 알로나 프랑켈
출판사 : 비룡소
출판 연도 : 2001년

배변 훈련 과정을 담은 그림책이다. 처음에는 변기에 용변 보는 것에 실패하다가 어느 날 제대로 변기에 용변을 볼 수 있게 되는 모습을 담고 있다.

배변 훈련
『똥이 풍덩!』 활동 ❶

그림책 감상하기

활동 영역 이해 및 감상

활동 목표 • 그림책 속의 그림과 내용을 이해하고 즐겁게 감상한다.

활동 자료 『똥이 풍덩!』 그림책

활동 방법

【도입】 ❶ 앞표지를 보며 이야기를 나눈다.

- 이게 누굴까?
- 이 친구가 무엇을 하고 있는 걸까?
- 안녕? 밀알반. 나는 송이야.
- 아이, 냄새! 이게 무슨 냄새지?
- 송이가 어디서 냄새가 나는지 알려 줄래?
- 이게 무슨 냄새인지 내가 알려 줄게. 잘 들어 봐.

【전개】 ❷ 그림책의 내용을 감상한다.

- 송이가 아기였을 때는 우리처럼 기저귀를 했어요.
- 이게 뭘까? 화분일까? 모자일까?
- 아, 변기였구나.

【종결】 ❸ 그림책의 내용을 회상하며 이야기를 나눈다.

- 송이도 우리처럼 아기였을 때 기저귀를 했구나.
- 송이도 우리처럼 변기 밖에 응가와 쉬를 했구나.

영아들의 반응

기저귀에 묻어 있는 똥을 보고 코를 막으며 “아이 냄새, 응가!”라고 말하는 영아도 있었고 아기 엉덩이를 보고 ‘엉덩이’라고 말하는 영아들도 있었다. 송이가 물을 내리며 “잘 가, 오줌아. 잘 가, 똥아.” 하는 부분을 듣고 똑같이 그림책을 보며 “잘 가, 똥아~”라고 말하는 영아도 있었다.

배변 훈련 『똥이 풍덩!』 활동 ❷

'나왔니?' 노래를 부르며 악기 연주를 해 보아요

활동 영역 창작

활동 목표 • 다양한 악기를 연주하며 '나왔니?' 노래를 불러 본다.

활동 자료 『똥이 풍덩!』 그림책, 다양한 악기

활동 방법

【도입】 ❶ 『똥이 풍덩!』 그림책을 읽는다.

- 아이고 배야. 어! 이게 무슨 소리지? 그림책 속에서 소리가 나네.
- 누가 배가 아픈가 봐. 어떤 친구가 배가 아픈지 알아 보자.

【전개】 ❷ 그림책 중 똥과 오줌이 나오는 부분에서 '나왔니?' 노래를 부른다.
('나왔니?' 노래를 개사한다. 작사/작곡 : 장은주)

- 어. 똥이 나왔네.

가사 : 나왔니? 나왔니? 똥(오줌)이 나왔니? 나왔지. 나왔지. 똥(오줌)이 나왔지.

- 어, 정말 똥이 나왔네.

❸ '나왔니?' 노래를 부르며 악기를 연주해 본다.

- 여기 악기들이 많네.
- 송이와 함께 이 노래를 부르며 악기를 연주해 보자.
- 멋진 연주였어.

【종결】 ❹ 활동한 것에 대해 이야기를 나눈다.

- 악기 연주하며 노래 부르니 더 재미있네.
- 화장실에서 응가하고 쉬할 때 부르면 더 재미있겠다.

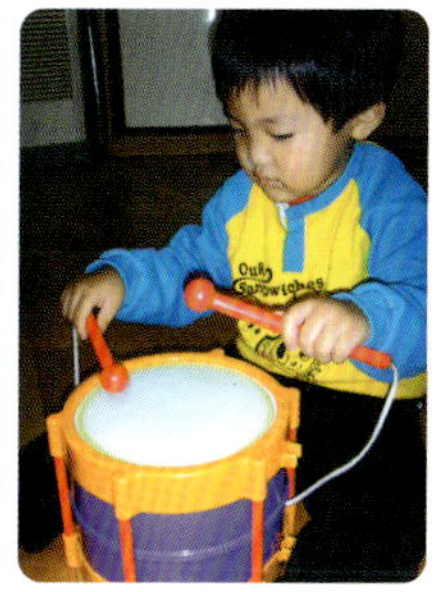

영아들의 반응

그림책 속 송이의 변기를 보며 노래를 부르자 영아들은 음을 쉽게 따라 불렀다. 가사를 그대로 따라 부르는 영아들도 있었다. 음률 영역의 악기를 골라서 연주했다. 악기를 고를 때 리듬막대를 고른 영아도 있었는데 그 영아는 리듬막대를 흔들며 노래를 부르기도 했다. 각각 다른 악기를 골라서 멋진 팀이 되어서 연주를 했다.

배변 훈련 「똥이 풍덩!」 활동 ❸

송이의 변기를 꾸며 보아요

활동 영역 창작

활동 목표 • 소근육을 사용하여 나뭇잎으로 변기를 꾸며 본다.

활동 자료 양면테이프가 붙어 있는 변기 모양의 종이, 나뭇잎

활동 방법

【도입】 ❶ 그림책에 등장하는 송이 변기 모양의 종이를 보여 준다.

- 이것은 무엇일까?
- 컵 같기도 하고, 주전자 같기도 하다.
- 물을 따라 볼까?
  시원한 물이네. 아이 시원해.
- 이것은 응가, 쉬하는 송이 변기래.

【전개】 ❷ 나뭇잎을 탐색해 본다.

- 이것은 무엇이지? 나뭇잎이야.
- 나뭇잎을 만져 보자.
  냄새도 맡아 볼까?

❸ 송이 변기 모양의 종이에 나뭇잎을 붙여 본다.

- 종이에 스티커가 붙어 있네.
  손으로 떼어 보자. 끈적끈적하네.
- 여기에 나뭇잎을 붙여 보자. 안 떨어지네.
- 예쁜 나뭇잎 모양의 변기가 되었구나.

【종결】 ❹ 활동한 것에 대한 이야기를 나누며 마무리한다.

- 변기를 꾸며 보았는데 재미있었니?
- ○○ 는 나뭇잎으로 멋진 변기를 꾸몄구나.

영아들의 반응

영아들은 변기 모양 종이를 보고 '컵' 이라고 표현하는 등 그림책 속에 등장하는 송이 변기라는 것을 알아맞히기에는 어려움이 있었다. 그림책에 있는 송이 변기를 보여 준 후 모양 종이를 다시 보여 주어 변기라는 것을 이해할 수 있도록 도와주었다. 영아들은 나뭇잎을 다양한 방법으로 탐색하였고, 종이에 붙어 있는 테이프를 떼고 나뭇잎을 붙여 변기를 꾸며 보았다. 가을이라서 인공적인 재료보다 나뭇잎 등 자연물을 활용해 보았다. 나뭇잎을 탐색하는 과정에서 꼼꼼히 살펴보기도 하고, 만져 보고, 손가락으로 잡고 빙글빙글 돌리기도 하면서 나뭇잎을 탐색하는 영아들도 있었다. 영아들의 개인차에 따라서 나뭇잎을 촘촘이 붙이는 영아, 듬성듬성 붙이는 영아 등 다양한 반응을 볼 수 있었다.

그림책 3 : 『내 쉬통 어딨어』

『내 쉬통 어딨어』

글 작가 : 크리스틴 슈나이더
그림 작가 : 에르베 삐넬
출판사 : 그린북
출판 연도 : 2002년

엄마의 밤 인사를 받으며 잠을 자려고 하는데 창밖의 빗소리에 루이는 쉬가 마려워진다. 쉬하려고 급하게 쉬통을 찾고 있는데 그때 선인장 화분과 꿀단지, 우유통이 쉬통이라고 한다. 하지만 루이는 친구들의 안내를 받으며 파란색 방으로 간다. 파란색 물감통 중 쉬통을 찾아 쉬를 하고 가는데 쉬통에 앉았던 엉덩이에 파란색 동그라미가 묻어 있다.

배변 훈련
『내 쉬통 어딨어』 활동 ❶

그림책 감상하기

활동 영역 이해 및 감상

활동 목표 ● 그림책 속의 그림과 내용을 이해하고 즐겁게 감상한다.

활동 자료 『내 쉬통 어딨어』 그림책

활동 방법

【도입】 ❶ 그림책의 표지를 보며 이야기를 나눈다.

- 여기 돼지가 있네. 돼지가 어디에 가는 걸까?
- (루이) 안녕, 난 루이야. 난 지금 쉬통을 찾고 있어. 내 쉬통을 못 봤니?
- 내 쉬통은 작고 파란색이야.
- 근데 어디로 갔는지 보이지가 않아. ○○가 함께 찾아 줄 수 있겠니?

【전개】 ❷ 그림책을 감상한다.

- 귀여운 쉬통아, 어디 숨었니? 여기 있다.
- ○○야, 이게 내 쉬통 맞니? 아니야, 아니야 이건 꿀단지야.
- 내가 원하는 건 작은 파란색 쉬통이야. 어디 숨었지?

【종결】 ❸ 그림책의 내용을 회상하며 이야기를 나눈다.

- (화분, 꿀단지, 우유통을 가리키며) 이게 루이의 쉬통이었니?
- 파란색 방에서 루이가 쉬통을 찾아서 '응가'를 했구나.

영아들의 반응

쉬통을 찾으러 다니는 귀여운 루이와 함께 영아들도 그림책을 감상하면서 쉬통을 찾으며 매우 흥미로워했다. 화분, 꿀단지, 우유통 등이 나왔을 때 교사가 "이게 파란색 작은 쉬통일까?"라고 질문하자, '아니'라며 고개를 젓는 영아, 사물의 이름을 언어로 표현하는 영아 등 다양한 반응을 볼 수 있었다. 파란색을 알고 있는 영아들은 파란색 쉬통을 손으로 가리키며 언어로 표현하기도 하였다.

배변 훈련
「내 쉬통 어딨어」 활동 ❷

꼭꼭 숨어라, 쉬통을 찾아라

활동 영역 이해 및 감상

활동 목표
- 숨어 있는 쉬통을 찾아보면서 즐거움을 느낀다.
- 그림책의 주인공이 되어 쉬통을 찾아본다.

활동 자료 영아들이 만든 쉬통

활동 방법

【도입】 ❶ 영아들이 만든 쉬통을 보여 준다.

- 이것은 무엇이지?
  맞아. 너희들이 만든 멋진 쉬통이야.
- 아기 돼지 루이가 쉬통을 찾아다녔지?
  우리도 루이처럼 찾아볼까?
- 근데 너희가 만든 쉬통이 꼭꼭 숨어 있대. 쉬통이 어디 있을까?

【전개】 ❷ 숨어 있는 쉬통을 찾는다.

- 너희들이 숨어 있는 쉬통을 찾아볼 수 있겠니?
- 꼭꼭 숨어라. 쉬통아, 어디 있니? 찾았니?
  찾았다. 쉬통이 미끄럼틀 아래에 숨어 있었구나.
  또 어디 숨어 있을까?
- ○○는 숨어 있는 쉬통을 아주 잘 찾는구나.

【종결】 ❸ 활동한 것에 대한 이야기를 나누며 마무리한다.

- 쉬통이 어디 숨어 있었니?
  저기 책상 뒤에 숨어 있었구나.
- 숨어 있는 쉬통을 다 찾은 것 같아. 아주 잘했어.
- 우리도 루이처럼 응가해 볼까? 응가!

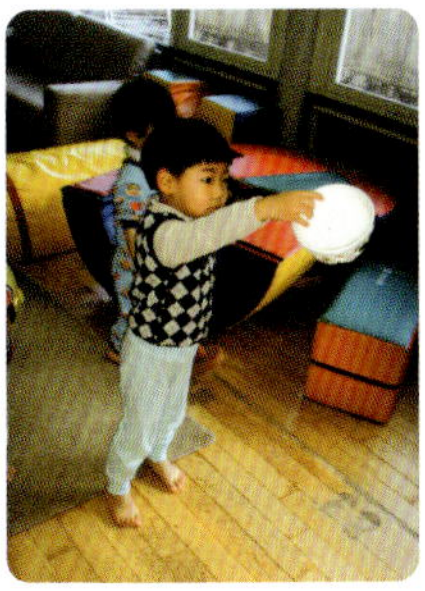

영아들의 반응

미리 교사가 쉬통을 교실 구석구석에 숨겨 둔 후 영아들이 찾을 수 있도록 하였다. 교사는 영아들이 쉬통을 찾는 동안 "꼭꼭 숨어라. 쉬통아, 어디 있니?" 노래를 반복적으로 불러 주어 흥미를 갖도록 하였다. 영아들은 구석구석에 숨어 있는 쉬통을 찾고는 "찾았다."라고 외치며 교사에게 보여 주기도 하였고, 자신이 찾은 쉬통을 하나씩 쌓아 놓고 즐거워하기도 하였다. 영아들의 개인차에 따라서 구석구석을 뛰어다니며 열심히 찾는 영아들도 있었고, 친구들이 찾는 것을 바라보며 즐거워하는 영아들도 있었다.

✻ 그림책 4 : 『끙끙 응가 놀이』

『끙끙 응가 놀이』

글·그림 작가 : 기무라 유이치
출판사 : 웅진주니어
출판 연도 : 2008년

고양이 야옹이, 병아리 삐약이, 강아지 바둑이 등 동물 친구들이 변기에 앉아 끙끙 힘을 주며 배변하는 모습이 재미있게 표현된 그림책이다.

배변 훈련
『끙끙 응가 놀이』 활동 ❶

그림책 감상하기

활동 영역 이해 및 감상

활동 목표 • 그림책 속의 그림과 내용을 이해하고 즐겁게 감상한다.

활동 자료 『끙끙 응가 놀이』 그림책

활동 방법

【도입】 ❶ 병아리 손 인형이 '끙끙 응가' 하며 이야기한다.

- 삐약삐약~ 난 병아리야. 꼬르르~ 배가 너무 아파서 응가해야겠어. '응가, 응가.' 겨우 콩알만큼 작은 응가가 나왔네.
- 너희들은 어떤 응가를 했니?
- 내 동물 친구들도 응가를 한대. 어떤 응가를 하는지 나랑 같이 볼래?

【전개】 ❷ 그림책을 감상한다.

- 고양이가 끙끙…… 도대체 무엇을 하고 있는 걸까?
- '응가 응가' 와, 똥이 나왔네.
- 다음에는 어떤 동물 친구가 나올까? 하나, 둘, 셋 까꿍.

【종결】 ❸ 그림책의 내용을 회상하며 이야기를 나눈다.

- 어떤 동물들이 나왔었니?
- 고양이, 병아리, 강아지, 공룡이 나왔구나.
- 공룡은 응가가 정말 크구나.
- 동물들도 변기에 앉아서 모두 응가를 했구나.

영아들의 반응

까꿍 놀이 형식의 이 그림책은 영아들이 집중하며 즐겁게 볼 수 있었다. 동물의 뒷모습과 소리만 듣고도 영아들은 어떤 동물인지 언어와 행동으로 표현하기도 하였다. 동물들의 똥을 보며 '작다', '크다' 라고 크기를 비교하는 영아도 있었다. 영아는 응가를 한 뒤 휴지로 닦고 물을 내리는 것을 잘 따라 하였고, 이슬이에게 "잘했어."라며 박수를 쳐 주기도 하였다. 배변 훈련하는 영아들이 그림책을 감상한 후 모방하며 변기에 관심을 갖게 되었고 배변 훈련에 성공하는 모습도 볼 수 있었다.

배변 훈련
『끙끙 응가 놀이』 활동 ❷

누가 숨어 있을까?

활동 영역 이해 및 감상

활동 목표
- 눈과 손의 협응력을 기를 수 있다.
- 까꿍 놀이를 즐길 수 있다.

활동 자료 까꿍 놀이 교구

활동 방법

【도입】 ❶ 까꿍 놀이 교구를 탐색한다.
- 이것은 무엇일까?
- 손으로 만져 보자. 느낌이 어때? 아이 부드러워. 냄새도 맡아 보자. 흔들어 볼까? 어떤 소리가 나니? 떼굴떼굴 굴려 볼까? 어, 굴러가네.
- 똑똑똑! 여기에 누가 있을까? 두드려 보자.

【전개】 ❷ 먼저 교사가 까꿍 놀이 교구를 열어 본다.
- (까꿍 통을 열었다 닫으며) 짠~ 누가 있는지 보았니?
- 다시 한 번 열어 볼까? 하나 둘 셋! 까꿍. 아가가 쉬를 하고 있구나.
- 다른 것도 열어 보자. 누가 있을까? 하나 둘 셋! 까꿍. 팬티가 있구나.
- 변기가 있네. 여기서 무엇을 할까? 응가, 쉬를 할 수 있어.

❸ 영아들이 직접 까꿍 놀이 교구를 조작해 본다.
- 양쪽으로 잡아당겨 보자. 이야~ 열렸네? 까꿍~
- ○○는 손가락으로 잘 열 수 있구나.

【종결】 ❹ 활동한 것에 대한 이야기를 나누며 마무리한다.
- 까꿍 놀이 재미있었니?
- 안에 누가 있었니?
- 다른 친구들도 놀이할 수 있도록 바구니에 정리하도록 하자.

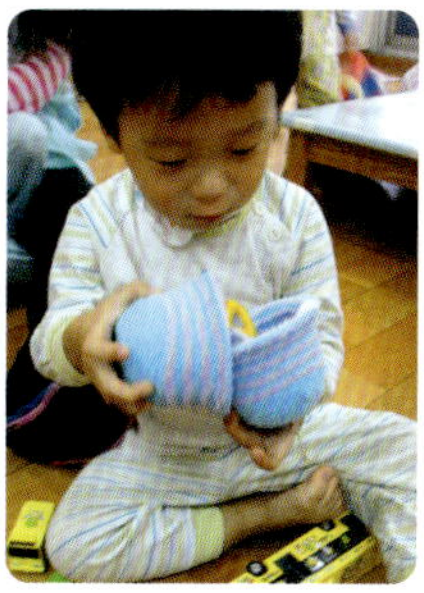

영아들의 반응

영아들이 먼저 부드럽고 푹신푹신한 촉감을 느낄 수 있도록 수면양말로 까꿍 놀이 교구를 만들었다. 교구를 자유롭게 탐색하도록 하였다. 만져 보고 흔들어 보고, 굴려 보며 충분히 탐색할 시간을 가진 후, 교사가 "똑똑똑! 하나 둘 셋"을 외치며 통을 양쪽으로 벌려서 안에 있는 것을 보여 주었다. 처음엔 빨리 열고 닫아서 무엇이 있는지 잘 알 수 없었지만 그 다음에는 천천히 열어서 무엇이 들어 있는지 알려 주었다. 영아들이 처음 조작했을 땐 어려움이 있었는데 교사가 어떻게 여는지 영아들의 손을 잡아 주면서 알려 주었더니 교사의 행동을 기억하고 끈을 잡아당겨서 통을 여는 모습도 볼 수 있었다. 영아들은 교구를 열 때 "까꿍~" 하면서 인사를 했고, 매우 흥미로워하였다. 대부분의 영아들이 소근육을 사용하여 통을 열고 성취감을 느끼는 것을 볼 수 있었다.

배변 훈련 『끙끙 응가 놀이』 활동 ❸

곰 인형을 변기에 앉혀 보아요

활동 영역 이해 및 감상

활동 목표
- 그림책에 등장하는 아기 곰을 변기에 앉혀 본다.
- 변기에 관심을 갖고 친숙함을 느껴 본다.

활동 자료 곰 인형, 변기

활동 방법

【도입】 ❶ 곰 인형과 변기를 탐색한다.
- (곰 인형) 밀알반 친구들아, 안녕? 나는 곰돌이야. 내가 변기에서 응가 하는 거 무서운데 도와줄 수 있니?
- 아기 곰이 도와 달라고 하네.
- 너희들이 도와주어야겠다.

【전개】 ❷ 곰 인형을 변기에 앉혀 본다.
- ○○야, 응가할 수 있도록 변기에 앉혀 주자.
- '응가 응가' 나왔나? 아직 안 나왔네.
  다시 '끄응끙 응가 응가' 나왔나? 어? 나왔네.
- 어떤 응가가 나왔니? 작은 응가가 나왔구나.
- 변기의 물도 내려 주자. 응가야, 잘 가.
- (곰) 나 응가 했어. ○○야, 고마워.
- 곰돌이가 응가를 했네. 우리 칭찬해 줄까?
- 곰돌이야, 변기에 앉아서 응가를 했구나. 잘했어.
- ○○도 변기에서 응가해 본 적 있니?

【종결】 ❸ 활동한 것에 대한 이야기를 나누며 마무리한다.
- 바쏠로뮤가 변기에 앉아서 응가를 할 수 있도록 도와주었구나.
- ○○도 변기에서 응가해 본 적 있니?

- 기저귀를 안 차면 변기에 앉아서 아기 곰처럼 응가를 하는 거래.
- 곰돌이 ○○가 너무 고맙대.

영아들의 반응

영아들은 친숙한 변기와 곰 인형을 보고는 자신이 먼저 변기에 앉아 응가하는 흉내를 내기도 하였다. 바쏠로뮤 곰 인형이 응가하고 싶다고 이야기하니까 영아들은 곰 인형을 변기에 앉히고서 "끄응끙 응가"라고 표현하였다. 곰 인형을 들고 변기 안을 손으로 가리키며 "똥이 나왔어."라며 표현하는 영아도 있었다. 그래서 똥 그림 스티커를 변기 바닥에 붙여 놓았더니 영아들이 더 흥미를 느꼈다. 블록 영역에 있는 레고 블록을 가지고 와서 '똥'이라면서 변기 안에 넣는 영아도 있었다. 응가를 다 한 후 교사가 변기의 물을 내릴 때 나는 소리를 언어로 표현해 보았다. 그림책에 등장하는 곰처럼 영아들도 변기에서 배변을 하는 데 어려워하는 마음이 있었던 것 같다. 그러나 그림책을 감상하고 곰에게 팬티를 입혀 주고, 변기에 앉혀 주면서 영아들도 배변 훈련에 대한 두려움이 조금씩 사라지는 것 같았다.

영/아/문/학/교/육/

프/로/그/램

제 2 장

만 2세반 영아를 위한 프로그램

문학단원 1 : 무얼 타고 갈까?
문학단원 2 : 비
문학단원 3 : 구름
문학단원 4 : 색깔
문학단원 5 : 모양 · 숫자 놀이

문학단원 1

무얼 타고 갈까?

『후루룩~ 냠냠 라면기차』

『기차 ㄱㄴㄷ』

『검피 아저씨의 뱃놀이』

『비둘기에게 버스 운전은 맡기지 마세요!』

『화물 열차』

『난 자동차가 참 좋아』

『트럭』

문학단원 망

무얼 타고 갈까?

『후루룩~ 냠냠 라면기차』
- 이해 및 감상
  - 그림책 감상하기
  - 기차를 움직여 보며 판 동화 감상하기
- 창작
  - 그림책 속 타고 싶은 기차를 타 보아요
  - 내가 좋아하는 기차를 탄다면~

『기차 ㄱㄴㄷ』
- 이해 및 감상
  - 그림책 감상하기
  - 그림책 속 기차가 다녀 본 곳 재구성해 보기
  - 칙칙폭폭 기차 놀이하기

『검피 아저씨의 뱃놀이』
- 이해 및 감상
  - 그림책 감상하기
  - 그림책 순서를 알고 블록으로 쌓기
- 창작
  - 등장인물에게 말풍선 넣기

『비둘기에게 버스 운전은 맡기지 마세요!』
- 이해 및 감상
  - '비둘기에게 버스 운전은 맡기지 마세요!' 테이블 동화 감상
- 창작
  - 버스 운전기사가 되어 보아요

『화물 열차』
- 이해 및 감상
  - 그림책 감상하기
- 창작
  - 기차에 짐을 실어요

『나는 자동차가 참 좋아』
- 이해 및 감상
  - 내가 좋아하는 교통기관 팝업북 만들기
  - 그림자에 맞는 교통기관 맞추기
  - 콜라주를 이용한 자동차를 만들어 놀이하기

『트럭』
- 이해 및 감상
  - 트럭 놀이하기
  - 나만의 트럭 꾸미기

하위 단원

≫ 무얼 타고 갈까? ≪	≫ 영차영차 일하는 자동차 ≪	≫ 나는야 칙칙폭폭 기차 ≪
•『난 자동차가 참 좋아』 •『검피 아저씨의 뱃놀이』	•『비둘기에게 버스 운전은 맡기지 마세요!』 •『트럭』	•『후루룩~ 냠냠 라면기차』 •『기차 ㄱㄴㄷ』 •『화물 열차』

서 평

1. 『후루룩~ 냠냠 라면기차』

책 제목	『후루룩~ 냠냠 라면기차』
서지 정보	글·그림 작가 : 이노우에 요스케 출판사 : 효리원 출판 연도 : 2002년
내 용	혼자 타는 기차, 딱정벌레 닮은 기차, 전깃줄을 타고 가는 기차, 삼층 기차, 굴뚝 달린 라면 기차, 도너츠 기차, 층층대 기차, 멋진 색을 칠한 봄 기차, 아코디언처럼 접힌 꿈꾸는 기차 등 상상의 기차가 차례로 등장하는 그림책이다.
특징 및 교육적 적용	• 이 그림책은 마이니치 신문사와 일본전국도서관협의회가 선정한 2001년 그림책 부문 대상 수상 작품이다. • 후루룩 냠냠 라면 기차라는 그림책의 제목만으로도 영아들에게 웃음을 줄 수 있고 후루룩 냠냠 러면 기차가 무엇일까라고 생각하여 궁금증을 갖게 한다. • 아이들 그림처럼 활달하고 거침없는 것이 특징이다. 아이들이 친숙하게 느끼고 감상할 수 있을 것이다. • 그림책 속 기차 중 어느 기차가 가장 재미있는지, 또는 그림책 속 기차 말고 또 다른 기차를 상상해 보게 하고, 그것을 말로 표현하게 도와준다. • 여러 가지 기차 그림 자료를 보여 주고, 기차를 타 본 교사의 경험을 들려준다. • 이 그림책에는 우리가 일반적으로 상상할 수 없는 여러 모양의 기차들이 나온다. 기발하고 재미있는 여러 가지 기차들은 영아들의 상상력을 맘껏 발휘할 수 있도록 상상력을 자극하는데, 책을 다 읽어 주고 나서 책에 나오지 않는 상상의 기차를 말할 수 있도록 격려한다. • 다양하고 정확한 의성어와 의태어가 나오고 우리말의 아름다움이 느껴지도록 운율을 살려 노래처럼 읽을 수 있다. 영아들에게 책을 읽어 줄 때에 박자를 넣어 가며 노래처럼 불러 줄 수 있다.

2.『기차 ㄱㄴㄷ』

책 제목	『기차 ㄱㄴㄷ』
서지 정보	글·그림 작가 : 박은영 출판사 : 비룡소 출판 연도 : 1997년
내 용	ㄱ부터 ㅎ까지의 자음이 순서대로 열거되고, 각 자음이 들어가 있는 말들이 이어져서 하나의 이야기되는 그림책이다.
특징 및 교육적 적용	• 밝은 색, 대담하고 활달한 붓놀림이 아이들의 그림을 닮았다. 그러므로 영아들이 친숙하게 느낄 수 있는 그림이다. • "기다란 기차가 나무 옆을 지나 다리를 건너 랄랄랄 노래를 부르며… 해는 벌써 지고 있어요."라는 이야기로 한글 자음을 알려 주는 정보 그림책이다. 그러나 자음의 순서나 이름을 알려 주는 데 목적을 두기보다는 기차를 타고 여행하는 즐거움에 초점을 두어 읽어 주는 것이 좋다. • 기차 놀이로의 도입이 쉽다.

3.『화물 열차』

책 제목	『화물 열차』
서지 정보	글·그림 작가 : 도널드 크루즈 출판사 : 시공주니어 출판 연도 : 1997년
내 용	철길을 달리는 화물 열차에 달린 화차 하나하나를 소개하고 그것이 달리는 모습을 묘사한 그림책이다.
특징 및 교육적 적용	• 앞, 뒷표지를 펴면 하나로 길게 연결된 기차가 달리는 모습이 된다. 그림책을 펼쳐서 표지부터 살핀다. • 표제지에 이어서 다음 장에도 철길 그림만 있어서 궁금증을 유발하고, 다음 장에서야 "기차가 철길을 따라 달리고 있습니다."라는 본문이 시작된다. 그러나 여기에도 달리는 기차의 모습은 그려져 있지 않아 독자는 기차가 어디 있을까라는 궁금증을 갖게 된다. 교사는 앞부분의 책장을 천천히 넘김으로써 영아에게 기차의 등장을 기대하게 한다. • 실제로는 검정색이었을 화차 하나하나를 밝은 원색으로 칠하여 영아의 시선을 끌고 있다. • 갖가지 색으로 연결된 화차 하나하나를 열거하고 있어서 영아는 다음에 나올 화차에 계속 호기심을 가지며 들을 수 있다. • 열차에서 뿜어져 나오는 연기와 화차가 겹쳐져 그려진 그림은 빠르게 달리고 있는 기차의 속도감을 실감하게 해 준다. 기차가 달리는 속도에 대해 영아들과 이야기해 본다. • 글이 적으므로 그림에 대해 영아 각자가 묘사할 수 있게 할 수도 있고, 교사가 그림을 묘사하는 이야기를 덧붙여서 읽어 줄 수도 있다. • 색색의 기차 모양의 종이 패턴을 만들어 주어 영아가 '기차 길게 이어 붙이기'를 할 수 있게 해 준다.

4.『난 자동차가 참 좋아』

책 제목	『난 자동차가 참 좋아』 
서지 정보	글 작가 : 마가렛 와이즈 브라운 그림 작가 : 김진화 출판사 : 비룡소 출판 연도 : 2006년
내 용	자동차, 기차, 배가 하나씩 나오면서 '난 자동차가 참 좋아, 난 기차가 참 좋아, 난 배가 참 좋아'를 반복하면서 자동차, 기차, 배의 다양한 모습을 나열한다. 탈것의 다양함을 재미난 풍경을 여행하듯 보여 주는 책이다.
특징 및 교육적 적용	• 이 그림책은 아이들이 좋아하는 자동차, 기차, 배가 하나씩 나오면서 탈것의 다양함과 재미난 풍경을 차례차례 보여 주고 있으며, 탈것들을 묘사하는 재미있고 다양한 표현이 흥미를 끈다. • 앞표지에는 '난 자동차가 참 좋아'라는 제목과 자동차의 그림이 있는데, 그림책의 내용에는 자동차 이외에도 기차와 배가 나오면서 흥미를 유발시킨다. • 앞면지는 자동차 길이 나오면서 노란 옷을 입은 소녀와 강아지가 여행을하기 위해 교통기관을 기다리는 듯한 장면이 나온다. 길을 따라 오면 내용을 알 수 있다는 뜻을 가지고 있는 것 같다. • 뒷면지에는 기차를 타고 있는 노란 옷을 입은 소녀 두 명이 나온다. 그림책의 내용은 끝났지만 기찻길을 따라 기차를 타고 어디론가 달려가는 장면을 보며 그림책에 대해 상상해 볼 수 있다. 그리고 뒷면지에는 그림책에 나왔던 자동차, 기차, 배가 아닌 비행기가 나오면서 비행기라는 교통기관을 알 수 있도록 해 주었다. • 그림책 그림은 공책, 모눈종이, 베모징을 오려 붙였고, 강아지나 새 등을 오려 붙여 콜라주 형식의 특징을 가지고 있어 영아들과 탈것을 콜라주 형식으로 꾸며 볼 수 있다.

활동의 실제

- ✻ 그림책 1 : 『후루룩~ 냠냠 라면기차』
- ✻ 그림책 2 : 『기차 ㄱㄴㄷ』
- ✻ 그림책 3 : 『검피 아저씨의 뱃놀이』
- ✻ 그림책 4 : 『비둘기에게 버스 운전은 맡기지 마세요!』
- ✻ 그림책 5 : 『화물 열차』
- ✻ 그림책 6 : 『난 자동차가 참 좋아』
- ✻ 그림책 7 : 『트럭』

✲ 그림책 1 : 『후루룩~ 냠냠 라면기차』

『후루룩~ 냠냠 라면기차』

글·그림 작가 : 이노우에 요스케
출판사 : 효리원
출판 연도 : 2002년

혼자 타는 기차, 딱정벌레 닮은 기차, 전깃줄을 타고 가는 기차, 삼층 기차, 굴뚝 달린 라면 기차, 도너츠 기차, 층층대 기차, 멋진 색을 칠한 봄 기차, 아코디언처럼 접힌 꿈꾸는 기차 등 상상의 기차가 차례로 등장한다. 그림은 아이들이 그린 것처럼 자연스럽고 상상력을 펼칠 수 있게 표현되었으며 반복되는 운율이 나와 노래처럼 읽을 수 있는 그림책이다.

무얼 타고 갈까?
『후루룩~ 냠냠 라면기차』 활동 ❶

그림책 감상하기

활동 영역 이해 및 감상

활동 목표 • 다양한 기차에 관심을 가지며 즐겁게 상상해 본다.

활동 자료 『후루룩~ 냠냠 라면기차』 그림책

활동 방법

【도입】 ❶ 영아들과 '기차' 소리를 들으며 주의집중한다.

- 어떤 소리가 들리니?
- 무슨 소리일까?

❷ 영아들에게 그림책을 소개하며 이야기 나눈다.

- 어떤 그림이 있니?
- 아~ 기차구나. 이 기차는 지금 어디를 가고 있을까?

【전개】 ❸ 영아들과 그림책을 감상하며 이야기를 나눈다.

- 앞표지에 있는 기차의 모습이구나.
- 와! 혼자 타는 멋쟁이 기차를 타면 기분이 어떨까?
- 딱정벌레처럼 생긴 기차도 있구나.
- 기차를 타고 후루룩 라면을 먹으면 어떤 맛일까?
- 이 기차도 조용히 잠이 든대.

❹ 영아들과 그림책을 회상하며 이야기 나눈다.

- 어떤 기차들이 나왔니?
- ○○는 어떤 기차를 타 보고 싶니?
- 이렇게 재미있는 기차를 타면 기분이 어떨까?

【종결】 ❺ 영아들과 가장 인상 깊었던 기차를 몸으로 표현하며 이동한다.

- 어떤 기차가 가장 재미있었니?
- 몸으로 어떻게 표현할 수 있을까?

무얼 타고 갈까?
『후루룩~ 냠냠 라면기차』 활동 ❷

기차를 움직여 보며 판 동화 감상하기

활동 영역 이해 및 감상

활동 목표
- 그림책을 읽으며 상상하는 능력을 기른다.
- 그림책의 내용을 이해하고 기차에 관심을 갖는다.

활동 자료 『후루룩~냠냠 라면기차』 판 동화

활동 방법

【도입】 ❶ 판 동화의 표지를 보며 이야기를 나눈다.
- (앞표지를 보며) 어떤 그림이 보이니?
- 지난번에 보여 준 그림책과는 어떻게 다르니?

【전개】 ❷ 영아들과 판 동화를 감상하며 이야기를 나눈다.
- 이 기차는 어떤 것 같아?
- 이 기차의 이름은 무엇일까?

❸ 그림책 속의 기차를 움직여 본다.
- 이 기차의 바퀴를 움직여 볼까?
- 기차를 어떻게 움직이게 해 보면 좋을까?
- 기차가 정말 울퉁불퉁 움직이니?

❹ 판 동화의 내용에 대해 이야기를 나눈다.
- 어떤 기차가 나왔었니?
- 가장 재미있었던 기차는 어떤 것이니?

【종결】 ❺ 판 동화에 대한 느낌을 이야기한다.
- 그림책을 보면서 어떤 느낌이 들었니?
- 너희는 어떤 기차를 타 보고 싶니?

무얼 타고 갈까?
『후루룩~ 냠냠 라면기차』 활동 ❸

그림책 속 타고 싶은 기차를 타 보아요

활동 영역 창작

활동 목표
- 그림책의 에피소드를 실제 해 보는 경험을 한다.
- 자신의 감정을 이야기로 표현한다.

활동 자료 기차 사진, 유아 얼굴 사진, 말풍선, 종이

활동 방법

【도입】 ❶ 영아와 함께 그림책의 기차들을 회상하면서 이야기를 나눈다.
- 『후루룩~ 냠냠 라면기차』 그림책에 어떤 기차가 있었니?
- 타 보고 싶은 기차가 있었니?

【전개】 ❷ 영아들에게 활동에 대해 소개해 준다.
- 선생님이 종이와 기차 사진, 친구들의 사진을 가져왔어.
- 너희가 타고 싶은 기차를 골라서 너희의 얼굴을 붙여 볼까?

❸ 영아들이 타 보고 싶은 기차에 탄 것에 대한 느낌에 대해 이야기를 나눈다.
- 후루룩 냠냠 라면기차를 타 본 느낌이 어땠니?
- 이 기차를 타고 어디에 가 보고 싶니?
- 3층 기차를 타 본 느낌이 어땠니?

❹ 영아가 이야기한 것을 교사가 말풍선에 써 준다.

【종결】 ❺ 활동이 마무리 된 후 영아들에게 소개해 준다.
- ○○는 후루룩 냠냠 라면기차를 타 보았는데 재미있었고, 후루룩 냠냠 라면기차를 타고 할머니댁에 가 보고 싶대.
- ○○는 3층 기차를 타 보았는데 무섭기도 했지만 신이 났대. 3층 기차를 타고 동물원에 가 보고 싶대.

❻ 활동에 대한 느낌을 이야기한다.

- 오늘 선생님과 함께 활동을 해 보았는데 어땠니?

내가 타 보고 싶은 기차예요.

무얼 타고 갈까?
『후루룩~ 냠냠 라면기차』 활동 ❹

내가 좋아하는 기차를 탄다면~

활동 영역 창작

활동 목표
- 그림책 속 기차에 대해 상상하는 능력을 기른다.
- 자신의 생각을 언어로 표현한다.

활동 자료 그림책 기차 그림이 복사된 종이, 영아 얼굴 사진

활동 방법

【도입】 ❶ 영아들과 함께 그림책 속 기차들을 회상하면서 이야기를 나눈다.
- 그림책 속의 재미있는 상상의 기차를 타면 어떤 기분이 들까?
- 상상의 기차를 타고 어디를 가 보고 싶니?

【전개】 ❷ 영아들과 활동에 대해 이야기를 나눈다.
- 만약에 너희가 그림책 속 기차를 탄다면 어떤 기차를 타고 싶니?
- 그 기차를 타고 어디를 가고 싶니?
- 어떤 친구들과 가 보고 싶니?

❸ 영아들과 활동을 해 본다.
- 그림책 속에 있는 기차 그림에 자신의 얼굴과 친구들의 얼굴을 붙여 꾸며 볼 수 있도록 한다.
- 가 보고 싶은 곳을 이야기하여 교사가 밑에 적어 준다.

【종결】 ❹ 영아들의 작품을 소개한다.

사후 활동 • 친구들이 탄 재미있는 기차 그림을 묶어서 책으로 제시해 준다.

좋아하는 기차를 타요.

소풍을 가는 3층기차예요.

공원으로 소풍 가는 구불구불 기찻길 기차예요.

✻ 그림책 2 : 『기차 ㄱㄴㄷ』

『기차 ㄱㄴㄷ』

글·그림 작가 : 박은영
출판사 : 비룡소
출판 연도 : 1997년

빨간색 기차가 각 자음이 들어가 있는 말들이 이어져 있는 이야기를 따라 달리면서 하나의 이야기가 만들어진다. ㄱ부터 ㅎ까지의 자음이 순서대로 열거되는 정보 그림책으로, 밝고 대담한 색과 그림은 영아들이 친숙하게 느낄 수 있게 표현되었다.

무얼 타고 갈까?
『기차 ㄱㄴㄷ』 활동 ❶

그림책 감상하기

활동 영역 이해 및 감상

활동 목표 • 여러 곳을 지나가는 기차에 관심을 가지며 즐겁게 감상한다.

활동 자료 『기차 ㄱㄴㄷ』 그림책

활동 방법

【도입】 ❶ 영아들에게 그림책을 소개하며 이야기 나눈다.
- 어떤 그림이 있니?
- 그래~ 빨간 기차구나.
- 이 기차는 어디를 가고 있는 기차일까?

【전개】 ❷ 영아들과 그림책을 감상하며 이야기 나눈다.
- 칙칙폭폭 기차가 가고 있구나.
- 기차가 어디를 지나고 있니?
- 이곳은 어딜까?
- 마을도 지나갈 수 있구나.
- 해가 있구나. 언덕을 넘을 때는 조금 더울 수 있겠는 걸.
- 터널을 지날 때는 어떤 기분일까?
- 해가 지고 기차는 어디로 가고 있는 걸까?

❸ 영아들과 그림책을 회상하며 이야기 나눈다.
- 기차가 어디를 지나갔는지 기억나니?
- 그래. 마을도 지나고 숲도 지났지.

【종결】 ❹ 영아들과 기차를 타고 지나가고 싶은 곳(그림책 속 그림 장면)을 융판에 붙여 보며 이동한다.
- 너희들이 그림책 속의 기차를 탄다면 어디를 지나가고 싶니?

무얼 타고 갈까?
『기차 ㄱㄴㄷ』 활동 ❷

그림책 속 기차가 다녀 본 곳 재구성해 보기

활동 영역 이해 및 감상

활동 목표
- 그림책의 기차가 다닌 길을 실제 구성해 보는 경험을 한다.
- 그림책의 그림과 내용에 관심을 갖는다.

활동 자료 그림책 속 장면이 그려져 있는 그림 자료, 기찻길이 그려진 그림판, 기차

활동 방법

【도입】 ❶ 영아들과 그림책을 다시 한 번 읽으면서 회상한다.
- 그림책의 어떤 부분이 재미있었니?
- 너희들이 빨간 기차를 타고 여행한다면 그림책 속의 어디를 가 보고 싶니?

【전개】 ❷ 영아들과 그림책 속 장면이 그려져 있는 종이를 탐색하며 이야기를 나눈다.
- 이 종이를 어디에 붙이면 좋겠니?
- 언덕과 터널은 어디로 했으면 좋겠니?

❸ 그림책 속 장면들을 붙여 놓고 영아들이 기차가 되어 기차 여행을 해 본다.

【종결】 ❹ 기차 여행을 한 후의 느낌을 이야기 나눈다.
- 그림책 속 기차가 되어 본 느낌은 어떠니?
- 언덕을 지나갈 때는 어땠니?
- 터널을 지나갈 때는 어떤 느낌이 들었니?

그림 장면을 기찻길 위에 올려놓아요.

영아들의 반응

그림책에 나왔던 그림 자료들을 탐색하다가 한 영아가 그림책을 가지고 와서 실제 그림 장면과 비교하며 그림책의 이야기를 회상하였다. 그러자 다른 한 영아가 기차를 가지고 터널을 통과하면서 "아우~ 캄캄해."라며 터널을 통과하는 기분을 말로 표현하였다. 언덕을 넘을 때에는 언덕 위로 기차를 움직이며 "칙칙폭폭" 소리를 내며 "떨어지면 안 돼~"라며 자신이 지나가고자 하는 그림 장면들을 기찻길 위에 위치해 마음껏 기차를 움직이며 놀이하였다.

무얼 타고 갈까? 『기차 ㄱㄴㄷ』 활동 ❷

칙칙폭폭 기차 놀이하기

활동 영역 이해 및 감상

활동 목표
- 그림책 속 기차가 되어 보는 경험을 한다.

활동 자료 기차

활동 방법

【도입】 ❶ 영아들에게 기차를 소개하며 이야기 나눈다.
- 이것은 무엇일까?
- 기차인 것 같니?
- 어떻게 탈 수 있을까?

【전개】 ❷ 영아들과 직접 기차를 타 본다.
- 이 기차를 타면 어떤 기분일까?
- 기차를 타고 어디를 가 보고 싶니?

【종결】 ❸ 영아들과 기차를 타 본 느낌에 대해 이야기 나눈다.
- 기차를 타 보니 어땠니?
- 재미있었니?
- 친구들과 함께 타는 데 어려운 점은 없었니?

기차를 타고 소풍을 간다.

언덕을 지나간다.

터널을 지나간다.

영아들의 반응

한 기차에 두 명씩 타고 칙칙폭폭 소리를 내며 기차를 탔다. 영아들은 매트 위를 지나가며 "언덕을 올라가자."라며 차례차례 언덕을 올라갔다. 이때 영아들이 어제 읽어주었던 그림책『기차 ㄱㄴㄷ』에서 보았던 것을 회상하며 놀이하는 것을 보고 교사는 매트로 터널을 만들어 주었다. 영아들은 "어. 터널도 있어."라며 터널을 지나가면서 터널 속에서 먼저 나온 영아들은 터널 속에서 친구들이 잘 나올 수 있도록 도와주며 터널 속을 빠져나왔다.

✻ 그림책 3 : 『검피 아저씨의 뱃놀이』

『검피 아저씨의 뱃놀이』

글·그림 작가 : 존 버닝햄
출판사 : 시공주니어
출판 연도 : 1996년

검피 아저씨의 집에는 커다란 배가 있다. 어느 날 배를 타고 가는 아저씨에게 동네 꼬마 아이들이 배를 타도 되냐고 묻는다. 검피 아저씨는 싸우지만 않는다면 태워 줄 수 있다고 하며 아이들을 배에 태운다. 그 뒤로 토끼, 고양이, 개, 돼지, 양, 닭, 송아지, 염소가 차례대로 배를 타게 된다. 동물들이 배를 탈 때도 아저씨는 약속을 받고 차례대로 배에 태워 준다. 그러나 배를 타고 가던 중 배에 탄 아이들과 동물 친구들은 약속을 모두 어기게 되어 배가 뒤집히고 강가에 모두 빠지게 된다. 하지만 아저씨는 모두 강가에서 수영을 하고 옷을 말리게 하고 집에 데리고 가서 차를 마시고 다음에 또 배를 타러 오라고 한다.

무얼 타고 갈까?
『검피 아저씨의 뱃놀이』 활동 ❶

그림책 감상하기

활동 영역 이해 및 감상

활동 목표 • 그림책의 내용을 이해하고 감상한다.

활동 자료 『검피 아저씨의 뱃놀이』 그림책

활동 방법

【도입】 ❶『검피 아저씨의 뱃놀이』에 대해 이야기 나눈다.

- 배를 본 적이 있니?
- 이 아저씨가 검피 아저씨래.
  아저씨의 집에는 이렇게 커다란 배가 있대.
- 배에 누가 보이니?
  아저씨가 어디로 가고 있는 걸까?
- 친구들과 배를 타고 무엇을 하는지 알아볼까?

【전개】 ❷ 영아들과 그림책을 감상하며 이야기 나눈다.

- 아저씨의 집에는 무엇이 보이니?
- 동물 친구들이 아저씨 배를 태워 달라고 하는구나.
- 친구들이 모두 배를 타면 어떻게 될까?
- 아저씨와 약속을 지키지 않았는데 배가 어떻게 될까?
- 아저씨와 차를 마시고 어떻게 했을까?

【종결】 ❸ 영아들과 그림책을 회상하며 이야기 나눈다.

- 배가 왜 뒤집어졌니?
- 다음에도 아저씨는 배에 동물들을 태워 주셨을까?
- 아저씨에 대해서 어떻게 생각하니?
- 만약에 너희들이 아저씨 배를 탄다면 어떨 것 같니?

무얼 타고 갈까?
『검피 아저씨의 뱃놀이』 활동 ❷

그림책 순서를 알고 블록으로 쌓기

활동 영역 이해 및 감상

활동 목표
- 그림책의 내용을 이해한다.
- 그림책의 내용을 알고 내용이 이루어지는 순서에 맞게 블록을 쌓아 올린다.

활동 자료 『검피 아저씨의 뱃놀이』 그림책, 다섯 개 블록

활동 방법

【도입】 ❶ 『검피 아저씨의 뱃놀이』에 대해 이야기 나눈다.
- 『검피 아저씨의 뱃놀이』 그림책의 내용을 기억하니?
- 어떤 동물들이 나왔었니?
- 어떤 장면이 가장 기억에 남았니?
- 선생님이 오늘 『검피 아저씨의 뱃놀이』 그림책에 나왔던 장면이 있는 블록을 준비해 왔어. 어떤 교구일까?

【전개】 ❷ 교구 활동에 대해 소개를 한다.
- 여기 어떤 것들이 보이니?
- 어디에서 본 그림이니? 이것은 어떤 그림일까?
- 블록마다 장면이 다 다른데 이 교구는 어떻게 활동해야 하는 걸까?
- 『검피 아저씨의 뱃놀이』 그림책 내용을 생각하면서 차례대로 블록을 쌓아 올려 보자.
- ○○가 나와서 검피 아저씨의 블록을 쌓아 볼까?

【종결】 ❸ 활동에 대한 느낌을 이야기한다.
- 오늘 선생님과 함께 활동을 해 보았는데 어땠니?

무얼 타고 갈까?
『검피 아저씨의 뱃놀이』 활동 ❸

등장인물에게 말풍선 넣기

활동 영역 창작

활동 목표
- 그림책의 내용을 이해한다.
- 그림책의 뒷이야기를 지어 보면서 창의적인 사고를 기른다.

활동 자료 『검피 아저씨 뱃놀이』 차 마시는 장면, 말풍선, 사인펜, 풀

활동 방법

【도입】 ❶『검피 아저씨의 뱃놀이』에 대해 이야기 나눈다.
- 『검피 아저씨의 뱃놀이』 그림책의 내용을 기억하니?
- 그림만 보면서 어떤 일이 일어났는지 생각해 보자.
- 친구들이 아저씨의 배를 타고 약속을 지키지 않아서 어떻게 되었니?
- 아저씨는 친구들에게 어떻게 해 주었니?

【전개】 ❷ 내가 작가가 되어 그림책의 장면에서 하고 싶은 말에 대해 이야기를 나눈다.
- 마지막 장면에서 아저씨는 어떤 이야기를 했을까?
- 여기 동물 친구들은 어떤 이야기를 했을까?
- 남자, 여자 아이는 어떤 말을 했을까?

❸ 영아들이 말한 것을 말풍선에 써 넣어 준다.
- 너희가 작가 아저씨가 된다면 어떤 말을 했다고 써 주고 싶니?
- 말한 것을 말풍선에 써 줄게.

【종결】 ❹ 활동 후 느낀 점에 대해 이야기를 나눈다.
- 활동하면서 어떤 느낌이 들었니?
- 어떤 점이 재미있었니?
- 글이 없는 곳에 글을 넣어 보니 어땠니?

✻ 그림책 4 : 『비둘기에게 버스 운전은 맡기지 마세요!』

『비둘기에게 버스 운전은 맡기지 마세요!』

글 작가 : 모 윌렘스
출판사 : 살림어린이
출판연도 : 2009년

비둘기는 버스 운전기사 아저씨가 잠깐 자리를 비운 사이에 운전을 해 보고 싶어 한다.

그래서 비둘기는 사촌 허브가 매일 버스를 운전한다는 둥, 그냥 이 주위만 살짝 돌자는 둥 끊임없이 요구를 한다. 애원도 해 보고, 협상도 해 보고, 협박도 해 본다. 그러나 결국 운전기사 아저씨가 돌아와서 비둘기는 운전을 하지 못하게 된다.

무얼 타고 갈까?
『비둘기에게 버스 운전은…』 활동 ❶

'비둘기에게 버스 운전은 맡기지 마세요!' 테이블 동화 감상

활동 영역 이해 및 감상

활동 목표 • 다른 방법의 그림책 감상을 통해 그림책 내용을 이해할 수 있다.

활동 자료 『비둘기에게 버스 운전은 맡기지 마세요!』 그림책, 테이블 동화 소품

활동 방법

【도입】 ❶ 『비둘기에게 버스 운전은 맡기지 마세요!』 그림책의 내용을 회상한다.

- (비둘기 테이블 인형이 등장하면서) 얘들아 안녕? 내가 누군지 아니?
- 오늘은 너희들에게 테이블 동화로 이야기를 들려주려고 해.

【전개】 ❷ 영아들에게 테이블 동화로 이야기를 들려준다.

- 비둘기에게 왜 버스 운전을 하지 못하게 했을까?
- 비둘기는 버스를 운전할 수 있었을까?

❸ 테이블 인형을 가지고 영아들이 직접 이야기를 구성해 본다.

- 너희가 비둘기라면 뭐라고 말했을까?
- 운전기사 아저씨는 뭐라고 말하셨을까?

【종결】 ❹ '비둘기에게 버스 운전은 맡기지 마세요!' 활동을 마친 후 영아들과 이야기를 나누어 본다.

- 인형을 이용해서 너희들이 하고 싶은 말을 해 보니 어땠니?
- 인형으로 또 어떤 놀이를 해 보고 싶니?

인형 속에 있는 요구르트병을 빼면 손가락을 넣고 이야기할 수 있어요.

테이블 동화를 감상해요.

무얼 타고 갈까?
「비둘기에게 버스 운전은…」 활동 ❷

버스 운전기사가 되어 보아요

활동 영역 창작

활동 목표
- 주인공의 입장에서 버스 운전기사가 되어 보는 상상을 해 본다.
- 말풍선에 자신의 생각을 창의적으로 표현한다.

활동 자료 버스 그림, 영아들 사진, 말풍선

활동 방법

【도입】 ❶ 그림책에 등장하는 버스 운전기사가 되면 어떨지 이야기를 나눈다.
- 너희가 버스 운전을 하게 되면 어떤 기분이 들 것 같아?
- 버스에 누구를 태워 주고 싶니?
- 어디를 가 보고 싶어?

【전개】 ❷ 내가 운전해 보고 싶은 버스를 꾸며 본다.
- 버스를 어떻게 꾸며 볼까?
- 버스에 친구들을 태워 주자.

❸ 버스 운전기사가 되어 하고 싶은 말에 대해 이야기를 나눈다.
- 내가 만약 버스 운전기사였다면 무슨 말을 했을 것 같아?

❹ 영아가 한 이야기를 말풍선에 적어 준다.

【종결】 ❺ 활동 후 느낀 점에 대해 이야기를 나눈다.
- 무엇이 재미있었니?
- 활동을 하면서 아쉬웠던 점이 있었니?

✱ 그림책 5 : 『화물 열차』

『화물 열차』

글·그림 작가 : 도널드 크루즈
출판사 : 시공주니어
출판 연도 : 1997년

철길을 달리는 화물 열차에 달린 화차 하나하나를 소개하고 그것이 달리는 모습을 묘사한 그림책이다. 갖가지 색으로 연결된 화차 하나하나를 열거하고 있으며, 열차에서 뿜어 나오는 연기와 화차를 겹치게 표현했으며, 빠르게 달리고 있는 기차의 속도감을 실감나게 표현한 그림책이다.

무얼 타고 갈까?
『화물 열차』 활동 ❶

그림책 감상하기

활동 영역 이해 및 감상

활동 목표 • 모양과 색이 다른 화물 열차에 관심을 가지며 즐겁게 감상한다.

활동 자료 『화물 열차』 그림책

활동 방법

【도입】 ❶ 영아들에게 그림책을 소개하며 이야기를 나눈다.

- (앞표지 뒷표지 이어지는 화물 열차의 그림을 보여주며) 이런 기차를 본 적이 있니?
- 여러 가지 색의 기차구나.
- 그래. 모양도 다른 것 같아~

【전개】 ❷ 영아들과 그림책을 감상하며 이야기를 나눈다.

- (기찻길) 어떤 그림이니?
- 기차가 다니는 길이구나.
- 아~ 사람이 아닌 동물들이나 다른 것들을 실어 나르는 기차를 화물 열차라고 하는구나.
- 화물 열차가 빠르게 달리니까 어떻게 보이니?
- 화물 열차는 또 어디로 달려가고 있을까?

❸ 영아들과 그림책을 회상하며 이야기 나눈다.

- 화물 열차는 어디를 지나갔니?
- 여러 가지 짐들을 싣고 어디로 달려가고 있는 것 같니?

【종결】 ❹ 영아들과 화물 열차가 지나가는 소리를 상상하여 흉내 내며 이동한다.

- 화물 열차는 달리면서 어떤 소리를 냈을 것 같니?
- 뿌우~ 뿌우~ 칙칙폭폭~ 소리가 났을 것 같니?

무얼 타고 갈까?
「화물 열차」 활동 ❷

기차에 짐을 실어요

활동 영역 창작

활동 목표
- 그림책의 그림을 감상하고 이해한다.
- 화물 열차 만들기를 통해 화물 열차가 하는 일을 알 수 있다.

활동 자료 여러 색깔의 우유곽, 재활용품을 사용한 바퀴, 스티커

활동 방법

【도입】 ❶ 영아들과 감상한 그림책의 느낌에 대해 이야기 나눈다.
- (기차와 관련한 다른 그림책을 보며) 이 기차와 화물 열차와는 무엇이 다르니?
- 어떤 색깔의 화물 열차에 타고 싶니?

【전개】 ❷ 영아들과 그림책에 제시된 여러 색깔의 화물 열차를 만들기 위한 재료를 탐색한다.
- 여러 색깔의 우유곽을 가져왔어.
- 이것으로 어떻게 기차를 만들 수 있을까?

❸ 영아들과 직접 화물 열차를 만들어 본다.
- (여러 색깔의 우유곽에 재활용품을 사용한 바퀴를 달아 보고, 스티커로 꾸며 화물 열차를 연결해 본다.)

【종결】 ❹ 영아가 만든 화물 열차를 소개한다.
- ○○는 노란색 화물 열차에 바퀴도 붙이고 예쁜 스티커도 붙여서 만들어 보았구나.
- ○○는 화물 열차에 어떤 것을 실어 주고 싶니?

❺ 영아들과 그림책의 화물 열차가 빠르게 달려가는 모습을 회상해 본다.
- 너희가 만든 화물 열차가 빨리 달리면 어떤 모습일까?

화물 열차에 바퀴를 붙이고 스티커를 붙여 화물 열차를 만들고 있다.

하늘색 화물 열차에는 동물들을 싣고, 빨간색 화물 열차에는 뒤에 열리는 문으로 기름을 실어 달리고 있다.

영아들의 반응

화물 열차를 만든 영아들은 자신이 만든 화물 열차와 친구가 만든 화물 열차를 서로 연결하여 조작 영역에 있는 구슬, 줄 등 실을 수 있는 물건들을 싣기 시작하였다. 교사가 "와~ 여러 가지 짐들을 실었구나~ 그림책에서는 어떤 것들을 실었는지 볼까?"라고 말하며 그림책을 회상하며 보여주자 한 영아가 동물들을 가지고 오기 시작하였다. 동물들을 싣고는 빨간 화물 열차에는 구슬을 넣으며 "기름도 실어야겠다."라고 말하였다. 교사가 "왜 기름을 실어야 하죠?"라고 묻자 영아는 "기름을 실어야 차가 움직일 수 있어요."라고 말하였다. 영아들이 짐을 실은 화물 열차가 달리는 모습을 표현하자 교사는 "와~ 화물 열차가 달려가네요~ 빨리 달리면 어떻게 될까?"라고 묻자 영아는 "빨리 달리면 사고 나요. 넘어져요."라고 말하며 천천히 달렸다.

✻ 그림책 6 :『난 자동차가 참 좋아』

『난 자동차가 참 좋아』

글 작가 : 마가렛 와이즈 브라운
그림 작가 : 김진화
출판사 : 비룡소
출판 연도 : 2006년

자동차, 기차, 배가 하나씩 나오면서 '난 자동차가 참 좋아, 난 기차가 참 좋아, 난 배가 참 좋아'를 반복하면서 자동차, 기차, 배의 다양한 모습을 나열한다. 아이들이 좋아하는 탈것의 다양함을 여러 재미난 풍경을 여행하듯 보여 주며, 재미있고 다양한 표현이 흥미를 이끄는 책이다.

무얼 타고 갈까?
『난 자동차가 참 좋아』 활동 ❶

내가 좋아하는 교통기관 팝업북 만들기

활동 영역 이해 및 감상

활동 목표
- 그림책의 내용을 이해한다.
- 자신이 좋아하는 교통기관에 대해 알고 표현한다.

활동 자료 팝업북, 교통기관 그림, 유아 사진

활동 방법

【도입】 ❶ 영아들과 그림책을 다시 한 번 읽으면서 회상한다.
- 그림책의 어떤 부분이 재미있었니?
- 너희들은 어떤 교통기관이 마음에 드니?

【전개】 ❷ 영아들과 그림책 속 장면이 그려져 있는 팝업북을 탐색하며 이야기 나눈다.
- 이것은 팝업북이라는 것인데 펼치면 튀어나오는 책이야.
- 여러 가지 탈것 그림과 친구들 사진도 가지고 왔어.
- 이 팝업북에 너희들이 좋아하는 탈것을 골라서 책을 멋지게 만들어 보자.

팝업북 앞표지

❸ 내가 좋아하는 교통기관 팝업북을 만든다.
- ○○은 어떤 탈것을 좋아하니?
- 왜 ○○을 좋아하니?
- ○○을 타고 무엇을 하고 싶니?

【종결】 ❹ 영아들과 팝업북을 만들어 본 느낌에 대해 이야기 나눈다.
- 오늘 팝업북을 만들었는데 어땠니?
- 또 만들어 보고 싶은 교통기관이 있니?

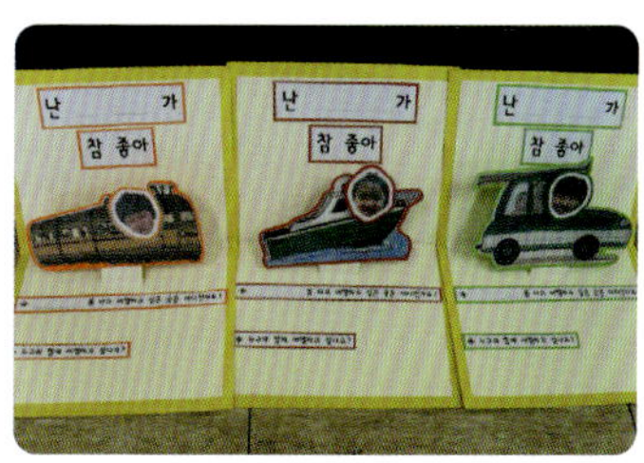

난 ~가 참 좋아!
자동차를 타고 유치원에 갈 거예요.

무얼 타고 갈까?
『난 자동차가 참 좋아』 활동 ❷

그림자에 맞는 교통기관 맞추기

활동 영역 이해 및 감상

활동 목표
- 그림책의 내용을 이해한다.
- 다양한 교통기관의 특징과 모양에 대해 안다.

활동 자료 그림자 붙이기 교구

활동 방법

【도입】 ❶ 유아들과 『난 자동차가 참 좋아』 그림책에 대해 이야기를 나눈다.
- 이 그림책에는 어떤 자동차(배, 기차)들이 있었니?
- 자동차와 배는 어떻게 다르게 생겼니?

【전개】 ❷ 영아들과 할 수 있는 교구를 소개한다.
- 무엇이 보이니?
- 『난 자동차가 참 좋아』 그림책에 나왔던 탈것이 있단다.
- 이 교구를 가지고 어떤 활동을 할 수 있을까?
- 이 자동차는 어떤 그림자에 붙여 주면 좋을까?

❸ 영아들이 그림자에 맞는 교통기관 맞추기 놀이를 한다.
- 교통기관의 그림을 그림자 모양 위에 찾아 올려 놓는다.

교구 앞 모습

【종결】 ❹ 영아들과 놀이를 해 본 느낌에 대해 이야기 나눈다.
- 그림자 붙이는 놀이를 해 보았는데 어땠니?
- 재미있었니?
- 친구들과 함께 하는 데 어려운 점은 없었니?

그림자에 맞는 교통기관 맞추기 교구

콜라주를 이용한 자동차를 만들어 놀이하기

활동 영역 이해 및 감상

활동 목표
- 그림책의 콜라주 표현에 대해 알 수 있다.
- 자신의 생각과 느낌을 창의적으로 표현한다.

활동 자료 기찻길과 찻길 판, 자동차와 기차 그림, 유아 사진, 잡지, 색종이

활동 방법

【도입】 ❶ 『난 자동차가 참 좋아』 그림책의 그림을 보며 이야기를 나눈다.
- 그림을 보니 어떤 느낌이 드니?
- 신문이나 잡지, 공책을 오려 붙여서 표현한 그림책이란다.

【전개】 ❷ 영아들에게 콜라주 자동차 만들기 활동을 소개한다.
- 여기 있는 자동차, 기차, 배를 어떻게 꾸며 주면 좋겠니?
- 바퀴는 어떤 것으로 달면 좋을까?

❸ 수수깡, 잡지, 뽕뽕이 등으로 자동차를 꾸며 준다.
- ○○은 무엇을 붙였니?
- 자동차의 어떤 부분을 표현했니?

❹ 영아들이 만든 콜라주 자동차로 직접 놀이를 해 본다.
- 이 자동차는 지금 어디로 가고 있니?

그림책에 있는 찻길 모형

【종결】 ❺ 활동 후 느낌을 이야기한다.
- 친구들만의 멋진 자동차와 기차를 만들어서 찻길에 붙여 봤는데 어땠니?
- 선생님이 준비해 준 잡지와 신문 말고 붙여 보고 싶은 것이 있었니?

만든 교통기관으로 찻길에서 놀이하고 있어요.

✽ 그림책 7 : 『트럭』

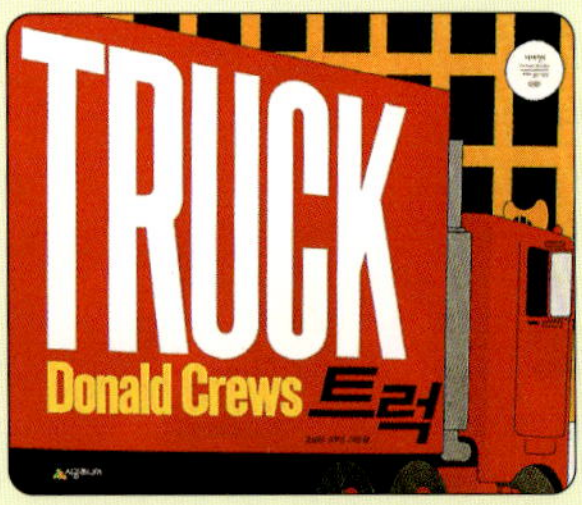

『트럭』

글·그림 작가 : 도널드 크루즈
출판사 : 시공주니어
출판 연도 : 2000년

글 없는 그림책으로 그림책 앞표지에는 빨간 트럭이 보이고 첫 장에는 커다란 트럭들이 달려간다.

그중 커다란 빨간 트럭이 자전거를 싣고 출발한다. 트럭은 달려서 여러 종류의 차들을 만나고, 터널도 통과하고, 새벽 네 시에 주유소에 들러 기름을 넣고 달린다. 트럭이 달리는 도중에 비가 오고 고속도로를 지나 복잡한 교차로와 안개 낀 다리도 건너서 열한 시쯤 목적지에 도착한다. 트럭이 출발할 때는 오른쪽을 향해 서 있던 트럭이 목적지에 도착한 맨 마지막 장에는 왼쪽을 향해 서 있다. 트럭은 달려서 출발했던 곳으로 다시 돌아간다.

무얼 타고 갈까? 『트럭』 활동 ❶

트럭 놀이하기

활동 영역 이해 및 감상

활동 목표
- 트럭을 운전하며 상상하는 능력을 기른다.
- 직접 트럭을 타 봄으로써 그림책의 내용을 이해한다.

활동 자료 『트럭』 그림책, 트럭 모형

활동 방법

【도입】 ❶ 영아들과 『트럭』 그림책에 대하여 이야기를 나눈다.
- 그림책에서 보았던 트럭은 어디에 가고 있었니?
- 트럭은 어떤 모습이었니?
- 트럭을 직접 타 본다면 어떤 기분일까?

【전개】 ❷ 트럭 모형으로 놀이하는 방법에 대해 이야기를 나눈다.
- 그림책에 있었던 트럭이 ○○반에 왔네.
- 이 트럭을 타고 어디를 가 보고 싶니?
- 무엇을 태워서 가 보고 싶니?

❸ 트럭 모형을 타고 트럭 놀이를 해 본다.
- 무엇을 트럭에 태웠니?
- 어디에 배달을 가고 있니?
- 어디까지 가는 트럭이니?

【종결】 ❹ 트럭 놀이를 해 본 경험에 대해 이야기를 나눈다.
- 트럭에 탔던 기분은 어땠니?
- 트럭으로 어떤 놀이를 했니?

박스로 만든 트럭

무얼 타고 갈까?
『트럭』 활동 ❷

나만의 트럭 꾸미기

활동 영역 이해 및 감상

활동 목표
- 『트럭』 그림책에 대한 관심을 갖는다.
- 자신의 생각을 잡지를 통해 콜라주 기법으로 표현한다.

활동 자료 『트럭』 그림책, 영아사진, 잡지 및 신문

활동 방법

【도입】 ❶ 『트럭』 그림책에 대하여 이야기를 나눈다.
- 『트럭』 그림책은 다른 그림책과 어떻게 달랐니?
- 트럭은 어떤 것을 태워서 갖다 주었니?

【전개】 ❷ 자신이 트럭에 태워 주고 싶은 것에 대해 이야기 나눈다.
- 만약에 너희들에게 트럭이 있다면, 어떤 것을 태워 주고 싶니?
- 왜 그것을 트럭에 태우고 싶니?

❸ 트럭을 꾸며 보는 활동을 한다.
- 내가 트럭 운전 기사라면 어떤 트럭을 운전하고 싶니?
- 이 트럭에는 어떤 물건을 태워 줄 거니?
- 잡지에서 오린 물건이나 스티커를 트럭에 실어 보자.

❹ 꾸민 트럭에 하고 싶은 이야기를 써 본다.

【종결】 ❺ 내가 만든 트럭에 대해 소개한다.
- 내가 탄 트럭을 소개해 보자.
- 이 물건들을 실고 어디를 가고 싶니?

우리 반 친구들이 만든 트럭

트럭 타고 가요.

장난감을 태워서 가요.

문학단원 2

비

『비가 오는 날에…』

『앨피에게 장화가 생겼어요』

『무지개를 잡았어요』

『야, 비 온다』

문학단원 망

비

『비가 오는 날에…』
- 이해 및 감상
  - 그림책 감상하기
  - '비가 오는 날에…' 동물이 되어 보아요
- 창작
  - OHP에 비 오는 모습 그려 보기
  - ○○ 오는 날에…

『앨피에게 장화가 생겼어요』
- 이해 및 감상
  - 그림책 감상하기
  - 장화 신고 웅덩이 밟아 보기
  - 장화 신고 우비 걸치고 오기 게임
  - 어느 쪽 신발일까?
  - 발자국을 따라 걸어요
- 창작
  - 모자이크 장화 꾸며 보기

『무지개를 잡았어요』
- 이해 및 감상
  - 그림책 감상하기
- 창작
  - 우리 반에 무지개가 떴어요

『야, 비 온다』
- 이해 및 감상
  - 그림책 감상하기
  - '야, 비 온다' 융판 동화 들려주기
- 창작
  - 우산을 씌워요

서 평

1. 『비가 오는 날에…』

책 제목	『비가 오는 날에…』
서지 정보	글·그림 작가 : 이혜리 출판사 : 보림 출판 연도 : 2001년 
내 용	비가 오는 날 동물들은 무엇을 할지에 대해 상상을 하는 내용의 그림책이다.
특징 및 교육적 적용	• 마치 비가 와서 밖에 나갈 수 없는 날 그림을 그리며 할 수 있는 여러 가지 상상을 담은 그림 같다. 기분 나는 대로 선을 죽죽 내리그어 표현한 비 그림은 아이들이 그린 비 그림 같기도 하다. 영아에게 여러 가지 비 오는 모습을 그려 보도록 하자. 조금씩 오는 보슬비, 세게 오는 소나기, 천둥이나 번개를 동반한 비 등을 부담 없이 자유롭게 그리게 하는 데 이 그림책은 도움이 될 것이다. • 장면별 비 그림이 다른 느낌을 준다. 영아에게 장면별 비 그림을 보면서 비 오는 소리를 표현해 보거나 비 내리는 모습을 동작으로 표현해 보게 해도 좋을 것이다. • 비 오는 동안 동물들의 행동도 각각 다르다. 비 내리는 동안의 동물들의 행동 따라 하기를 해 볼 수 있다. • 비 오는 날 있었던 일을 이야기해 보게 할 수 있다. • 이혜리의 『달려』도 함께 보면 좋을 그림책이다.

2. 『앨피에게 장화가 생겼어요』

책 제목	『앨피에게 장화가 생겼어요』 
서지 정보	글·그림 작가 : 셜리 휴즈 출판사 : 보림 출판 연도 : 2002년
내 용	엄마는 앨피에게 장화를 사 주신다. 처음에는 오른쪽, 왼쪽 장화를 바꿔 신어서 불편하게 느낀다. 앨피 자신도 뭔가 이상하다는 느낌을 가졌지만 이때 엄마가 장화에 오른쪽, 왼쪽을 써 주셔서 바르게 신을 수 있게 된다. 그러나 장화의 글씨가 지워진 후에도 앨피는 더 이상 장화를 바꿔 신지 않게 된다. 그만큼 앨피는 성장하게 된 것이다.
특징 및 교육적 적용	• 아이들의 경험이 잘 반영된 그림책이다. 아이들과 함께 비 오는 날 첨벙거리며 걸은 경험, 자신의 장화에 대한 이야기, 신발을 바르게 신는 것에 대한 이야기를 나눌 수 있다. • 셜리 휴즈의 『앨피가 일등이에요』도 함께 읽어 보면 좋을 그림책이다.

활동의 실제

- 그림책 1 : 『비가 오는 날에…』
- 그림책 2 : 『앨피에게 장화가 생겼어요』
- 그림책 3 : 『무지개를 잡았어요』
- 그림책 4 : 『야, 비 온다』

✻ 그림책 1 : 『비가 오는 날에…』

『비가 오는 날에…』

글·그림 작가 : 이혜리
출판사 : 보림
출판 연도 : 2001년

비바람 치며 세찬 비가 내리는 날 치타는 우산이 날아갈까 봐 얼굴이 다 가려지도록 우산을 꽉 잡고 있다. 주룩주룩 비가 내리는 날 사자는 입을 벌리고 빗물을 받아 먹고, 부슬부슬 비가 내리는 날 나비는 날개가 젖을까 봐 발끝으로 살금살금 걸어간다. 비가 오는 날 동물들은 무엇을 할지에 대해 상상을 하는 내용의 그림책이다.

비 『비가 오는 날에…』 활동 ❶

그림책 감상하기

활동 영역 이해 및 감상

활동 목표 • 그림책을 이해하며 빗줄기에 관심을 갖는다.

활동 자료 『비가 오는 날에…』 그림책

활동 방법

【도입】 ❶ 영아들과 빗소리를 들으며 주의집중을 한다.

- 무슨 소리가 들리니?
- 이런 빗소리를 들어 본 적이 있니?
- 이렇게 비가 오는 날 ○○는 무엇을 했니?

【전개】 ❷ 영아들에게 그림책을 소개한다.

- 어떤 그림이 있니?
- 동물들은 비가 오는 날 무엇을 하고 있을까?

❸ 영아들과 그림책을 감상한다.

- 비 오는 날 치타(사자, 나비)는 무엇을 할까?
- 너희는 비 오는 날 무엇을 하고 싶니?
- 동물들은 모두 무엇을 하고 있을까?

【종결】 ❹ 영아들과 그림책을 감상한 느낌에 대해 이야기 나눈다.

- 재미있었니?
- 어떤 부분이 가장 재미있었니?

영아들의 반응

그림책에 등장하는 동물들의 행동이 영아들에게 많은 흥미를 주었던 것 같다. 일상적으로 생각할 수 없는 현상에 관한 동물들의 행동이 영아들에게 유쾌한 웃음을 주었다. 영아들은 다양한 모양으로 내리는 비에도 관심이 있었지만 '비가 오면 동물들은 무엇을 할까?' 에 대한 호기심도 상당히 커 보였다. 다양한 빗줄기를 보면서 허공에 손가락으로 따라 그려 보는 영아도 있었다. 빗줄기의 모양과 동물의 모습을 잘 연결하여 회상하는 영아도 있었다.

비 『비가 오는 날에…』 활동 ❷

OHP에 비 오는 모습 그려 보기

활동 영역 창작

활동 목표 ● 그림책을 회상하고 비가 내리는 모습을 나름대로 표현해 본다.

활동 자료 그림책 『비가 오는 날에…』, OHP 필름지,
여아·남아 그림 자료를 붙인 흰 종이, 풀,
우산 모양으로 접은 종이, 네임펜

활동 방법

【도입】 ❶ 영아들과 그림책 『비가 오는 날에…』를 회상하며 이야기 나눈다.

- 비 오는 날에 동물들은 무엇을 했니?
- 비 오는 모습을 손으로 표현해 볼까?

【전개】 ❷ 영아들과 재료를 탐색한다.

- 이것은 무엇일까?
- 너희 앞에 놓인 것으로 어떤 활동을 할 수 있을까?

❸ 영아들과 비 내리는 장면을 상상하며 OHP 필름지에 표현해 본다.

- (여아·남아 그림 자료를 붙인 흰 종이를 보며) 누구니?
- 갑자기 비가 내리면 무엇이 필요할까?
- 우산을 씌워 주도록 하자.
  풀을 사용해 붙여 볼까?
- '두-두-두' 비가 내리는 모습을 표현해 볼 거야.
- 투명한 종이를 대고, 펜으로 비 오는 모습을 그려 보자.
- ○○는 꼬불꼬불한 비가 내리는구나.

【종결】 ❺ 영아들과 활동한 것의 전시 방법에 대해 이야기를 나누고 전시한다.

- 너희가 활동한 것을 어디에 전시하면 좋을까?

종이우산과 영아의 얼굴이 들어간 활동 자료

OHP를 올려놓은 후 사인펜으로 비를 표현하는 영아의 모습

꼬불꼬불한 비를 표현한 영아의 작품

영아들이 만든 자료를 책으로 엮어 준 책 표지

우리 선생님에게도 우산을 씌워 주어요.

선생님의 얼굴이 들어간 활동 자료

비 『비가 오는 날에…』 활동 ❸

'비가 오는 날에…' 동물이 되어 보아요

활동 영역 이해 및 감상

활동 목표 • 그림책의 내용을 듣고 이해하며 등장인물이 되어 자유롭게 표현해 본다.

활동 자료 『비가 오는 날에…』 그림책, 배경(PPT), 빗소리 CD 및 음악 자료, 등장인물(공룡, 나비, 호랑이, 치타, 용, 사자) 머리띠와 옷

활동 방법

【도입】 ❶ 영아들과 그림책 『비가 오는 날에…』를 회상하며 이야기를 나눈다.
- 비가 오는 날 동물들은 어떻게 하고 있었니?
- 비가 오는 날 나비는 무얼 하고 있었니?

【전개】 ❷ 영아들과 역할을 선정한다.
- 그림책 속의 동물이 되어 보자.
- 나비는 어떻게 표현할 수 있을까?

❸ 영아들에게 동극 활동의 배경을 소개한다.
- 선생님이 비가 주룩주룩 내리는 배경을 가져왔어.
- 또 비가 조금씩 톡! 톡! 내리는 배경도 가져왔지.

❹ 영아들이 각 동물을 표현할 때, 적극적인 반응을 해 준다.
- 공룡이 정말 물웅덩이에서 첨벙첨벙 신나게 놀고 있는 것 같구나.
- 나비가 정말 살금살금 걸어가고 있는 것 같구나.

【종결】 ❺ 활동에 대한 평가를 해 보고 각 소품들을 놓을 곳을 정한다.
- 등장인물(동물)을 몸으로 표현해 보니까 어땠니?
- 어떤 부분이 재미있었니?
- 어떤 부분이 어려웠니?

- 오늘 사용한 동물 머리띠와 옷은 역할 영역에 놓고 또 해 보자.

동극 등장인물에 필요한 머리띠와 옷

비 『비가 오는 날에…』 활동 ❹

○○ 오는 날에…

활동 영역 창작

활동 목표
- 그림책의 내용을 이해한다.
- 비 오는 장면을 다른 것을 생각해 보고 자유롭게 표현한다.

활동 자료 『비가 오는 날에…』 그림책, 여러 종류의 스티커, 종이

활동 방법

【도입】 ❶ 영아들과 그림책 『비가 오는 날에…』를 회상하며 이야기를 나눈다.
- 비가 오는 날에 동물들에게 어떤 일이 있었니?
- 만약에 하늘에서 비 말고 다른 것이 내린다면 어떤 것이 내리면 좋겠니?

【전개】 ❷ 영아들에게 교사가 준비한 스티커를 보여 준다.
- 동물들에게 비 말고 무엇을 내리게 할 수 있을까?
- 선생님이 준비한 것으로 해 보자.

❸ 영아가 원하는 장면을 선택할 수 있도록 해 준다.
- 어떤 장면에서 ○○을 내리게 하고 싶니?
- 왜 ○○을 내리게 하고 싶니?

❹ 영아가 자신이 선택한 스티커를 붙여 본다.
- □□는 ○○를 내리게 했구나.

【종결】 ❺ 영아들과 한 활동을 감상한다.
- △△는 무엇을 내리게 했는지 이야기해 줄 수 있니?
- 재미있었니?
- 어디에 놓으면 좋을까?

'○○ 오는 날에…' 앞표지

햄버거가 오는 날에…

아이스크림이 오는 날에…

✻ 그림책 2 : 『앨피에게 장화가 생겼어요』

『앨피에게 장화가 생겼어요』

글·그림 작가 : 셜리 휴즈
출판사 : 보림
출판 연도 : 2002년

엄마는 앨피에게 장화를 사 주신다. 처음에는 오른쪽, 왼쪽 장화를 바꿔 신어서 불편하게 느낀다. 앨피 자신도 뭔가 이상하다는 느낌을 가졌지만 이때 엄마가 장화에 오른쪽, 왼쪽을 써 주셔서 바르게 신을 수 있게 된다. 그러나 장화의 글씨가 지워진 후에도 앨피는 더 이상 장화를 바꿔 신지 않게 된다. 그만큼 앨피는 성장하게 된 것이다.

비
『앨피에게 장화가 생겼어요』 활동 ❶

그림책 감상하기

활동 영역 이해 및 감상

활동 목표 • 그림책의 내용을 이해한다.

활동 자료 『앨피에게 장화가 생겼어요』 그림책

활동 방법

【도입】 ❶ 영아들에게 그림책을 소개하며 이야기를 나눈다.

- (앞표지를 보며) 어떤 그림이 보이니?
- 어린이가 무엇을 신고 있니?
- 너희도 장화를 신어 본 적이 있니?
- 장화를 신었을 때 기분이 어땠니?

【전개】 ❷ 영아들과 그림책을 감상한다.

- 앨피에게는 애니 로즈라는 동생이 있대.
- 낡은 구두를 신은 앨피는 동생의 빨간 구두를 보면서 어떤 생각이 들었을까?
- 큰 신발 가게에서 노란 장화를 신게 된 앨피의 기분은 어땠을까?
- 앨피의 발이 왜 불편할까?
- 동생 애니 로즈의 새 장화는 어떤 색일까?

❸ 영아들과 그림책의 그림만 감상한다.

【종결】 ❹ 영아들과 그림책을 본 후 그림책에 대해 이야기해 본다.

- 재미있었니?
- 무엇이 재미있었니?
- 너희가 장화를 신는다면 어떤 장화를 신고 싶니?
- 장화를 신고 무엇을 해 보고 싶니?

비 『앨피에게 장화가 생겼어요』 활동 ❷

장화 신고 웅덩이 밟아 보기

활동 영역 이해 및 감상

활동 목표 • 장화를 신고 물이 있는 곳을 밟아 보는 경험을 한다.

활동 자료 장화

활동 방법

【도입】 ❶ 영아들에게 장화를 소개한다.

- 너희도 장화가 있니?
- 언제 장화를 신니?
- 장화를 왜 신어야 하니?

【전개】 ❷ 영아들과 장화를 신고 밖으로 나간다.

- 장화를 신어 보니 느낌이 어떠니?
- 장화를 신고 걸어 볼까?

❸ 영아들과 장화를 신고 물이 있는 곳을 밟아 본다.

- 장화를 신고 물이 있는 웅덩이를 밟아 볼까?
- 느낌이 어떠니?
- 어떤 소리가 나니?
- 재미있니?

【종결】 ❹ 영아들과 장화를 바르게 정리하고 교실로 들어간다.

장화를 탐색하고 있는 영아들의 모습

웅덩이에 고인 물을
장화로 텀벙이는 영아들의 모습

장화로 텀벙일 때 생긴 물결 모습

영아들이 비 오는 날 웅덩이를 밟고 있는 모습의 사진으로 꾸며 본 장화

비
『앨피에게 장화가 생겼어요』 활동 ❸

장화 신고 우비 걸치고 오기 게임

활동 영역 이해 및 감상

활동 목표 • 게임의 규칙과 질서를 이해하며 즐겁게 활동한다.

활동 자료 궁금이 상자, 장화, 우비, 우산 그림 시트지, 호루라기

장화 신고 파란 우산 징검다리를 건너가는 영아의 모습

활동 방법

【도입】 ❶ 영아들과 게임 활동에서 사용할 소품을 탐색하며 주의집중한다.

- (궁금이 상자를 보여 주며) 이 안에 무엇이 있을까?
- 누가 나와서 꺼내어 줄 수 있을까?
- 장화가 나왔구나.

반환점에서 우비를 스스로 입고 있는 영아의 모습

【전개】 ❷ 영아들에게 게임 활동을 소개하며 게임 방법에 대해 이야기 나눈다.

- 재미있는 게임 활동을 할 거란다.
- 어떻게 하는 게임일까?
- 장화도 신고 우비도 입어 볼 수 있겠니?
- (시범 보이기)
- 앉아 있는 친구들은 어떻게 응원을 하면 좋겠니?

❸ 영아들과 직접 게임을 시작한다.

빨간 우산 징검다리를 건너며 돌아오는 영아의 모습

【종결】 ❹ 영아들과 게임 활동을 하고 느낀 점에 대해 이야기 나눈다.

- 게임이 재미있었니?
- 장화를 신거나 우비를 입을 때 어려운 점은 없었니?
- 앉아 있던 친구들은 응원을 잘 해준 것 같니?

비
『앨피에게 장화가 생겼어요』 활동 ❹

어느 쪽 신발일까?

활동 영역 이해 및 감상

활동 목표
- 신발에 대해 관심을 가지고 혼자 신발을 신어 볼 수 있다.
- 오른쪽과 왼쪽에 대해서 안다.

활동 자료 『앨피에게 장화가 생겼어요』 그림책, 신발 맞추기 교구

활동 방법

【도입】 ❶ 『앨피에게 장화가 생겼어요』를 읽고, 신발을 신어 본 경험에 대해 이야기 나눈다.
- 앨피가 장화를 신었을 때 왜 이상하다는 생각을 했니?
- 신발을 혼자 신어 본 적이 있니?
- 앨피처럼 신발을 거꾸로 신었던 적이 있니?
- 신발을 바르게 신지 않으면 어떻게 될까?

【전개】 ❷ 영아들과 함께 신발 짝 맞추기 활동에 대해 이야기를 나눈다.
- 우리, 신발의 짝을 찾아 주자.
- 신발의 짝을 어떻게 찾아 줄 수 있을까?
- 신발의 오른쪽 왼쪽을 찾아서 퍼즐을 맞춰 줄 수 있니?

❸ 영아들과 함께 신발 짝 맞추기 활동을 해 본다.
- 어느 쪽 신발일까?
- 어디에 놓으면 짝이 맞을 것 같니?
- 이 파란색 운동화의 오른쪽 짝은 어디에 있을까?
- 이 신발은 어디에 넣으면 맞을까?

【종결】 ❹ 신발 짝 맞추기 활동을 한 후 느낌에 대해 이야기를 나눈다.
- 신발 짝을 찾아 주었는데 재미있었니?
- 어떤 것들이 생각나니?

- 신발 짝을 찾아 주는 것이 어려웠니?
- 오른쪽, 왼쪽을 생각하며 신발을 한번 신어 보자.

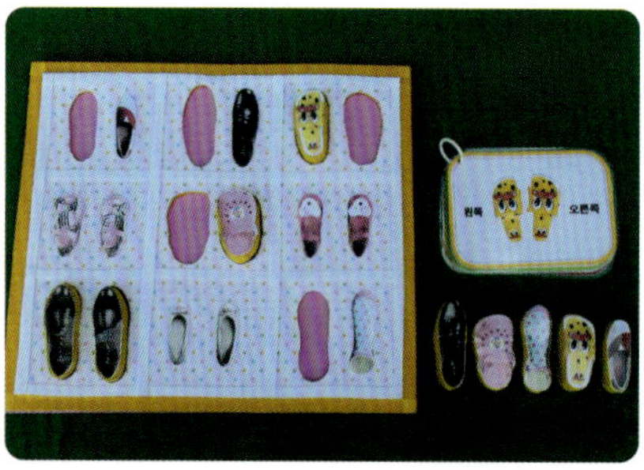
신발 맞추기 교구

신발의 짝을 찾아 주어요.

비
『앨피에게 장화가 생겼어요』 활동 ❺

발자국을 따라 걸어요

활동 영역 이해 및 감상

활동 목표
- 발자국과 발자국 모양에 관심을 갖는다.
- 발자국에 맞춰 게임하며 대·소근육의 조절 능력을 기른다.
- 등장인물이 되어 장화를 사고 발자국을 따라 걸을 수 있다.

활동 자료 『앨피에게 장화가 생겼어요』 그림책, 발자국 길, 우비, 장화, 우산

활동 방법

【도입】 ❶ 『앨피에게 장화가 생겼어요』를 읽고, 비 온 땅을 걸어 본 경험에 대해 이야기 나눈다.
- 앨피가 놀이했던 물웅덩이는 왜 생겨난 것일까?
- 물웅덩이 근처에서 발자국을 본 적 있니?
- 발자국을 따라 걸어 본 적이 있니?
- 앨피의 발자국은 어떻게 생겼을까?

【전개】 ❷ 영아들과 함께 발자국 따라 걷기 활동에 대해 이야기를 나눈다.
- 오늘 선생님과 발자국을 따라 걸어 보는 활동을 해 보자.
- 선생님이 붙인 발자국을 따라 걸어 보자.

❸ 영아들과 함께 발자국 따라 걷는 활동을 해 본다.
- 우리가 꾸민 장화와 우비를 입고 발자국을 따라 걸어 보자.
- 발자국을 어떻게 붙여야 더 재미있을까?
- 한 발로 뛰어 보자.
- 두 발로 뛰어 보자.

❹ 영아들과 함께 발자국 따라 걷기 게임을 해 본다.
- 두 팀으로 나누어 게임을 해볼 건데, 장화와 우비를 입고, 너희들이 붙인 발자국을 따라 걸을 거야. 다음 친구에게 우비와 장화를 건네주면, 그 다

음 친구가 우비와 장화를 신고 또 길을 걷는 게임이야.

【종결】 ⑤ 발자국을 따라 걷는 활동을 한 후 느낌에 대해 이야기를 나눈다.

- 장화를 신고 웅덩이를 걷는 게임을 했는데 어려운 점은 없었니?
- 맨발로 걸었을 때랑 장화를 신고 걸었을 때가 어떤 점이 다를까?
- 발자국을 다르게 붙여 보고 활동을 해 보자.

발자국 모형과 발자국 길

발자국에 따라 웅덩이를 걸어 보아요.

비
『앨피에게 장화가 생겼어요』 활동 ❻

모자이크 장화 꾸며 보기

활동 영역 창작

활동 목표 • 종이를 이용해 모자이크 기법으로 장화를 꾸며 본다.

활동 자료 다양한 색과 무늬의 종이, 장화 그림, 딱풀

활동 방법

【도입】 ❶ 영아들과 활동 재료를 탐색한다.

- 어떤 그림이 있니?
- 이 장화를 어떻게 꾸며 볼 수 있을까?
- 종이를 손으로 찢어 볼까?

【전개】 ❷ 영아들과 모자이크 장화를 꾸며 본다.

- 어떤 색으로 장화를 꾸며 보고 싶니?
- 손으로 작게 찢어 볼까?
- 어떤 모양인 것 같니?
- 장화에 붙여 볼까?

【종결】 ❸ 자신이 꾸민 장화를 친구들에게 소개해 본다.

- ㅇㅇ가 자기의 장화를 소개해 줄 수 있을까?

잘게 찢은 색종이를
딱풀을 사용해 붙이는 영아의 모습

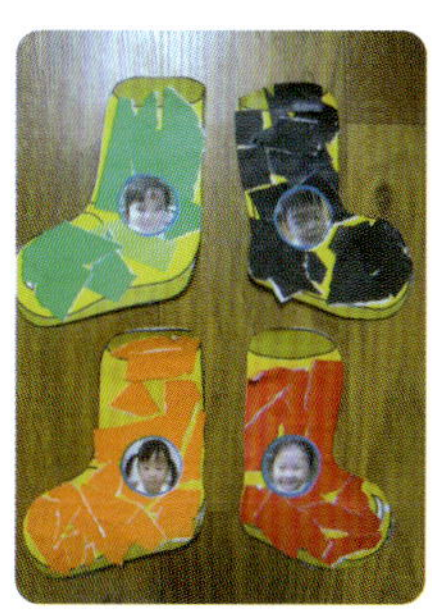

활동한 영아들의 작품

✽ 그림책 3 : 『무지개를 잡았어요』

『무지개를 잡았어요』

글·그림 작가 : 돈 프리먼
출판사 : 마루벌
출판 연도 : 2003년

비 온 뒤 아이는 무지개를 쫓아 뛰어간다. 어디론가 사라진 무지개 때문에 실망한 아이가 집으로 돌아오는데 무지개는 아이의 뒤를 다시 쫓아온다. 아이가 무지개와 함께 뱅글뱅글 돌고, 구불구불 나아가고, 미끄러지고, 숨어 있는 무지개와 숨바꼭질하면서 논다.

비 『무지개를 잡았어요』 활동 ❶

그림책 감상하기

활동 영역 이해 및 감상

활동 목표
- 그림책을 이해하며 무지개에 관심을 갖는다.

활동 자료 『무지개를 잡았어요』 그림책

활동 방법

【도입】 ❶ 영아들과 무지개에 대해 이야기 나눈다.
- 무지개를 본 적 있니?
  어디서 보았니?
- 무지개를 보았을 때 기분이 어땠니?

【전개】 ❷ 영아들에게 그림책을 소개한다.
- (앞표지를 보며) 아이가 무엇을 하고 있는 그림일까?
- 무지개가 있으면 무엇을 해 보고 싶니?

❸ 영아들과 그림책을 감상한다.
- 무지개를 잡으러 가는데 왜 비옷을 입고 장화를 신고 갔을까?
- 바스락 소리는 어디서 났을까?
- (숨바꼭질하는 부분을 보며) 무지개가 어디에 숨었을 것 같니?
- 해가 나오니까 무지개가 사라졌대.
  왜 사라졌을까?
- 어항에서 다시 무지개를 보았을 때 기분이 어땠을까?

【종결】 ❹ 영아들과 그림책을 감상한 느낌에 대해 이야기를 나눈다.
- 재미있었니?
- 어떤 부분이 가장 재미있었니?
- 너희가 무지개를 잡는다면 어떤 놀이를 함께 하고 싶니?

비 『무지개를 잡았어요』 활동 ❷

우리 반에 무지개가 떴어요

활동 영역 창작

활동 목표
- 무지개에 대해 알아본다.
- 무지개를 꾸미는 조작운동을 하면서 소근육을 사용한다.

활동 자료 스펀지, 물감, 머메이드지, 행동 사진, 우리 반 얼굴 사진

활동 방법

【도입】 ❶ 『무지개를 잡았어요』를 읽고 내용을 회상하면서 이야기를 나눈다.
- 그림책을 보면서 어떤 느낌이 들었니?
- 주인공은 무지개랑 어떤 놀이를 했니?
- 우리도 주인공처럼 무지개랑 놀 수 있을까?

【전개】 ❷ 스펀지를 이용하여 무지개를 꾸며 본다.
- 오늘은 스펀지를 이용해서 무지개를 꾸밀 거야.
  스펀지에 물감을 찍어서 무지개를 만들어 보자.
- 어떤 색깔로 무지개를 그려 볼까?

❸ 무지개를 꾸며 본 후 무지개에서 하고 싶은 놀이를 붙여 본다.
- 와, 무지개가 완성되었네.
- 무지개와 하고 싶은 놀이를 찾아보자.
- ○○은 어떤 놀이를 하고 싶니?

【종결】 ❹ 영아들이 꾸며 놓은 무지개를 보면서 이야기를 나눈다.
- 우리가 만든 무지개를 보니 어떠니?
- 또 어떤 방법으로 무지개를 만들어 볼 수 있을까?

우리가 만든 무지개에서 놀이해요.

✻ 그림책 4 : 『야, 비 온다』

『야, 비 온다』

글 작가 : 이상교
그림 작가 : 이성표
출판사 : 보림
출판 연도 : 2002년

꼬마 단이는 우산을 갖고 싶어 한다. 어느 날 삼촌이 노란 옷을 단이에게 선물한다. 비가 내리자 노란 우산을 받쳐 들고 세상으로 달려 나가, 자신이 우산을 쓴 것처럼 세상 사물들(고양이, 물고기, 신호등, 자동차, 개미 등)에게도 그들의 특징에 알맞은 우산을 씌워 준다.

비 『야, 비 온다』 활동 ❶

그림책 감상하기

활동 영역 이해 및 감상

활동 목표
- 그림책의 내용을 이해한다.
- 그림책의 특징을 이해한다.

활동 자료 『야, 비 온다』 그림책

활동 방법

【도입】 ❶ 비에 관한 이야기를 나눈 후 그림책을 소개한다.
- 너희들은 비 오는 날 무엇을 해 보았니?
- 오늘 선생님이 읽어 줄 책은 『야, 비 온다』라는 책이야.
- 어떤 그림이 보이니?
- 그런데 이 책에 나오는 단이는 비가 오길 기다린대. 왜 기다리고 있을까? 우리 같이 보자.

【전개】 ❷ 『야, 비 온다』 그림책을 읽는다.
- (면지를 보며) 여기에도 비가 오네.
- 단이의 우산은 작고 동그랗고 손잡이가 꼬부라진 우산이래. 너희들의 우산은 어떻게 생겼니?
- (나뭇잎이 흔들리는 부분을 보며) 비가 오는 걸까?
- (자전거 나오는 부분을 보며) 치르륵 치르륵~ 무슨 소리일까?
- 다음에는 비가 정말로 올까?

【종결】 ❸ 그림책에 대한 느낌을 이야기 나눈다.
- 그림책을 보면서 어떤 생각이 들었니?
- 단이는 왜 다른 친구들에게 우산을 씌워 주었을까?

비 『야, 비 온다』 활동 ❷

'야, 비 온다' 융판 동화 들려주기

활동 영역 이해 및 감상

활동 목표
- 그림책의 내용을 이해한다.
- 동화를 듣고 자신의 생각, 경험, 느낌 등을 말할 수 있다.

활동 자료 펠트지, 등장인물 모형, 자석, 아스테이트지

활동 방법

【도입】 ❶ 비와 관련된 경험에 대해 이야기를 나눈다.
- 비를 본 적이 있니?
- 빗소리를 들어 본 적 있니? 어떤 소리를 들었니?
- 비가 올 때 어떤 일을 했었니?

【전개】 ❷ '야, 비 온다' 융판 동화를 감상한다.
- 오늘은 선생님이 비에 관한 동화를 들려줄 거야. 그런데 이 동화는 융판에 붙이는 동화야. 잘 들어 보자.

【종결】 ❸ 동화 내용을 회상하며 이야기해 본다.
- 동화를 들으면서 어떤 부분이 재미있었니?
- 단이는 친구들에게 어떤 우산을 씌워 주었니?
- 융판으로 동화를 들으니까 그림책을 들을 때와 어떻게 달랐니?
- 언어 영역에서 융판 동화를 놀이해 보자.

'야, 비 온다' 융판 동화

비가 오는 융판 동화

비 『야, 비 온다』 활동 ❸

우산을 씌워요

활동 영역 창작

활동 목표
- 그림책을 이해하고 감상한다.
- 여러 가지 재료를 활용하여 우산을 디자인해 본다.

활동 자료 색종이, 여러 가지 모양의 스티커, 머메이드지

활동 방법

【도입】 ❶ 『야, 비온다』 그림책 내용을 회상하며 이야기를 나눈다.
- 단이는 왜 비가 오기를 기다렸을까?
- 단이가 비 오는 날 누구에게 우산을 씌워 줬는지 기억나니?
- 친구들이 우산을 쓴 걸 보니 어땠어?

【전개】 ❷ 여러 가지 재료의 모양을 소개한다.
- 여기에는 어떤 것들이 있니?
- 어떤 모양들이 있니?
- 이 재료를 가지고 무얼 할 수 있을까?

❸ 친구들에게 어떤 우산을 씌워 주고 싶은지 이야기를 나눈 후 꾸민다.
- 너희들은 어떤 우산을 가지고 있니?
- 너희들이 작가라면 어떤 우산을 씌워 주고 싶니?
- 혹시 그림책에 나오는 친구들 말고 어떤 친구들에게 우산을 씌워 주고 싶니?
- 어떤 모양의 우산이 친구들에게 어울릴 것 같니?

【종결】 ❹ 유아들이 친구들에게 우산을 씌워 준 이야기를 나눈다.
- 재미있었니?
- 친구들에게 여러 가지 다른 우산을 씌어 주니까 어땠니?

문학단원 3

구름

『구름 놀이』

『구름아 구름아 뭐하니?』

『구름이는』

문학단원 망

구 름

『구름 놀이』

- 이해 및 감상
  - 그림책 감상하기
  - 어떤 느낌일까요?
- 창작
  - 알록달록 무지개 구름 콜라주
  - 나만의 구름이 생겼어요

『구름아 구름아 뭐하니?』

- 이해 및 감상
  - 그림책 감상하기
- 창작
  - 구름 옷을 입고 구름 되어 보기

『구름이는』

- 이해 및 감상
  - 그림책 감상하기
  - 구름을 관찰해요
  - 구름 놀이를 해 보아요
- 창작
  - 하얀 솜으로 여러 가지 모양의 구름 만들기

＊ 전체 활동

- 이해 및 감상
  - 하얀 밀가루 점토로 구름빵 만들기
  - 오늘의 구름 사진 찍어 구름 관찰하기
- 창작
  - 우유를 검은색 코팅된 판에 떠서 구름 표현해 보기

서 평

1. 『구름 놀이』

책 제목	『구름 놀이』
서지 정보	 글·그림 작가 : 한태희 출판사 : 아이세움 출판 연도 : 2004년
내 용	한 아이가 하늘에 있는 구름의 모양을 보며 이야기를 만들면서 논다. 구름의 모양이 꽃, 나비, 새 등으로 바뀔 때마다 아이도 손 모양을 다양하게 만들어 본다. 구름이 꽃이 되면 아이는 손으로 이파리를 만드는 등 구름을 보며 손으로 다양한 모양을 만들면서 놀이를 한다.
특징 및 교육적 적용	• 이 그림책은 책장을 넘길 때마다 새로운 동물들이 나와 마치 구름나라에서 놀고 있는 듯한 느낌을 준다. 그림책의 앞표지는 꼬마 아이가 초록 우산을 쓰고 누워 하늘을 향해 두 팔 벌려 구름을 안으려는 듯한 모습의 그림이며 뒷표지는 신발을 벗어 놓고 구름 놀이에 푹 빠져 있는 모습으로 앞표지의 우산을 쓰고 누워 있는 모습과 연결되어 있는 것 같은 느낌을 준다. • 놀이에 푹 빠진 아이의 마음이 파스텔 톤의 은은한 그림에 담겨 있다. • 구름을 흰색으로만 표현하지 않고 그림책에 나오는 등장인물의 특징을 살려 다양한 색으로 표현하였다. 손의 모양에서도 꽃, 나비, 새, 토끼, 호랑이, 솜사탕 등으로 바뀔 때마다 아이의 손 모양도 구름과 어우러져 다양하게 변화한다. 어떤 모양의 구름이 나왔는지, 구름의 모양은 다른 어떤 것이 있을지, 내가 본 구름 모양은 어떠한지, 나비는 어디로 갔을지 등에 관하여 이야기 나눌 수 있다. • 다음에 나올 등장인물을 미리 오른쪽 하늘 부분에서 뛰어오거나 날아오듯 제시해 주면서 다음 등장인물을 예상할 수 있도록 해 준다. 첫 장의 꽃 모양 구름은 흰색으로 아침 분위기를 표현한 듯하고, 맨 마지막 장에 노을 진 꽃 모양 구름이 나오는데 이것은 하루 종일 구름 놀이를 하다가 해가 지고 또다시 구름 놀이를 하고 싶은 아이의 마음을 표현한 듯하다.

특징 및 교육적 적용	• '구름 놀이'는 작가가 두 아이와 하늘을 보고 놀면서 얻은 아이디어를 그림책으로 만든 것이다. 큰 아이의 손을 사진으로 찍어 두어 장면을 구상하고 몇 가지 기법 테스트를 거치며 손만을 사진으로 처리한 것이 현실과 상상의 결합을 잘 구현하는 방법이라고 생각했다고 한다. • 장난감이 없이도 하늘을 보며 즐거운 놀이를 하면서 아이의 상상력과 창의성을 자극할 수 있다. 미술활동으로 구름을 만들어 볼 수 있는 활동도 할 수 있다. 또한 다양한 의성어와 의태어(깡총깡총, 어흥, 훨훨, 포로롱, 팔랑팔랑)는 읽는 즐거움과 함께 어휘력 향상에 도움을 준다. • 작가가 손으로 현실과 상상의 결합을 의도하였듯이 영아들에게 직접 손 사진을 찍어 주고 자신의 상상으로 구름을 만들어 보고 이름도 함께 지어 주도록 하는 활동, 컵이나 음료수병에 구름이 흘러가는 듯한 느낌을 표현하는 활동도 재미있을 것이다. 또한 만지고 탐색하는 것에 관심이 많은 시기인 영아에게 푸른 하늘에 여러 가지 모양과 느낌의 구름을 올려놓는 감각교구를 만들어 제시하면 좋을 것이다. 그림책에 나오는 구름 이외에도 아이들이 생각하는 색다른 구름을 가지고 이야기 나누고 그림을 그려 책으로 확장시켜 볼 수 있다.

활동의 실제

- 그림책 1 :『구름 놀이』
- 그림책 2 :『구름아 구름아 뭐하니?』
- 그림책 3 :『구름이는』

✽ 그림책 1 : 『구름 놀이』

『구름 놀이』

글·그림 작가 : 한태희
출판사 : 아이세움
출판 연도 : 2004년

주인공 아이가 하늘에 있는 구름의 모양을 보며 이야기를 만들면서 논다. 구름의 모양이 꽃, 나비, 새 등으로 바뀌는 것에 대하여 아이는 손 모양을 다양하게 만들어 본다. 구름이 꽃이 되면 아이는 손으로 이파리가 되는 것처럼 구름을 보며 손으로 다양한 모양을 만들면서 놀이에 빠진다.

구름 『구름 놀이』 활동 ❶

그림책 감상하기

활동 영역 이해 및 감상

활동 목표
- 그림책을 통해 구름에 관심을 갖는다.
- 그림책의 내용을 이해하며 즐겁게 감상한다.

활동 자료 『구름 놀이』 그림책, 궁금이 상자, 솜

활동 방법

【도입】 ❶ 영아들과 궁금이 상자에 있는 솜을 만져 보며 주의집중한다.
- 이 궁금이 상자에는 무엇이 있을까?
- 누가 나와서 한번 만져 볼까?
- 어떤 느낌이니?
- 푹신푹신한 것 같니?

❷ 영아들에게 그림책을 소개하며 이야기 나눈다.
- 누가 있는 것 같니?
- 아이가 무엇을 하고 있는 것 같니?
- 이 그림책의 제목은 무엇일까?
- 그림책을 감상하고 제목이 무엇인지 생각해 보자.

【전개】 ❸ 영아들과 그림책을 감상하며 이야기를 나눈다.
- 와, 예쁜 구름 꽃이구나.
- 누가 날아오고 있니?
- 나비가 무엇을 하고 있을까?
- 작은 새의 집은 어떻게 되었니?
- 모두 다 가버렸네.
- 어디로 갔을까?
- 비가 오는구나.

- 구름이 무지개 색으로 물이 들었나 보구나.

❹ 영아들과 그림책의 그림만 감상한다.

【종결】 ❺ 영아들과 그림책을 보면서 재미있는 부분을 이야기해 본다.

- 재미있었니?
- 무엇이 재미있었니?
- 너희도 구름 놀이를 해 보고 싶니?
- 이 그림책의 제목이 무엇이었을까?
- '구름 놀이' 라는 그림책이었단다.

영아들의 반응

영아들이 그림책에 나오는 꽃, 나비, 새, 토끼, 호랑이 등 다양한 모양의 구름을 보며 "나도 본 적이 있어요."라고 말하며 비슷하게 느꼈던 경험들을 이야기하였다. 마지막 그림 장면에서 비가 내린 후 무지개가 생기자 꽃구름의 색이 물든 것을 감상하면서 영아들에게 "구름의 색이 왜 변했을까?"라고 물어보았을 때 몇몇 영아들이 "무지개가 들어갔나 봐요.", "무지개 구름이에요."라고 대답하였다. 영아들은 무지개로 물든 구름을 생각할 수 있었다.

구름
『구름 놀이』 활동 ❷

알록달록 무지개 구름 콜라주

활동 영역 창작

활동 목표 • 다양한 색의 솜을 이용해 콜라주 기법으로 표현해 본다.

활동 자료 다양한 색의 솜, 다양한 모양의 구름 판, 물풀

활동 방법

【도입】 ❶ 영아들과 활동 재료를 탐색한다.

- (색 솜을 보여 주며) 이것은 무엇일까?
- 어떤 느낌이 드니?
- 그래. 푹신푹신한 구름 같구나.
- (『구름 놀이』에 나왔던 모양을 가리키며) 이 모양은 어디에서 보았니?

【전개】 ❷ 영아들과 다양한 색 솜을 이용해 콜라주 기법으로 표현해 본다.

- 어떤 모양의 구름을 꾸며 보고 싶니?
- ○○는 나비 모양의 구름을 표현하고 싶구나.
- 어떤 색으로 구름을 표현하고 싶니?

【종결】 ❸ 영아들이 만든 구름을 소개한다.

- ○○는 어떤 모양의 구름을 만들었니?
- 구름의 색이 어떠니?
- 구름을 만들면서 어려운 점은 없었니?

『구름 놀이』 그림책에서 보았던 구름 모양을 무지개 색이 담긴 다양한 색의 솜으로 꾸며 보아요.

꽃 모양의 알록달록 색 구름

토끼 모양의 알록달록 색 구름

나비 모양의 알록달록 색 구름

영아들의 반응

영아들과 함께 솜에 색을 입히고 여러 색깔의 솜으로 구름을 꾸며 보자고 했다. 솜은 영아들이 만져 보고 비벼 보며 흥미를 갖기에 충분했으며, 이미 여러 번 솜을 사용하여 활동해 보았기 때문에 구름을 만드는 활동에 즐겁게 참여할 수 있었다. 신중하게 열심히 만들어서 "어떤 구름을 만드는 거야?"라고 질문을 하면 '꽃, 나비, 토끼' 등 책에서 본 구름을 표현하고 싶어 했다.

구름 「구름 놀이」 활동 ❸

나만의 구름이 생겼어요

활동 영역 창작

활동 목표
- 그림책을 통해 구름의 다양한 특징을 표현할 수 있다.
- 구름의 느낌을 이해하고 표현할 수 있다.

활동 자료 손 모양 사진, 솜, 풀, 털실

활동 방법

【도입】 ❶ 구름을 감상해 본 것에 대하여 이야기를 나눈다.
- 잔디밭에 누워 구름을 감상해 보았는데 구름 모양은 어땠니?
- 구름을 보았을 때의 느낌은 어땠니?
- 직접 구름을 만져 본다면 어떨까?
- 우리가 본 구름 말고 또 어떤 모양의 구름이 있을까?

【전개】 ❷ 미리 찍어 두었던 손 모양 사진을 아이들에게 보여 준다.
- 선생님이 어제 너희들의 손 모양 사진을 찍어 주었는데 기억나니?
- 이 사진은 누구의 손일까?

❸ 손 모양 사진을 배경으로 다양한 재료로 꾸며 볼 것에 대하여 이야기 나눈다.
- 손 위에 구름을 만들어 볼 건데 어떤 모양의 구름을 만들면 좋을까?
- 구름의 느낌은 어떨까? (어떤 재료로 붙여 보면 좋을까?)

❹ 준비된 재료를 소개한다.
- 솜을 만져 보았을 때 어떤 느낌이니?
- 긴 털실로 어떻게 구름을 표현할 수 있을까?

❺ 자신의 손 모양 사진 위에 구름을 만들어 본다.

【종결】 ❻ 재료를 이용하여 구름을 만들어 본 것에 대하여 이야기 나눈다.
- 솜, 털실로 구름을 만들어 봤는데 즐거웠던 점은 무엇이니?
- 어려웠던 점은 있니?

구름 『구름 놀이』 활동 ❹

어떤 느낌일까요?

활동 영역 이해 및 감상

활동 목표
- 구름의 느낌을 경험하면서 촉감을 알 수 있다.
- 구름 모양을 알맞은 곳에 맞출 수 있다.

활동 자료 감각교구(펠트지, 수건, 수면 양말, 자석, 얇은 이불 재질이나 실크 재질의 천)

활동 방법

【도입】 ❶ 『구름 놀이』 그림책을 다시 보며 내용을 회상한다.
- 어떤 모양 구름을 만나 보았니?
- 구름을 만졌을 때 느낌은 어떨까?

【전개】 ❷ 교구 판에 있는 구름 그림자를 손으로 따라 그려 본다.
- 그림자를 따라 손으로 그려 보자.

❸ 여러 종류의 구름 모양을 보고 만져 본다.
- 여러 모양의 구름을 만져 보자. 느낌이 어때?

❹ 그림자와 여러 모양 구름이 일치하는 곳에 올려놓는다.
- 이 구름의 그림자는 무엇일까?
- 구름을 그림자 위에 올려놓아 보자.

【종결】 ❺ 활동한 것에 대해 이야기를 나눈다.
- 어떤 모양의 구름이 있었니?
- 구름을 만졌을 때 느낌이 어땠니?

다양한 재질로 만들어진 감각교구로 그림자를 맞추고 있어요.

✲ 그림책 2 : 『구름아 구름아 뭐하니?』

『구름아 구름아 뭐하니?』

글 작가 : 프랑수아 데이비드
사진 작가 : 마르크 솔랄
출판사 : 그린북
출판 연도 : 2001년

구름 모양에 대한 이야기를 담은 그림책으로 자연에서 생긴 구름의 모양을 실제 사진으로 제시하며 상상의 나래를 펼칠 수 있게 한다. 파아란 하늘에 하트, 상어, 토끼, 권투 선수, 아기 곰 등을 연상시키는 구름이 등장하고 각각의 구름에 따른 이야기가 대화체로 쓰여 있다.

구름
『구름아 구름아 뭐하니?』 활동 ❶

그림책 감상하기

활동 영역 이해 및 감상

활동 목표
- 그림책을 통해 구름의 다양한 모양에 관심을 갖는다.
- 그림책을 이해하며 감상한다.

활동 자료 『구름아 구름아 뭐하니?』 그림책

활동 방법

【도입】 ❶ 영아들과 그림책의 표지를 보며 이야기 나눈다.
- (그림책의 뒷표지를 보며) 어떤 모양인 것 같니?
- 그래. 하트 모양의 구름이구나.
- 앞에는 어떤 모양의 구름이 있을까?

【전개】 ❷ 영아들과 그림책을 감상하며 이야기 나눈다.
- 어떤 모양인 것 같니?
- 엄마 구름과 아기 구름이었구나.
- 이번엔 어떤 모양의 구름일까?

❸ 영아들과 그림책의 그림만 감상한다.

【종결】 ❹ 영아들과 그림책을 감상한 느낌에 대해 이야기 나눈다.
- 재미있었니?
- 여러 가지 다양한 구름을 보니 어떤 마음이 드니?
- 하늘에서 보았던 구름 중에 생각나는 구름 모양이 있니?
- 내일은 하늘에 있는 구름 사진을 찍어서 모양을 관찰해 볼까?

확장 활동
- 하늘에 있는 구름 사진을 찍어서 다양한 구름 모양을 관찰한다.

영아들의 반응

그림책의 구름이 마치 실제 구름을 보는 것 같아 더욱 실감나고 재미있었던 것 같다. 각 장마다 구름이 다양한 동물의 모양으로 변하는 특성을 이해하도록 상호작용하였다. 영아들과 그림책을 감상할 때 구름을 보여 주는 동시에 글을 읽어 주지 않고 구름 사진을 먼저 보고 어떤 모양인지 예측해 보도록 한 후 글을 천천히 읽어 주었다. 영아들이 구름 모양을 맞히면서 다양한 구름의 모양에 더욱 흥미를 가지고 그림책을 감상할 수 있었다. 그림책을 감상하고 영아들은 "재미있다.", "그림만 다시 봐요."라며 그림책을 더 감상하고 싶어 하였다. 전이 활동으로 영아들과 그림책에서 나왔던 동물들을 몸으로 표현하며 이동하는 것도 흥미로워하였다.

구름 「구름아 구름아 뭐하니?」 활동 ❷

구름 옷을 입고 구름 되어 보기

활동 영역 창작

활동 목표 • 구름 옷을 입고 다양한 구름을 신체로 표현해 본다.

활동 자료 『구름아 구름아 뭐하니?』 그림책, 솜으로 만든 구름 옷

활동 방법

【도입】 ❶ 영아들과 『구름아 구름아 뭐하니?』 그림책 내용을 회상한다.

- 어떤 구름들이 나왔니?
- 내가 만약 구름이 된다면 어떤 구름이 되어 보고 싶니?

❷ 영아들과 구름 옷을 탐색한다.

- (천으로 구름 옷을 가리고) 손으로 만져 볼까?
- 무엇일까?
- 어떤 느낌이 드니?
- 그래. 구름 옷이구나.

손으로 구름을 만져 보니까 푹신푹신하다.

【전개】 ❸ 영아들과 구름 옷을 직접 입어 본다.

- 구름 옷을 입으면 어떨 것 같니?
- 직접 구름 옷을 입어 보니 어떤 것 같니?
- 구름 옷을 입고 무엇을 하고 싶니?
- 와~ ○○는 오리 구름이 되었구나.
- ○○는 구름 옷을 입고 뒹굴뒹굴 굴러 보고 싶구나.

하늘을 날아다는 것 같아요.

【종결】 ❹ 영아들과 활동 후 느낀 점에 대해 이야기 나눈다.

- 구름 옷을 입어 보니 어땠니?
- ○○는 어떤 구름이 되어 보았니?

안녕하세요. 여기는 구름나라 우리 집이랍니다.

✽ 그림책 3 : 『구름이는』

『구름이는』

글·그림 작가 : 이토우 히로시
출판사 : 그린북
출판 연도 : 2003년

배와 빌딩, 닭과 기린은 각자 모양이 있는데 구름이는 멋진 모양을 만들어 보아도 바람이 불면 망가져 버린다. 그러나 구름이를 보고 기뻐하는 친구들이 있기에 여러 가지 모양으로 변하면서 행복해한다.

구름 『구름이는』 활동 ❶

그림책 감상하기

활동 영역 이해 및 감상

활동 목표 • 그림책을 통해 구름의 다양한 모양을 감상한다.

활동 자료 『구름이는』 그림책, 그림책 주인공 모양 퍼즐

활동 방법

【도입】 ❶ 영아들과 그림책 주인공 모양 퍼즐을 맞추며 주의집중한다.

- 바구니 안에 있는 모양을 누가 붙여 볼까?
- (구름이 모양 3조각 퍼즐 맞추기) 어떤 모양인 것 같니?
- 그래. 하얀 눈사람 같구나.
- 바로 구름이라고 한단다.

❷ 영아들에게 그림책을 소개한다.

- 누가 있니?
- 구름이구나.
- 구름이에게 어떤 일들이 있었을까?

【전개】 ❸ 영아들과 그림책을 감상하며 이야기 나눈다.

- 구름이는 어떤 모양인 것 같니?
- 구름이의 모양이 어떻게 달라졌니?

❹ 영아들과 그림책의 그림만 감상한다.

- 구름이의 모습이 어떻게 달라지는지 함께 그림만 감상해 보자.

【종결】 ❺ 영아들과 그림책을 감상한 느낌에 대해 이야기 나눈다.

- 재미있었니?
- 가장 기억에 남는 구름이의 모습은 어떤 모습이니?
- 만약 너희가 구름이라면 어떤 모습을 하고 싶니?

구름 「구름이는」 활동 ❷

구름을 관찰해요

활동 영역 이해 및 감상

활동 목표
- 색안경을 끼고 하늘의 구름 모양을 관찰한다.
- 안경 색에 따라 달리 보이는 구름을 관찰한다.

활동 자료 색안경

활동 방법

【도입】 ❶ 구름을 관찰한다.
- 어? 하늘이 정말 높다. 하늘에 멋진 구름이 있네.
- 하늘에 떠 있는 구름은 하얀색이야.

【전개】 ❷ 색안경을 끼고 구름을 관찰한다.
- 자, 선생님이 알록달록 예쁜 안경을 가지고 왔어.
- 안경을 쓰고 구름을 보자.
- 구름 모양이 어때?
- 강아지 모양이랑 비슷하게 생긴 구름이 있네.
- 노란색 안경을 쓰니까 노란색 구름으로 보이네.

【종결】 ❸ 활동한 후 이야기를 나눈다.
- ○○는 어떤 모양의 구름을 보았니?

영아들의 반응

산책하면서 영아들과 구름을 관찰해 보았다. 높은 하늘의 구름을 잘 보기 위해 앉아서 활동을 진행하였다. 영아들은 안경을 쓰지 않고 구름을 관찰했을 때보다 안경을 쓰고 관찰했을 때 더 많은 흥미를 보이고 집중하였다. 또한 눈부신 하늘을 색안경을 끼고 보니 눈이 보호되었고, 구름을 더 자세히 관찰할 수 있었다. 알록달록 예쁜 안경을 제시해 주었더니 서로 쓰고 싶어서 교사에게 손을 내밀어 달라는 표현을 하기도 하였다.

구름 「구름이는」 활동 ❸

구름 놀이를 해 보아요

활동 영역 창작

활동 목표
- 솜을 사용하여 구름을 자유롭게 표현해 본다.
- 솜으로 만든 구름을 가지고 놀이를 한다.

활동 자료 솜

활동 방법

【도입】 ❶ 산책하면서 보았던 구름에 대한 이야기를 나눈다.
- 애들아, 하늘에 있는 하얀 구름을 본 적이 있니?
- 어떤 모양의 구름을 보았니?

【전개】 ❷ 솜을 관찰한다.
- 이것은 무엇이니?
- 전에 솜사탕을 만들어 보았던 솜이구나.

❸ 솜으로 구름을 만들어 본다.
- 그림책 속에서 보았던 구름을 솜으로 만들어 보자.
- 어떤 모양의 구름을 만들 수 있을까? 동글동글 동그란 모양의 구름을 만들 수도 있고, ○○처럼 하트 모양의 구름도 만들 수 있겠다.

❹ 구름나라를 만들어 본다.
- 하얀 구름이 둥둥 하늘에 떠 있네. 구름아 구름아. 구름을 쏘옥 떼어서 먹어 볼까? 아이, 부드러워!
- 구름 위에 누워 볼까? 푹신푹신하네.
- 구름 위에 숨어 볼까? 까꿍, 여기 있었구나.

【종결】 ❺ 활동한 후 이야기를 나눈다.
- 솜으로 구름을 만들어 보았어. 재미있었니? 너희들이 만든 구름을 바구니에 모아 보자. 정말 큰 구름이 되었구나.

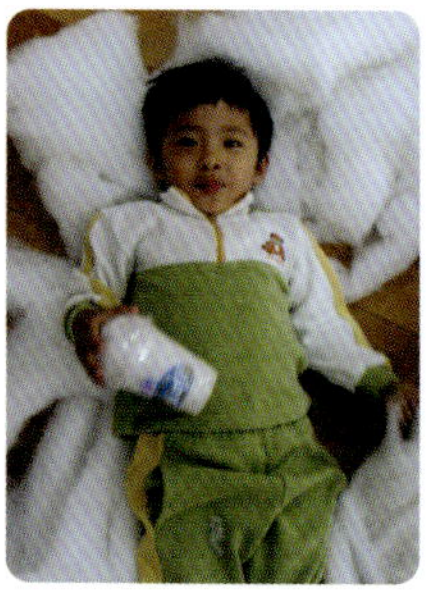

영아들의 반응

먼저 영아들에게 솜을 자유롭게 탐색하도록 하였다. 솜을 가지고 멋진 산타할아버지 수염을 만드는 영아, 동그라미 모양을 만드는 영아, 냠냠 먹어 보는 영아 등 다양하게 탐색하는 모습을 볼 수 있었다. 교사가 먼저 솜으로 둥실둥실 구름을 만들어 주었더니, 구름 위에 누워서 푹신푹신한 느낌을 경험하기도 하고, 구름 속에 숨어서 "○○는 어디 있지?"라며 교사에게 찾아보라고 하는 영아도 있었다. 교실에 구름이 그려진 케노피(천장에 다는 막)를 달아 주었는데 솜 위에 누워서 구름을 가리키며 감상하기도 하였다. 솜을 동그랗게 뭉쳐서 구름 공이라며 공놀이를 하는 영아도 볼 수 있었다. 모든 영아들이 구름 놀이를 흥미로워했으며 솜을 가지고 다양한 놀이로 확장시킬 수 있었던 재미있는 시간이었다.

구름 「구름이는」 활동 ❹

하얀 솜으로 여러 가지 모양의 구름 만들기

활동 영역 창작

활동 목표
- 솜을 탐색해 본다.
- 하얀 솜을 이용해 다양한 모양의 구름을 만들어 본다.

활동 자료 하얀 솜

활동 방법

【도입】 ❶ 영아들과 하얀 솜을 탐색한다.
- 무엇일까?
- 구름인 것 같니?
- 구름에서 어떤 냄새가 날까?
- 어떤 느낌이니?
- 그래. 가볍고 포근하구나.

【전개】 ❷ 영아들과 구름을 만들어 본다.
- 구름으로 어떤 모양의 구름을 만들어 볼까?
- 구름을 뭉쳐서 눈사람을 만들었구나.
- ○○는 구름을 하늘 위로 던져 보는구나.
- 구름 목걸이도 만들었구나.

【종결】 ❸ 영아들과 활동 후 느낀 점에 대해 이야기 나눈다.
- 구름으로 여러 가지 모양을 만들어 보니 어땠니?
- ○○는 어떤 모양을 만들었니?

구름을 마음껏 탐색해요.

구름 모자를 만들어서 머리에 썼어요.

구름으로 돌돌 말아서 팔찌를 만들어요.

난 구름으로 목도리를 만들었어요.

우리는 구름 기차 타고 구름나라 가자.

와~ 신난다. 출~발~!

영아들의 반응

영아들에게 하얀 솜을 보여 주며 무엇인지 물어보았을 때 영아들은 구름 또는 눈이라고 말하였다. '구름' 이라는 주제로 그림책을 감상해서 그런지 대부분의 영아들이 '눈' 보다는 '구름' 이라고 말하였다. 영아들에게 하얀 솜을 내어주었을 때 영아들은 매우 흥미롭게 탐색하였다. 하얀 솜을 만져 보고 '부들부들, 뽀송뽀송, 푹신푹신, 부드러운, 포근한' 등의 어휘로 표현할 수 있었나. 하얀 솜으로 침대를 만들어 누워 보기도 하고 머리에 모자처럼 써 보기도 하면서 영아들은 매우 즐거워하였다. 마치 하늘에 있는 구름과 함께 놀이하듯이 하얀 솜이 구름인 것처럼 마냥 즐거워하였다. 몇몇 다른 영아들은 기차를 만들어 날아다니는 기차라며 운전하기도 하였다.

구름 *전체 활동 ❶

하얀 밀가루 점토로 구름빵 만들기

활동 영역 이해 및 감상

활동 목표 • 밀가루 점토를 이용해 다양한 구름의 모양을 만들어 본다.

활동 자료 하얀 밀가루 점토, 초록색 판

활동 방법

【도입】 ❶ 영아들과 하얀 밀가루 점토를 탐색한다.

- 무엇일까?
- 하얀 구름과 같은 색이구나.
- 어떤 냄새가 나는 것 같니?
- 손으로 눌러 볼까?
- 밀가루 점토로 무엇을 만들어 볼까?

【전개】 ❷ 영아들과 구름을 만들어 본다.

- 구름도 만들어 볼 수 있을까?
- 어떤 모양의 구름을 만들어 볼까?
- ○○는 어떤 구름이니?
- 와~ 꽃 모양의 구름이구나.

【종결】 ❸ 영아들이 자신이 만든 구름을 친구들에게 소개해 보도록 한다.

- ○○는 어떤 모양의 구름을 만들었니?
- 정말 도넛 구름 같구나.

우리 여러 가지 구름을 만들어 보자.

와~ 나는 길다란 뱀 모양의 구름을 만들 거야.

커다란 구름이랑 작은 구름 모양을 만들었구나.

구름 * 전체 활동 ❷

오늘의 구름 사진 찍어 구름 관찰하기

활동 영역 이해 및 감상

활동 목표 • 하늘에 있는 구름의 모습을 찍어 관찰한다.

활동 자료 카메라

활동 방법

【도입】 ❶ 영아들과 하늘에 있는 구름의 모양을 상상해 본다.

- 오늘은 구름의 모양이 어떨까?
- 토끼 모양일 것 같니?

【전개】 ❷ 영아들과 직접 하늘의 구름 모양을 관찰해 본다.

- 어떤 모양이니?
- 길다란 모양이구나.
- 동그란 모양이구나.

【종결】 ❸ 영아들과 사진을 직접 찍어 본다.

영아들이 백병원 건물에서 나오는 연기를 보고 구름이라고 생각하였는데
교실에서 창문으로 관찰한 후 직접 밖에 나가서 정말 구름인지 관찰해 보았다.

구름 * 전체 활동 ❸

우유를 검은색 코팅된 판에 떠서 구름 표현해 보기

활동 영역 이해 및 감상

활동 목표 • 하얀 구름의 모습을 우유로 표현해 본다.

활동 자료 검은 코팅 판, 우유, 작은 숟가락

활동 방법

【도입】 ❶ 영아들과 구름을 표현할 수 있는 다양한 방법들을 생각해 본다.

- 구름을 표현할 수 있는 재미있는 방법이 있을까?
- 아~ 손가락으로 구름의 모양을 표현할 수 있겠다.
- 몸으로도 구름을 표현할 수 있겠구나.

【전개】 ❷ 영아들과 우유를 탐색하며 활동을 소개한다.

- 우유로도 구름을 표현할 수 있을까?
- (검은 코팅 판을 보여 주며) 이 위에 하얀 우유를 올리면 어떨까?
- 구름의 모양을 표현할 수 있겠니?

❸ 영아들과 직접 숟가락을 이용해 우유로 구름의 모양을 만들어 본다.

- 어떤 모양의 구름을 표현해 보았니?
- ○○는 동그란 모양의 구름을 표현해 보았구나.

우유로 구름을 만들어 보아요.

【종결】 ❹ 영아들과 서로 표현해 본 구름의 모양을 사진으로 찍어서 보여 준다.

- ○○의 구름은 어떤 모양인 것 같니?
- 우유로 구름을 표현해 보니 어땠니?

친구에게 어떤 모양의 구름인지 소개하고 있어요.

문학단원 4

색 깔

『나의 크레용』

『뱀이 색깔을 낳았어요』

'고미 타로의 색깔 그림책'

『빨간 단추』

『우리 엄마 어디 있어요?』

문학단원 망

색 깔

『나의 크레용』

- 이해 및 감상
  - 그림책 감상하기
- 창작
  - 만약 나에게 상상의 크레용이 있다면?

『뱀이 색깔을 낳았어요』

- 이해 및 감상
  - 그림책 감상하기
  - 그림책에 나왔던 색을 클레이 점토로 섞어 보기
- 창작
  - 셀로판지로 그림책 만들기
  - 뱀이 색깔을 낳았을 때의 마음을 재활용 악기로 표현하기

'고미 타로의 색깔 그림책'

- 이해 및 감상
  - 그림책 감상하기
  - 색깔 탑을 쌓아 보아요
- 창작
  - 색깔 그림책 만들기(협동)

『빨간 단추』

- 이해 및 감상
  - 그림책 감상하기

『우리 엄마 어디 있어요?』

- 이해 및 감상
  - 그림책 감상하기
  - '우리 엄마 어디 있어요?' 동극 하기

*** 전체 활동**

- 이해 및 감상
  - 셀로판지 안경으로 바라본 세상
  - '무지개' 노래 감상하기
  - 하얀 눈으로 무지개 색 눈 만들기

서 평

1. 『나의 크레용』

책 제목	『나의 크레용』
서지 정보	글·그림 작가 : 죠 신타 출판사 : 보림 출판 연도 : 1996년
내 용	코끼리가 코로 그림을 그린다. 파란 크레용으로 색칠을 하면 연못인 줄 알고 개구리가 뛰어들고, 빨간 크레용으로 색칠을 하면 불이 난 줄 알고 동물들이 모두 도망을 간다. 노란 크레용으로 색칠을 하면 바나나인 줄 알고 동물들이 먹으려고 한다. 동물의 왕 사자가 코끼리에게 화를 내지만 코끼리는 이번에는 노란색, 초록색, 주황색 크레용을 한꺼번에 코로 잡아 선을 자유롭게 그린다.
특징 및 교육적 적용	• 아주 커다란 코끼리가 크레용으로 그림을 그리자 그 그림은 연못으로 오해받기도 하고 화재가 난 것으로 오해받기도 하며 많은 동물이 한꺼번에 먹을 수 있는 바나나 모양이 되기도 한다. 코끼리가 그린 파란색, 빨간색, 노란색 그림은 연못이나 불, 바나나 말고 또 무엇이라고 상상할 수 있을까를 이야기해 본다. • 영아로 하여금 좋아하는 색의 크레용을 선택하고 그것으로 색을 칠하고 그것이 무엇일지 이름을 붙여 보게 한다. • 큼직큼직한 그림과 자유로운 상상력이 돋보이는 작가 죠 신타의 다른 그림책 『모두 깜짝』, 『콩이와 변신 사사』 등도 함께 읽어 본다.

2. 『우리 엄마 어디 있어요?』

책 제목	『우리 엄마 어디 있어요?』 
서지 정보	글 · 그림 작가 : 기도 반 게네흐텐 출판사 : 한울림어린이 출판 연도 : 2004년
내 용	물고기 하양이가 엄마를 찾으러 다니는 내용의 그림책이다.
특징 및 교육적 적용	• 까만색 바탕에 여러 가지 색의 배열이 아름다운 대조를 이루는 그림책이다. 영아에게 기본 자료를 제공하고 그림책과 같은 방식의 미술 활동을 해 볼 수 있다. • 이 그림책의 글은 3인칭 시점으로 서술되어 있다. 예를 들면, "어! 하양이의 엄마일까요?" "아니에요. 빨간색 게예요." 하는 식이다. 이 경우, 교사는 "어! 하양이의 엄마일까요?"라는 질문에 대해 영아 자신이 하양이가 되어 답을 하게 유도함으로써 하양이의 1인칭 시점으로 서술되도록 한다. 즉, "어! 하양이의 엄마일까요?"라는 질문에 "아니야. 그건 빨간색 게야. 우리 엄마가 아니야."라고 답할 수 있게 영아를 도와줌으로써 영아가 책 읽기에 더욱 흥미를 가지고 참여할 수 있게 해 준다.

활동의 실제

- 그림책 1 :『나의 크레용』
- 그림책 2 :『뱀이 색깔을 낳았어요』
- 그림책 3 : '고미 타로의 색깔 그림책'
- 그림책 4 :『빨간 단추』
- 그림책 5 :『우리 엄마 어디 있어요?』

✽ 그림책 1 : 『나의 크레용』

『나의 크레용』

글·그림 작가 : 죠 신타
출판사 : 보림
출판 연도 : 1996년

코끼리가 코로 그림을 그린다. 파란 크레용으로 색칠을 하면 연못인 줄 알고 개구리가 뛰어들고, 빨간 크레용으로 색칠을 하면 불이 난 줄 알고 동물들이 모두 도망을 간다. 노란 크레용으로 색칠을 하면 바나나인 줄 알고 동물들이 먹으려고 한다. 동물의 왕 사자가 코끼리에게 화를 내지만 코끼리는 이번에는 노란색, 초록색, 주황색 크레용을 한꺼번에 코로 잡아 선을 자유롭게 그린다.

색깔 『나의 크레용』 활동 ❶

그림책 감상하기

활동 영역 이해 및 감상

활동 목표 • 그림책을 통해 다양한 색깔에 관심을 갖는다.

활동 자료 『나의 크레용』 그림책, 궁금이 상자, 크레파스

활동 방법

【도입】 ❶ 영아들과 궁금이 상자에서 나오는 크레파스로 그림을 그려 보며 주의집중한다.

- (궁금이 상자를 보여 주며) 어? 소리가 나네? 무엇이 들어 있을까?
- ○○가 나와서 상자에 들어 있는 것을 꺼내어 줄 수 있니?
- 그래. 빨간색 크레파스구나.
- 융판에 있는 도화지에 어떤 그림을 그릴 수 있을까?

【전개】 ❷ 영아들에게 그림책을 소개한다.

- (뒷표지를 보며) 무엇으로 그린 것 같니?
- 이 그림책의 제목은 무엇일까?
- 어떤 이야기일까?

❸ 영아들과 그림책을 감상하며 이야기 나눈다.

- 파란색 크레용을 잡은 건 누구일까?
- 코끼리였구나.
- 코끼리가 파란색 크레용으로 무엇을 그릴까?
- 이번에는 무엇을 그릴까?

【종결】 ❹ 영아들과 감상한 그림책 내용을 회상하며 느낀 점에 대해 이야기 나눈다.

- 재미있었니?
- 누가 나왔니?
- 코끼리가 무엇을 그렸니?
- 너희는 어떤 색으로 그림을 그리고 싶니?

색깔 『나의 크레용』 활동 ❷

만약 나에게 상상의 크레용이 있다면?

활동 영역 창작

활동 목표 • 그림책을 감상하고 그림책을 소재로 자신의 생각과 느낌을 표현한다.

활동 자료 『나의 크레용』 그림책, 다양한 색의 크레파스, 도화지

활동 방법

【도입】 ❶ 영아들과 『나의 크레용』 그림책 내용을 회상한다.

- 코끼리는 어떤 그림을 그렸는지 그림책을 다시 한 번 볼까?
- 그래. 파란색으로 멋진 호수를 그렸구나.

【전개】 ❷ 영아들과 '만약 상상의 크레용이 있다면?' 무엇을 그리고 싶은지 이야기 나눈다.

- 만약 마음대로 그릴 수 있는 상상의 크레용이 있다면 무엇을 그리고 싶니?
- 왜 그런 생각이 들었니?

❸ 영아들이 표현하고 싶은 그림을 직접 그려 본다.

- ○○는 어떤 색의 크레용으로 그림을 그리고 싶니?
- 그려 볼까?

【종결】 ❹ 영아들이 표현한 그림을 친구들에게 소개한다.

- ○○는 무엇을 그려 보았니?
- 노란색으로 엄마 아빠와 놀이터에서 놀이하는 모습을 그렸구나.

코끼리가 파란색 크레용으로
커다란 연못을 그려요.

만약 나에게 상상의 크레용이 있다면
나는 노란색과 빨간색으로 동글동글 굴러가는
동그란 공을 그릴 거예요.

✲ 그림책 2 : 『뱀이 색깔을 낳았어요』

『뱀이 색깔을 낳았어요』

글·그림 작가 : 도다 고시로
출판사 : 다빈치기프트
출판 연도 : 2004년

귀여운 뱀은 색깔을 먹는다. 어느 날 파랑과 노랑을 먹고 초록색을, 빨강과 파랑을 먹고 보라색을, 노랑과 빨강을 먹고 주황색을 낳았다. 파랑과 빨강, 노랑은 서로 합쳐진 새로운 색깔 친구들과 함께 하늘로 날아간다. 혼자가 된 뱀은 검은색을 먹고 병에 걸린다. 하늘로 날아간 여섯 색깔들은 병든 뱀을 보고 슬퍼서 눈물을 흘린다. 파란색 비는 아름다운 호수를 만들고, 빨간색 비는 사과가 되고, 보라색 비는 제비꽃이 되고, 주황색과 노란색 비는 레몬과 오렌지가 되고, 초록색 비는 숲을 만든다. 모두 도와주어서 뱀은 병이 낫는다.

색깔
『뱀이 색깔을 낳았어요』 활동 ❶

그림책 감상하기

활동 영역 이해 및 감상

활동 목표
- 그림책을 통해 색깔에 관심을 갖는다.
- 색의 혼합에 관심을 가지며 즐겁게 감상한다.

활동 자료 『뱀이 색깔을 낳았어요』 그림책

활동 방법

【도입】 ❶ 영아들에게 그림책을 소개하며 이야기 나눈다.
- (앞표지를 보며) 누구니?
- 뱀이 무엇을 하고 있는 것 같아?
- 뱀이 먹고 있는 것은 무엇일까?
- 색깔이 어떠니?
- (뒷표지를 보며) 무엇이니?

【전개】 ❷ 영아들과 그림책을 감상하며 이야기 나눈다.
- 파란색 동그라미와 노란색 동그라미가 만나면 무슨 일이 일어날까?
- 뱀이 먹은 노란색은 어떤 맛일까?
- 파란색 비가 온 세상에 내리면 어떻게 될까?

❸ 영아들과 그림책의 그림만 감상한다.

【종결】 ❹ 영아들과 그림책을 감상한 느낌에 대해 이야기 나눈다.
- 재미있었니?
- 너희가 만약 뱀이라면 어떤 색깔의 동그라미를 꿀꺽~ 먹어 보고 싶니?
- ㅇㅇ가 먹고 싶은 보라색은 어떤 맛일까?

영아들의 반응

영아들이 앞표지의 뱀이 동그란 먹이를 먹는 모습을 보고 뒷표지에 있는 뱀꼬리와 동그라미를 “응가한다.”라고 말하였다. 이를 통해 영아들이 전후 관계를 인식할 수 있음을 알 수 있었다.

영아들은 색의 혼합 개념을 아직 잘 이해하진 못했지만 뱀이 먹는 동그라미 색깔이 뱃속에서 합쳐지는 모습을 보고 “합쳐져요.”라는 표현을 했다. 서로 다른 색깔이 합쳐져 다른 색깔이 되는 모습을 보며 영아들은 큰 호기심과 관심을 보이고 반응했다. 뱀이 먹은 색깔의 맛을 물었을 때 영아들은 색깔과 연상되는 음식을 말했고, 한 영아는 노란색을 보고 ‘레몬’이라고 말했다. 영아들은 “내가 만약 뱀이라면 어떤 색깔의 동그라미를 먹을까?”라는 질문에 평소 자신이 좋아하는 색깔을 말했다.

색깔
『뱀이 색깔을 낳았어요』 활동 ❷

셀로판지로 그림책 만들기

활동 영역 창작

활동 목표
- 셀로판지의 다양한 색을 탐색해 본다.
- 그림책에 나왔던 색으로 다양한 그림책을 만들어 본다.

활동 자료 『뱀이 색깔을 낳았어요』 그림책, 셀로판지(노란색, 파란색, 빨간색), 그림책 만들 책, 딱 풀

활동 방법

【도입】 ❶ 영아들과 여러 가지 색이 나왔던 장면을 보며 그림책을 회상한다.
- 뱀이 노란색과 파란색을 먹었더니 어떻게 되었니?
- 또 어떤 색을 먹었니?

【전개】 ❷ 영아들과 셀로판지의 다양한 색을 탐색한다.
- 이것은 무엇일까?
- 그래. 파란색과 노란색 동그란 모양의 여러 가지 색이 있구나.

❸ 영아들과 동그란 모양의 셀로판지를 이용해 이야기를 지어 본다.
- 이 동그란 모양의 셀로판지로 그림책을 만들어 볼 수 있을까?

【종결】 ❹ 영아들이 만든 그림책을 소개한다.
- 어떤 이야기를 지어 보았니?

동그란 알록달록 화물 열차가 뱀을
집으로 데려다 주었어요.

뱀이 먹은 색깔들이 만나서
알록달록 애벌레가 되었어요.

영아들의 반응

영아들과 감상했던 그림책을 회상한 후 셀로판지로 그림책을 만들어 보았다. 동그랗게 자른 다양한 색의 셀로판지를 풀로 붙여 그림책을 만드는 활동에 영아들이 많은 흥미를 보였다. 몇몇 영아들은 그림책을 만들며 뱀과 자신들이 붙여 본 동그란 셀로판지를 소재로 나름대로 이야기를 지어 볼 수 있었다. 그러나 대부분의 영아들은 이야기를 지어 보기보다는 직접 붙여 보고 색을 합쳐 섞어진 색의 변화에 더욱 흥미와 관심을 보였다.

색깔
『뱀이 색깔을 낳았어요』 활동 ❸

그림책에 나왔던 색을 클레이 점토로 섞어 보기

활동 영역 이해 및 감상

활동 목표
- 클레이 점토의 색과 특징을 탐색한다.
- 그림책에 나왔던 색을 섞어 보는 경험을 한다.

활동 자료 『뱀이 색깔을 낳았어요』 그림책, 뱀 모양의 페트병, 클레이 점토(노란색, 파란색, 빨간색)

활동 방법

【도입】 ❶ 영아들과 『뱀이 색깔을 낳았어요』 그림책을 회상한다.
- 누가 나왔었니?
- 뱀이 어떤 색을 먹었니?
- 색깔이 어떻게 되었니?

【전개】 ❷ 영아들과 클레이 점토를 탐색한다.
- 이것은 무엇일까?
- 만져 보니 어떤 느낌이 드니?
- 어떤 색의 점토가 있니?

❸ 영아들과 클레이 점토를 직접 섞어 본다.
(노랑-파랑/파랑-빨강/빨강-노랑을 섞어 본 후 그림책에 나왔던 뱀 모양의 페트병에 넣어 '뿌지직' 소리를 내며 섞인 색을 빼 본다.)

【종결】 ❹ 영아들과 활동 후 느낀 점에 대해 이야기 나눈다.
- 그림책에서 보았던 색을 직접 섞어 보니 어떠니?
- 어떤 점이 가장 재미있었니?
- 어려운 점은 없었니?

파란색과 빨간색을 섞었더니
보라색이 나왔어요.

뱀이 이번에는 무슨 색을 먹었을까요?

뱀이 노란색과 파란색을 먹고
무슨 색을 낳았을까요?

뿌지직~

영아들의 반응

영아들과 클레이 점토로 그림책에 나왔던 색들을 탐색해 보았다. 영아들은 노란색, 파란색, 빨간색을 이용하여 뱀이 낳은 색을 섞어 보며 변화되어 가는 과정을 관찰할 수 있었다. 두 가지 색을 섞어서 만든 주황색, 보라색, 초록색 점토를 영아들과 관찰한 후 뱀의 모형에 넣어 '뿌지직' 하고 나오게 했더니 매우 즐거워하였다. 한 영아가 뱀이 낳은 색을 보고 "응가했다."라고 말하자 영아들이 "응~가"라고 하며 자신이 섞은 클레이 점토를 뱀의 입에 서로 넣으며 활동이 더욱 고조되었다. 영아들은 그림책의 색을 직접 만져 보고 섞어 보는 활동을 하면서 색에 관한 직접적인 경험을 하는 것에 매우 많은 흥미를 보였고 재미있어 하였다.

색깔
『뱀이 색깔을 낳았어요』 활동 ❹

뱀이 색깔을 낳았을 때의 마음을 재활용 악기로 표현하기

활동 영역 창작

활동 목표
- 악기로 감정을 표현해 본다.
- 뱀의 마음을 공감한다.

활동 자료 재활용품(냄비, 숟가락, 빨래판, 피트 병)으로 만든 악기

활동 방법

【도입】 ❶ 영아들과 재활용 악기를 탐색한다.
- 이것은 무엇일까?
- 이것은 찌그러져서 쓸 수 없는 냄비란다. 그런데 버리지 않고 다시 재미있는 악기를 만든 '재활용' 악기란다.
- 어떤 소리가 날까?

【전개】 ❷ 영아들과 여러 가지 감정을 악기로 표현할 수 있는 방법에 대해 이야기 나눈다.
- 즐거울 때의 마음을 악기로 어떻게 표현할 수 있을까?
- 슬플 때의 마음은 어떻게 표현할 수 있을까?

❸ 영아들과 뱀이 색깔을 먹었을 때, 색깔이 바뀔 때, 날아갈 때를 악기로 표현해 본다.
- 뱀이 색깔을 먹었을 때를 어떤 악기로 표현하고 싶니?
- 색깔이 바뀔 때는 어떻게 표현해 볼 수 있을까?

【종결】 ❹ 영아들과 뱀이 색깔을 낳았을 때 기분을 노래로 연주해 보며 활동을 마무리한다.
- 이번에는 뱀의 마음을 노래로 표현해 보는 것은 어떨까?
- 어떤 노래로 연주해 볼까?

- 노래로 연주해 보니 어떠니?
- 재미있었니?

뱀의 마음을 재활용 악기로 표현해 보아요.

영아들의 반응

영아들과 다양한 재활용 악기를 탐색해 본 후(재활용 악기는 영아들이 사전에 활동을 여러 번 충분히 탐색하고 이루어졌다) 그림책을 회상하며 뱀의 마음을 생각해 보았다. 대부분의 영아들은 "좋았을 것 같아요."라고 일관된 표현을 하였지만 몇몇 영아들은 "시원했겠다.", "재미있었겠다."는 등의 긍정적인 언어로 표현하였다. 그러한 마음들을 영아들은 나름대로 재활용 악기로 표현해 보았다. 뱀의 마음을 단편적으로 표현한 후 마무리하면서 영아들과 노래로 뱀의 마음을 연주하며 표현해 보았는데 영아들은 단순한 표현보다 노래를 부르며 연주하는 것에 더 많은 흥미를 느꼈다. 노래에 더 많은 흥미를 보이는 것을 보고 다음에는 뱀의 마음을 재미있게 표현한 노래를 간단하게 개사하여 불러 보는 것도 재미있을 것 같다는 생각이 들었다. 개사할 때 영아들이 말한 '시원했겠다', '재미있었겠다' 등의 말을 넣어 불러 보면 좋을 것 같다.

✲ 그림책 3 : '고미 타로의 색깔 그림책'

'고미 타로의 색깔 그림책'

글·그림 작가 : 고미 타로
출판사 : 달리
출판 연도 : 2007년

주변에서 쉽게 볼 수 있는 소재를 사용해 색의 개념을 알 수 있도록 하는 색깔 그림책이다. 빨간 책, 노란 책, 초록 책, 갈색 책, 까만 책, 하얀 책 등 총 6권으로 구성되어 있다.

색깔
'고미 타로의 색깔 그림책' 활동 ❶

그림책 감상하기-『빨간 책』

활동 영역 이해 및 감상

활동 목표 • 그림책을 통해 빨간색에 관심을 가지며 흥미롭게 감상한다.

활동 자료 『빨간 책』 그림책

활동 방법

【도입】 ❶ 영아들과 주변에서 빨간색 물건들을 찾아보며 그림책을 소개한다.

- 빨간색을 떠올리면 어떤 것이 생각나니?
- 와~ 소방차가 있겠구나.
- 그래. 빨간 화분도 있구나.
- (『빨간 책』을 소개하며) 이 그림책은 어떤 색이니?
- 그래. 빨간색의 그림책이구나. 제목도 '빨간 책' 이래.

【전개】 ❷ 영아들과 그림책을 감상하며 이야기 나눈다.

- 플라밍고라는 동물은 어떤 색인 것 같니?
- 무엇이 빨간색인 것 같니?
- 소방차는 어디로 가고 있는 것일까?
- 해가 지면 어떤 색으로 변할까?
- 왜 검은 색이 될까?
- 낮에는 검은색이고 밤에는 하얀색이라면 어떨 것 같니?

【종결】 ❸ 영아들과 그림책을 감상하고 느낀 점에 대해 이야기 나눈다.

- 어떤 것들이 빨간색이었니?
- 너희 옷에도 빨간색이 있나 살펴볼까?

색깔
'고미 타로의 색깔 그림책' 활동 ❷

그림책 감상하기-『노란 책』

활동 영역 이해 및 감상

활동 목표 • 그림책을 통해 노란색에 관심을 가지며 흥미롭게 감상한다.

활동 자료 『노란 책』 그림책

활동 방법

【도입】 ❶ 영아들과 주변에서 노란색 물건을 찾아보며 그림책을 소개한다.

- 노란색을 떠올리면 무엇이 생각나니?
- (『노란 책』을 소개하며) 이 그림책은 어떤 색이니?
- 제목도 '노란 책' 이래.

【전개】 ❷ 영아들과 그림책을 감상하며 이야기 나눈다.

- 음~ 무슨 냄새가 나는 것 같아.
- 달걀이구나.
- 노란색에는 또 어떤 것이 있을까?
- 만약 노란색의 바나나가 빨간색이라면 어떨까?

【종결】 ❸ 영아들과 그림책을 감상한 후에 느낀 점에 대해 이야기 나눈다.

- 재미있었니?
- 노란색에는 어떤 것들이 있었니?

색깔
'고미 타로의 색깔 그림책' 활동 ❸

그림책 감상하기-『하얀 책』

활동 영역 이해 및 감상

활동 목표 • 그림책을 통해 하얀색에 관심을 가지며 흥미롭게 감상한다.

활동 자료 『하얀 책』 그림책

활동 방법

【도입】 ❶ 영아들과 주변에서 하얀색 물건들을 찾아보며 그림책을 소개한다.

- 우리 교실에 하얀색은 어느 곳에 있을까?
- 아~ 언어 영역 이불이 하얀색이구나.
- 집에 있는 하얀색 물건을 생각해 볼까? 무엇이 생각나니?
- (『하얀 책』을 소개하며) 이 그림책은 어떤 색이니?
- 그래. 하얀색의 그림책이구나. 제목도 '하얀 책' 이래.

【전개】 ❷ 영아들과 그림책을 감상하며 이야기 나눈다.

- 무엇이니?
- 하얀 '무' 구나.
- 이것이 당근이라면 어떤 색일까?

【종결】 ❸ 영아들과 그림책을 감상한 후에 느낀 점에 대해 이야기 나눈다.

- 재미있었니?
- 『하얀 책』에는 어떤 것들이 나왔니?
- 하얀색을 보면 어떤 느낌이 드니?
- 너희 옷에도 하얀색이 있나 살펴볼까?

색깔
'고미 타로의 색깔 그림책' 활동 ❹

그림책 감상하기-『까만 책』

활동 영역 이해 및 감상

활동 목표 • 그림책을 통해 까만색에 관심을 가지며 흥미롭게 감상한다.

활동 자료 『까만 책』 그림책

활동 방법

【도입】 ❶ 영아들에게 고미 타로의 색깔 그림책을 소개한다.

- (『빨간 책』을 보이며) 이 그림책을 기억하니?
- (『노란 책』을 보이며) 너희가 감상한 『노란 책』이니?
- (『하얀 책』을 보이며) 조금 전에 우리가 함께 보았던 『하얀 책』이지.
- '고미 타로' 선생님이 너희를 위해 여러 가지 색깔 그림책을 만드셨단다.
- 이번에 함께 감상할 그림책은 무슨 색깔의 그림책일까?
- 그래. 『까만 책』이야.
- 검은색이라고도 부르는 '까만색' 그림책이란다.

【전개】 ❷ 영아들과 그림책을 감상하며 이야기 나눈다.

- 무엇이니?
- 하얀 도화지에 까만색 크레파스로 그린 그림이니?
- 만약 까만색 크레파스로 그림을 그리지 않았다면 무슨 색이있을끼?
- 그래. 하얀 색깔 도화지였겠구나.
- 함께 감상한 『하얀 책』에서 보았던 하얀 색깔 도화지랑 같구나.

【종결】 ❸ 영아들과 그림책을 감상한 후에 느낀 점에 대해 이야기 나눈다.

- 재미있었니?
- 『까만 책』에는 어떤 것들이 나왔니?
- 까만색을 보면 어떤 느낌이 드니?
- 너희 옷에서 까만색을 찾아볼까?

확장 활동 • 『하얀 책』과 『까만 책』을 비교하며 회상하는 활동

색깔
'고미 타로의 색깔 그림책' 활동 ❺

그림책 감상하기-『초록 책』

활동 영역 이해 및 감상

활동 목표 • 그림책을 통해 초록색에 관심을 가지며 흥미롭게 감상한다.

활동 자료 『초록 책』 그림책

활동 방법

【도입】 ❶ 영아들과 덮여 있는 바구니에서 놀잇감을 꺼내어 보며 같은 점을 발견해 본다.

- 이 바구니 안에 무엇이 있을까?
- 누가 나와서 꺼내어 주겠니?
- 그래. 초록색 레고 블록(초록색 우레탄 블록, 초록색 자동차)이구나.
- 이 놀잇감들의 같은 점은 무엇일까?

【전개】 ❷ 영아들과 그림책을 감상하며 이야기 나눈다.

- 오늘은 『초록 책』 그림책이란다.
- 초록색에는 어떤 것들이 있을까?
- 수박에 초록색이 있니?
- 왜 초록색일까?
- 만약 메뚜기의 색이 하얀색이라면 어떨까?
- 왜 이상할 것 같니?

【종결】 ❸ 영아들과 그림책을 감상한 후에 느낀 점에 대해 이야기 나눈다.

- 재미있었니?
- 『초록 책』에는 어떤 것들이 나왔니?

색깔 '고미 타로의 색깔 그림책' 활동 ❻

그림책 감상하기-『갈색 책』

활동 영역 이해 및 감상

활동 목표 • 그림책을 통해 갈색에 관심을 가지며 흥미롭게 감상한다.

활동 자료 『갈색 책』 그림책

활동 방법

【도입】 ❶ 영아들과 그림책을 소개한다.

- 이것은 고미 타로의 무슨 색 그림책인 것 같니?
- 갈색을 생각하면 떠오르는 것이 있니?
- 갈색 곰도 있고 갈색 낙엽도 있구나.

【전개】 ❷ 영아들과 그림책을 감상하며 이야기 나눈다.

- 『갈색 책』 그림책에는 어떤 것들이 나오는지 함께 감상해 보자.
- 어떤 그림이 나올까?
- 핫케이크를 본 적이 있니?
- 갈색이었니?
- 핫케이크가 만약 빨긴색이라면 어떨까?
- 왜 맛이 없을 것 같니?
- 왜 딸기맛일 것 같니?

【종결】 ❸ 영아들과 그림책을 감상한 후에 느낀 점에 대해 이야기 나눈다.

- 재미있었니?
- 『갈색 책』에는 어떤 것들이 나왔니?

색깔
'고미 타로의 색깔 그림책' 활동 ❼

색깔 그림책 만들기(협동)

활동 영역 이해 및 감상, 창작

활동 목표
- 그림책을 통해 색깔에 대해 관심을 갖는다.

활동 자료 고미 타로의 색깔 그림책에 나왔던 색깔의 색종이, 동그란 모양의 스티커

활동 방법

【도입】 ❶ 영아들과 색깔 그림책에 나왔던 색의 색종이를 보며 떠오르는 것들을 말해 본다.
- 어떤 색의 종이들이 있니?
- 빨간색을 보니 무엇이 떠오르니?
- 왜 빨간 장미가 떠올랐니?

【전개】 ❷ 영아들과 색종이에 스티커로 생각나는 것을 꾸며 본다.
- ○○는 어떤 색을 좋아하니?
- ○○는 빨간색을 보니 어떤 것이 떠오르니?
- 빨간색 스티커로 빨간 색종이 뒤의 하얀 면에 ○○가 생각한 것을 표현해 볼 수 있겠니?

【종결】 ❸ 영아들이 꾸며 본 색종이를 소개한 후 그림책으로 만들어 본다.
- ○○는 빨간 색종이에 무엇을 표현해 보았니?
- 너희들이 꾸며 본 색종이들을 모아서 그림책으로 만들면 어떨까?

사랑반 색깔 그림책

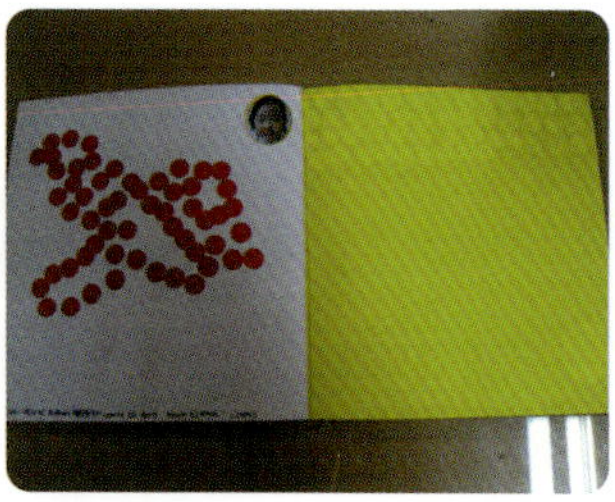
빨간색 금붕어가 문어를 만나러 바다로 가고 있어요.

노란 나비들이 밖에 나가려고 순서를 기다리고 있어요.

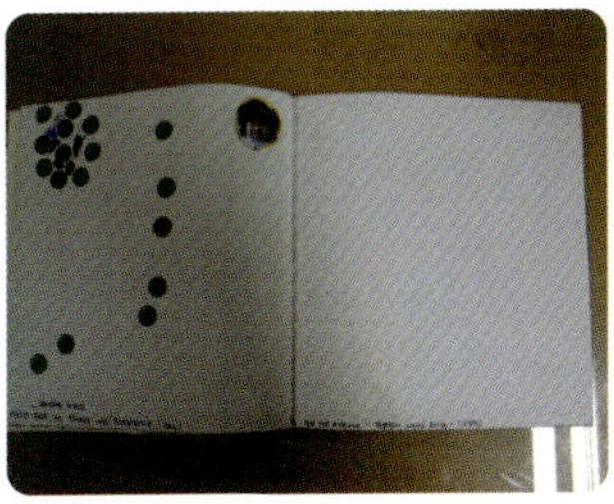

수박을 그렸어요. 수박 안의 씨는 색연필로 그렸어요.

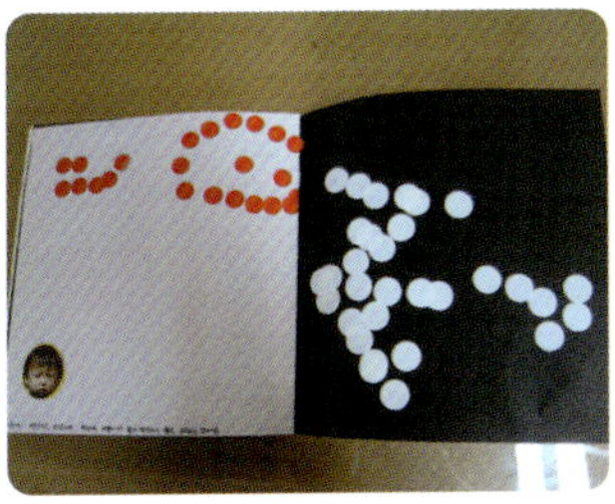

빨간색 고양이가 물을 마시고 있어요.

엄마, 아빠에게 드릴 노란 꽃이에요.

영아들의 반응

영아들과 '고미 타로의 색깔 그림책'에 나왔던 색의 종이를 보고 떠오르는 것들을 말해 보았다. '고미 타로의 색깔 그림책'에 나온 것을 기억하는 영아들도 있었다(『빨간 책』에서 빨간 금붕어, 『초록 책』에서 초록색 수박, 『하얀 책』에서 하얀색 눈). 자신이 생각한 것을 같은 색의 스티커로 꾸며 보았다. 영아들에게 색을 보고 떠오르는 것에 대해 물어보았을 때 그림책에서 보았던 것들을 떠올리는 영아들도 있었지만 "빨간색을 생각하면 노란색이 떠올라요.", "노란색을 떠올리면… 빨간색이요."라고 말하는 등 색깔과 사물을 연관 지어 생각하는 것에 대해 조금 어려워하는 영아도 있었다. 그래서 교사가 "선생님은 빨간색을 떠올리니까 빨간 장미가 떠오르는구나."라고 이야기해 주자 영아들은 색과 사물을 연관 지어 생각하기 시작했다.

색깔
'고미 타로의 색깔 그림책' 활동 ❽

색깔 탑을 쌓아 보아요

활동 영역 이해 및 감상

활동 목표
- '고미 타로의 색깔 그림책'에 관심을 갖는다.
- 색깔 탑 쌓기를 통해 크기에 대해 알고 색깔을 구별할 수 있다.

활동 자료 크기가 다른 색깔 상자(초록, 노랑, 빨강)

활동 방법

【도입】 ❶ '고미 타로의 색깔 그림책'에 대해서 이야기를 나눈다.
- 우리 반 물건 중에 색깔 그림책에 나오는 색깔과 똑같은 색을 가진 물건을 찾아보았니?
- 잘 알고 있구나. 우리 반에 있는 빨간색 시계를 찾았네. 선생님 노란색 앞치마도 찾았구나.

【전개】 ❷ 색깔 탑 상자 놀이를 소개한다.
- 선생님이 색깔 그림책에서 보았던 그림으로 색깔 상자를 준비했단다. 어떤 색깔 상자일까?
- 상자를 만져 보니까 느낌이 어때? 어떤 느낌이야?
- 싱자에 어떤 그림이 보이니?

❸ 상자의 크기와 차이에 대해 이야기를 나눈다.
- 이제 상자의 속을 볼까? 어, 상자가 여러 개 있네. 한번 다 꺼내어 볼까?
- 상자를 기차 모양으로 이어 볼까? 점점 작아지는구나.
- 큰 상자 안에 다른 상자를 넣어 볼까? 모두 다 들어가네.
- 큰 상자 위에 다른 상자를 올려 볼까? 하나, 둘, 셋, 넷. 큰 탑이 되었다!

❹ 여러 가지 모양으로 상자를 이용해 활동한다.
- 빨간 기차와 초록색 기차, 노란색 기차를 만들어 볼까?
- 무엇을 만들고 있니?

- 멋진 다리가 되었네!

【종결】 ❺ 탑을 쌓아 본 느낌에 대해 이야기 나눈다.

- 오늘 색깔 탑을 쌓아 보았는데 느낌이 어땠니?
- 어떤 점이 제일 재미있었어?

✽ 그림책 4 : 『빨간 단추』

『빨간 단추』

글·그림 작가 : 박은영
출판사 : 비룡소
출판 연도 : 2000년

떨어진 단추 하나가 어디로 갔을지 궁금해하는 아이의 마음이 드러나는 책이다. 빨강, 노랑, 파랑, 초록 같은 원색을 사용한 그림이 영아들의 시선을 끌기에 충분하다. 동물들의 표정이 살아 있어 영아들에게 또 다른 즐거움이 된다.

색깔 『빨간 단추』 활동 ❶

그림책 감상하기

활동 영역 이해 및 감상

활동 목표 • 그림책을 통해 색깔에 관심을 갖는다.

활동 자료 『빨간 단추』 그림책, 비밀상자, 여러 가지 단추

활동 방법

【도입】 ❶ 영아들과 비밀상자에 들어 있는 단추를 탐색한다.

- (비밀상자를 흔들며) 무슨 소리니? 소리가 어떤 것 같아? 무엇일까?
- ○○가 나와서 무엇인지 알아볼까?
- 비밀상자에 손을 넣어 만져 보겠니? 무엇인 것 같니?
- 아, 빨간 단추구나.

❷ 영아들과 그림책의 표지를 보며 이야기 나눈다.

- 커다랗고 빨간 동그라미에 구멍이 두 개 뚫려 있네.
- 무엇일까?

【전개】 ❸ 영아들과 그림책을 감상하며 이야기 나눈다.

- '통-통-통' 무슨 소리일까?
- 빨간 단추가 어디에 숨었을까?
- 엄마에게 빨간 단추가 어디 있는지 물어볼까?
- 빨간 단추가 어디에 있었니?

❹ 영아들과 그림책의 그림만 감상한다.

【종결】 ❺ 영아들과 그림책을 감상한 느낌에 대해 이야기를 나눈다.

- 재미있었니?
- 빨간 단추가 어디에 있었니?
- 너희 옷에도 단추가 있니?
- 어떤 색깔의 단추가 있니?

✲ 그림책 5 : 『우리 엄마 어디 있어요?』

『우리 엄마 어디 있어요?』

글·그림 작가 : 기도 반 게네흐텐
출판사 : 한울림어린이
출판 연도 : 2004년

하얀 바탕에 무지개 무늬가 있는 아기 물고기 하양이는 엄마를 잃어버렸다. 물고기 하양이가 엄마를 찾아 헤매다가 주황색 불가사리, 빨간색 게, 노란색 달팽이, 초록색 거북이를 만나면서 반복적으로 질문과 대답을 하는 내용의 그림책이다.

색깔
『우리 엄마 어디 있어요?』 활동 ❶

그림책 감상하기

활동 영역 이해 및 감상

활동 목표
- 그림책을 통해 색깔에 관심을 갖는다.
- 그림책의 내용을 이해한다.

활동 자료 『우리 엄마 어디 있어요?』 그림책, 하양이 그림막대

활동 방법

【도입】 ❶ 영아들에게 하양이 그림막대를 소개하며 주의집중한다.
- (울고 있는 하양이의 흉내를 내며) 무슨 소리가 들리니?
- 누가 울고 있는 것일까?
- 왜 울고 있을까?
- 하양이가 엄마를 찾을 수 있는지 알아볼까?

【전개】 ❷ 영아들과 그림책을 감상하며 이야기 나눈다.
- ('우리 엄마 어디 있어요?' 제목을 읽어 주고 그림책을 감상한다.)
- (그림책의 표제지를 보며) 그래. 무지개 색이구나.
- 엄마는 어디에 있을까?
- '빨간색 게' 가 엄마일까?
- 와~ 엄마는 알록달록 무지개 물고기였구나.

❸ 영아들과 그림책의 그림만 감상한다.

【종결】 ❹ 영아들과 그림책을 감상한 느낌에 대해 이야기 나눈다.
- 재미있었니?
- 하양이의 엄마는 누구였니?
- 그래. 빨주노초파남보 무지개 색을 가지고 있는 무지개 물고기였구나.

색깔 「우리 엄마 어디 있어요?」 활동 ❷

'우리 엄마 어디 있어요?' 동극 하기

활동 영역 이해 및 감상

활동 목표
- 그림책의 등장인물이 되어 언어와 행동으로 표현해 본다.

활동 자료 등장인물 머리 띠(하양이, 빨간 게, 주황색 불가사리, 노란색 달팽이, 초록색 거북이, 파란색 고래, 보라색 문어, 엄마 무지개 물고기), 음악 CD

활동 방법

【도입】 ❶ 영아들과 그림책 내용을 회상한다.
- 하양이는 누구를 찾고 있었니?
- 하양이의 엄마는 누구였니?

❷ 영아들에게 등장인물 머리띠를 소개하며 활동을 소개한다.
- (하양이 머리띠를 보여 주며) 누구니?
- 그림책에서 보았던 바다 동물들이구나.
- 너희가 그림책 속의 바다 동물이 되어 볼 수 있을까?

【전개】 ❸ 영아들과 동극 준비를 한다.
- (역할 정하기) 누가 하양이가 되어 볼까?
- (질서와 규칙 익히기) 앞에서 동극을 할 때 지켜야 할 것이 무엇일까?

❹ 영아들과 동극을 직접 해 본다.
- (교사는 잔잔한 음악을 틀어 주고 그림책의 내용을 큰 소리로 또박또박 읽어 준다. 영아들은 자신의 역할을 기억하고 그림책의 내용을 이해하며 동극에 참여한다.)

【종결】 ❺ 영아들과 활동 후 느낀 점에 대해 이야기 나눈다.
- 그림책 속의 바다 동물 친구들이 되어 보니 어떠니?

- 어떤 점이 가장 재미있었니?
- 어려운 점은 없었니?

영아들의 반응

영아들이 그림책에 나왔던 동물들을 회상하고 역할을 정하여 직접 그림책 속 등장인물들이 되어 보았다. 반복되는 문장에 따라 영아들은 교사가 "어! 하양이의 엄마일까요?"라고 하면 자신을 가리키며 "아니에요~ (나는) 주황색 불가사리예요."라며 자신을 소개하고 들어갔다. 그리고 하양이가 진짜 엄마를 만났을 때 "와~ 하양이의 엄마다."라며 하양이의 엄마를 찾아 주었다.

색깔 * 전체 활동 ❶

셀로판지 안경으로 바라본 세상

활동 영역 이해 및 감상

활동 목표 • 다양한 색깔에 관심을 가지고 관찰해 본다.

활동 자료 셀로판지 안경

활동 방법

【도입】 ❶ 영아들과 셀로판지 안경을 탐색한다.

- 무엇이니?
- 어떤 색깔의 안경이니?
- 노란색 안경으로 하늘을 보면 하늘이 어떤 색으로 보일까?

【전개】 ❷ 영아들과 셀로판지 안경을 쓰고 주변을 관찰한다.

- 노란색으로 선생님을 보니 어떤 색인 것 같니?
- 와~ 정말 모두 노란색으로 보이는구나.
- 노란색 안경과 파란색 안경을 서로 겹쳐서 써 보면 색이 어떨까?

【종결】 ❸ 영아들과 활동한 셀로판지 안경을 정리하며 활동을 마무리한다.

- 셀로판지 안경으로 주변을 관찰해 보니 어떠니?
- 재미있었니?
- 같은 색을 찾아서 정리해 볼까?

파란색 셀로판지로 하늘을 보면 어떨까?

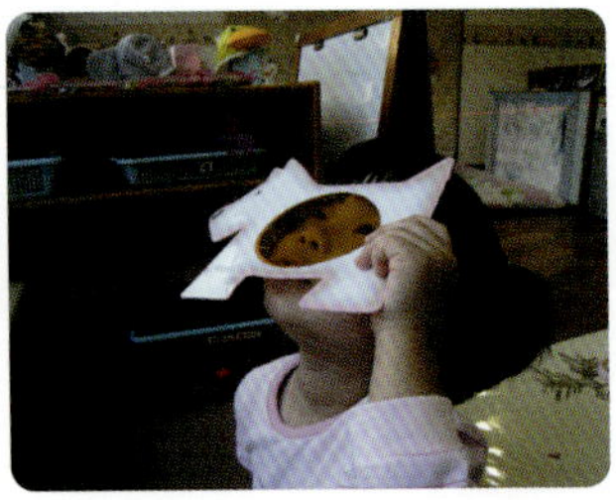

와~ 노란색으로 보인다.

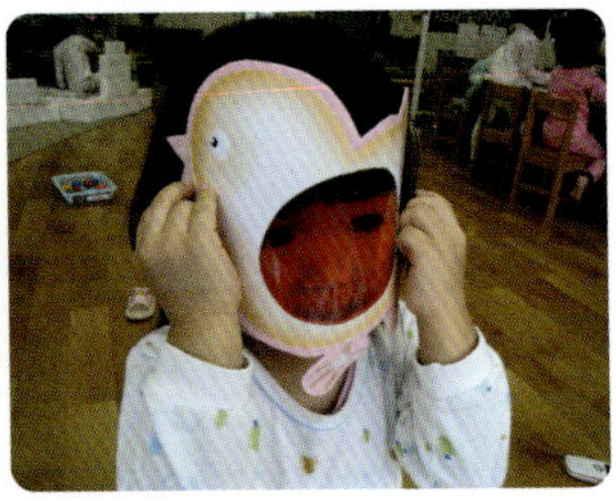

빨간색으로 교실을 볼까?

색깔 * 전체 활동 ❷

'무지개' 노래 감상하기

활동 영역 이해 및 감상

활동 목표
- 무지개 색에 관심을 가지며 노래를 감상한다.

활동 자료 '무지개' 노래 CD

활동 방법

【도입】 ❶ 영아들과 '무지개'에 있는 여러 가지 색깔들을 말해 본다.
- 무지개에는 어떤 색깔이 있니?
- 어떤 색을 가장 좋아하니?

【전개】 ❷ 영아들과 '무지개' 노래를 감상한다.

> ♬ 빨강 파랑 무지개 고운 무지개
> 하늘에 걸려 있는 오색 무지개
> 소나기 지나갔다 고운 무지개
> 보라 남색 파랑 초록 예쁜 무지개 ♬

- (노래를 감상하고) 노래에 어떤 색들이 나왔니?
- 이 노래의 제목은 무엇일까?

【종결】 ❸ 영아들과 노래를 감상한 느낌에 대해 이야기 나눈다.
- 노래를 감상해 보니 어떠니?
- 너희들이 노래를 항상 감상할 수 있도록 음률 영역에 준비해 줄게. 또 감상하고 싶으면 언제든지 감상해도 좋단다.

확장 활동
- 하얀 눈으로 무지개 색 눈 만들기

색깔 * 전체 활동 ❸

하얀 눈으로 무지개 색 눈 만들기

활동 영역 이해 및 감상

활동 목표
- 하얀 눈과 물감을 섞어 여러 가지 색의 눈을 만들어 본다.

활동 자료 하얀 눈, 무지개 색의 다양한 물감, 투명 비닐 팩

활동 방법

【도입】 ❶ 영아들과 활동 자료(하얀 눈, 물감)를 탐색한다.

- (눈을 보여 주며) 이것은 무엇일까?
- 만져 보니 어떤 느낌이 드니?
- 차갑구나.
- 그래. 손에 올려놓으니 녹는구나.
- (물감을 보여 주며) 이것은 무엇이니?
- 물감과 눈이 만나면 어떻게 될까?
- 어떤 색이 될까?

【전개】 ❷ 영아들과 하얀 눈과 물감을 직접 섞어 본다.

- 이 투명 비닐에 하얀 눈과 물감을 넣어 섞으면 어떻게 될까?
- (교사는 투명 비닐 팩에 하얀 눈과 물감을 넣어 묶은 후 영아들에게 준다.)
- 어떻게 섞어 볼 수 있을까?
- 아~ 손에 들고 비닐을 흔들어 볼 수 있겠구나.
- 손가락으로 하얀 눈과 물감을 쿡쿡 누르며 섞어 볼 수도 있구나.
- 색이 어떻게 섞이는 것 같니?
- ㅇㅇ는 노란색 눈을 만들었구나.

❸ 영아들과 각자 섞어 본 눈을 모두 모아 다시 섞은 후 관찰한다.

- 이번에는 너희들이 섞어 놓은 눈을 모두 모아 보자. 어떤 색이 나올까?

(교사는 큰 대야를 가지고 와서 영아들이 섞어 놓은 눈을 모아 다시 섞은 후 색의 변화를 관찰한다.)

- 어떤 색이 되어 가고 있는 것 같니?
- 정말 검은색이 되어 가고 있구나.
- 무지개 색을 모두 합쳐서 섞어 보니 검은색이 되는구나.

【종결】 ④ 영아들과 검은 색으로 변한 눈을 만져 보며 화장실로 이동한다.

- 이 검은색 눈을 만지면 어떨까?
- 한 명씩 검은색으로 변한 눈을 만져 보면서 화장실에서 손을 깨끗이 씻어 보자.

하얀 눈과 물감이 만났어요.
섞일 수 있도록 흔들어 보아요.

아이 차가워~ 하얀 눈의
차가운 느낌도 느껴 보아요.

함께 섞은 눈을 모두 대야에 모아
섞어 보았어요.

점점 검은색의 눈으로
변하고 있어요.

와~ 검은색 눈이다!

차가워요!

문학단원 5

모양·숫자 놀이

『알록달록 동물원』

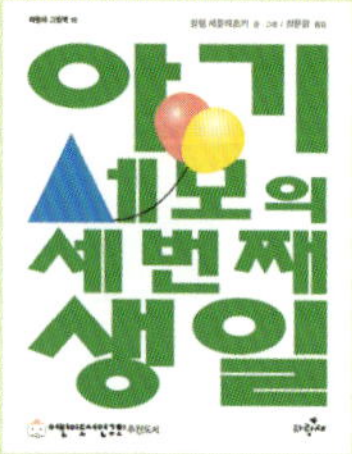

『아기 세모의 세 번째 생일』

『배를 타고』

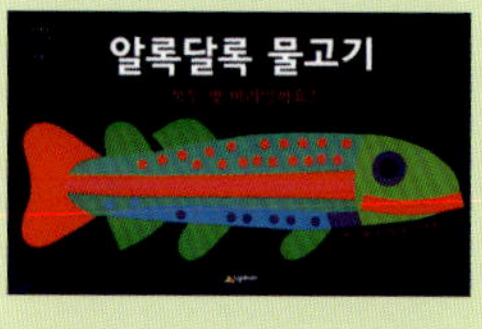

『알록달록 물고기』

『가족 1 2 3』

문학단원 망

모양·숫자 놀이

『알록달록 동물원』
- 이해 및 감상
  - 그림책 감상하기
  - 동물 얼굴 모양과 같은 모양 자석 찾기
  - 모양종이로 동물 꾸미기

『아기 세모의 세 번째 생일』
- 이해 및 감상
  - 그림책 감상하기
- 창작
  - 세모로 만들어요
  - 세모로 다양한 모양 만들기

『배를 타고』
- 이해 및 감상
  - 그림책 감상하기
  - 그림책 속 모양(동그라미, 세모, 네모) 되어 친구들과 소풍 가기

『알록달록 물고기』
- 이해 및 감상
  - 그림책 감상하기
  - 물고기 비늘 모양 꾸미기

『가족 1 2 3』
- 이해 및 감상
  - 그림책 감상하기
  - 가족 숫자 세기
  - 숫자 종이로 가족사진 꾸미기

＊ 전체 활동
- 이해 및 감상
  - 모양으로 보이는 친구 얼굴 맞히기
  - 노래 부르며 모양 카드 밟아 보기
    모양 틀에 알록달록 솜방망이로 찍어 보기
  - '숫자 놀이' 노래 감상하기
  - '숫자 놀이' 노래 부르며 재활용 악기로 연주하기
- 창작
  - 모양 옷 입고 즐겁게 춤추기(신체표현)
  - 우레탄 블록으로 다양한 모양 구성해 보기

서 평

1. 『알록달록 동물원』

책 제목	『알록달록 동물원』
서지 정보	글·그림 작가 : 로이스 엘러트 출판사 : 시공주니어 출판 연도 : 2001년
내 용	동그라미, 정사각형, 삼각형, 직사각형, 하트 등의 모양으로 화면을 오려 내어 여러 가지 동물의 모습을 표현한 그림책이다.
특징 및 교육적 적용	• 모양과 색, 동물의 종류에 주의를 기울이게 하면서 읽어 줄 수 있는 정보 그림책이다. • 매 책장의 색 대비가 뚜렷하여 영아의 주의를 끌기에 좋은 그림책이다. • 같은 작가 로이스 엘러트의 다른 그림책으로 1부터 10까지의 숫자를 도입한 『알록달록 물고기』를 함께 읽어 주어도 좋다.

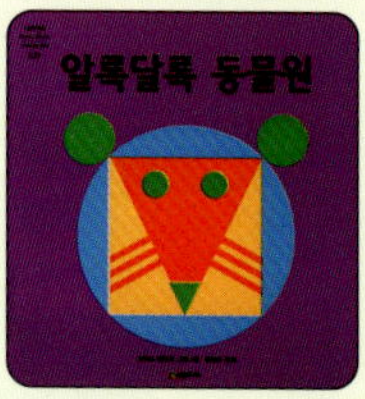

활동의 실제

- 그림책 1 : 『알록달록 동물원』
- 그림책 2 : 『아기 세모의 세 번째 생일』
- 그림책 3 : 『배를 타고』
- 그림책 4 : 『알록달록 물고기』
- 그림책 5 : 『가족 1 2 3』

✲ 그림책 1 : 『알록달록 동물원』

『알록달록 동물원』

글 작가 : 로이스 엘러트
출판사 : 시공주니어
출판 연도 : 2001년

아이들에게 색감과 모양을 통해 동물의 모양을 알려주는 그림책이다. 주변에서 쉽게 볼 수 있는 도형을 겹쳐서 여러 가지 동물의 얼굴을 만들어 본다. 호랑이, 쥐, 여우, 소, 원숭이, 사슴, 사자, 염소, 뱀 등 아홉 마리의 동물을 원, 정사각형, 삼각형, 직사각형, 타원, 하트 등의 도형으로 꾸미고 그 동물의 이름도 알려 준다. 한 장을 넘기면 구멍이 뚫려 있어 도형의 모양이 도드라져 보인다. 여러 가지 색깔로 조화롭게 꾸며져 있다.

모양·숫자 놀이
『알록달록 동물원』 활동 ❶

그림책 감상하기

활동 영역 이해 및 감상

활동 목표 • 그림책을 통해 다양한 모양에 관심을 갖는다.

활동 자료 『알록달록 동물원』 그림책

활동 방법

【도입】 ❶ 영아들과 교실에서 다양한 모양을 찾으며 주의집중한다.

- 선생님 옷에 있는 단추처럼 동그란 모양을 교실에서 찾아볼 수 있을까?
- 창문처럼 네모 모양을 언어 영역에서 찾아볼 수 있겠니?
- 그래. 잘 찾았구나.

【전개】 ❷ 영아들에게 그림책을 소개한다.

- 어떤 동물일까?
- 왜 호랑이라고 생각했니?
- 너희가 찾은 동그라미를 호랑이 그림에서 찾아볼까?
- 여기 호랑이의 귀에 동그라미가 있었구나.
- 이 책에서는 다양한 모양으로 만든 동물들을 볼 수 있단다.

❸ 영아들과 그림책을 감상하며 이야기 나눈다.

- 어떤 동물일까?
- 소의 얼굴에서 동그라미를 찾아볼까?
- 초록색 동그라미가 소의 콧구멍에 숨어 있었네.
- 이것은 네모가 조금 길쭉하구나.
- 길쭉한 네모로 어떤 동물을 표현할 수 있을까?

【종결】 ❹ 영아들과 감상한 그림책을 회상하며 느낀 점에 대해 이야기 나눈다.

- 재미있었니?
- 누가 나왔니?

- 여러 가지 동물을 어떤 모양으로 꾸며 보았니?
- 너희가 여러 가지 모양으로 동물을 꾸며 본다면 어떤 동물을 꾸며 보고 싶니?
- ○○가 말한 토끼를 꾸민다면 어떤 모양으로 꾸밀 수 있을까?

영아들의 반응

그림책의 앞표지에 있는 모양으로 이루어진 동물을 보면서 영아들과 교실 안에서 모양을 찾아보며 주의집중했다. 영아들은 동물의 얼굴에 있는 동그라미를 보면서 동그란 우레탄 블록을 가리켰다. 그림책을 감상하는 과정에서 영아들은 교실에서 모양을 서로 찾아보며 자연스럽게 교실 환경과 교구를 탐색할 수 있었다. 영아들이 좋아하는 동물과 다양한 색깔의 모양이 조화를 이루며 영아들의 호기심과 관심을 자극했다. 또한 영아들은 모양으로 구성된 동물을 알아맞히며 즐겁게 감상하였다.

모양 · 숫자 놀이
『알록달록 동물원』 활동 ❷

동물 얼굴 모양과 같은 모양 자석 찾기

활동 영역 이해 및 감상

활동 목표
- 동물 얼굴 모양을 탐색하고 같은 모양을 찾아본다.

활동 자료 동물 얼굴 모양 함석 판, 모양 자석, 자석 막대

활동 방법

【도입】 ❶ 영아들에게 활동을 소개하며 이야기 나눈다.
- 무엇이니?
- 토끼의 얼굴은 어떤 모양이니?
- 이것은 가까이 가져가면 서로 붙는 자석이구나.
- 이것으로 무슨 활동을 할 수 있을까?

【전개】 ❷ 동물 얼굴 모양과 같은 모양의 자석을 찾아 자석 막대로 붙여 본다.
- 네모 모양 얼굴의 '소'와 같은 모양은 어떤 것이니?
- 아, 네모 모양의 책이 갈구나.
- 세모 모양 얼굴의 '여우'와 같은 모양은 어떤 것이니?
- 맛있는 피자 조각과 비슷하구나.
- 자석 막대로 붙여 볼 수 있겠니?

【종결】 ❸ 영아들과 활동 후 느낀 점에 대해 이야기 나눈다.
- 재미있었니?
- 어렵거나 불편한 점이 있었니?

소의 네모 얼굴과 같은 모양은 무엇일까?

찾았다! 동그란 토끼 얼굴과 같은 모양의 빨간 사과~

모양·숫자 놀이
『알록달록 동물원』 활동 ❸

모양종이로 동물 꾸미기

활동 영역 이해 및 감상

활동 목표
- 다양한 모양에 관심을 갖는다.
- 모양종이를 이용해 동물을 표현해 본다.

활동 자료 『알록달록 동물원』 그림책, 도화지, 여러 가지 모양종이, 풀

활동 방법

【도입】 ❶ 영아들과 『알록달록 동물원』 그림책을 회상하며 이야기 나눈다.
- 『알록달록 동물원』 그림책에는 어떤 동물이 나왔니?
- 동물들의 얼굴과 몸을 어떤 모양으로 표현했니?
- 너희는 어떤 동물을 표현하고 싶니?

【전개】 ❷ 영아들과 여러 가지 모양종이로 동물을 표현한다.
- (여러 가지 모양종이를 보며) 어떤 모양종이가 있니?
- 여러 가지 모양종이로 어떤 동물을 만들 수 있을까?
- ○○가 말한 '토끼'를 만들려면 어떤 모양종이가 필요할까?

【종결】 ❸ 영아들과 활동 후 느낀 점과 전시 방법에 대해 이야기 나눈다.
- 재미있었니?
- 어려운 점이 있었니?
- 모양종이로 만든 동물을 어디에 전시하면 좋을까?

어떤 동물을 만들어 볼까?

여러 가지 모양으로 곰을 만들자!

여러 가지 모양종이로 만든 나만의 곰!

모양종이로 만든 동물이 나란히~ 나란히~ 마치 동물원 같아요!

✻ 그림책 2 : 『아기 세모의 세 번째 생일』

『아기 세모의 세 번째 생일』

글·그림 작가 : 필립 세들레츠키
출판사 : 파랑새
출판 연도 : 2000년

세 번째 생일을 맞이한 아기 세모는 친구들을 초대해 파티를 연다. 친구들을 기다리며 파란 옷을 차려입고, 팽그르르 돌며 팽이가 되어 보고, 친구와 별도 만들어 보고, 네모도 만들고, 연이 되고, 풍차나 배도 되어 본다. 아기 세모의 부모님은 고깔과 아이스크림 콘으로 변신하는 요술도 보여 준다. 아기 세모의 즐거운 파티에서 세모로 만들 수 있는 여러 가지 도형을 만날 수 있다.

모양·숫자 놀이
『아기 세모의 세 번째 생일』 활동 ❶

그림책 감상하기

활동 영역 이해 및 감상

활동 목표
- 그림책을 통하여 모양에 관심을 갖는다.
- 그림책의 내용을 이해하며 감상한다.

활동 자료 『아기 세모의 세 번째 생일』 그림책, 세모 모양의 물건들

활동 방법

【도입】 ❶ 영아들과 다양한 세모 모양의 물건을 탐색한다.
- (고깔모자, 트라이앵글, 삼각형의 재능블록을 탐색하며) 어떤 것들이 있는지 볼까?
- 여기에 있는 물건들은 어떤 모양인 것 같니?

【전개】 ❷ 영아들과 그림책을 감상하며 이야기 나눈다.
- 오늘은 아기 세모의 생일이래. 함께 그림책을 감상해 보자.
- 파란 옷을 입은 아기 세모의 모습이 어떤 것 같니?
- 아기 세모가 거꾸로 서 보니 팽이가 될 수도 있구나.
- 노란 세모 친구와 별을 만드니까 어떤 색이 되었니?
- 쌍둥이 세모 친구들이 모이니까 네모가 되는구나.
- 아기 세모와 친구들이 함께 모이니까 다양한 모양이 만들어지는구나.
- 아기 세모에게 함께 생일 축하 노래를 불러 줄까?

【종결】 ❸ 영아들과 그림책을 감상하고 느낀 점에 대해 이야기 나눈다.
- 재미있었니?
- 아기 세모의 생일에 어떤 친구들이 놀러 왔니?
- 아기 세모의 친구들이 어떤 모양을 만들었니?

모양·숫자 놀이
『아기 세모의 세 번째 생일』 활동 ❷

세모로 만들어요

활동 영역 창작

활동 목표
- 삼각형의 모양을 안다.
- 삼각형으로 다양한 모양을 만드는 것을 즐긴다.

활동 자료 『아기 세모의 세 번째 생일』 그림책, 놀이판, 여러 종류의 우레탄 삼각형

활동 방법

【도입】 ❶ 『아기 세모의 세 번째 생일』 그림책을 감상한다.
- 그림책을 보니 어떤 느낌이었니?
- 그림책에서 무엇을 보았니?

【전개】 ❷ 삼각형 모양을 알고, 다양한 모양의 삼각형이 있음을 안다.
- 세모 모양을 조금 어려운 말로 삼각형이라고 하는데, 모양이 어떻게 생긴 것 같아?
- (정삼각형을 보여 주며) 이렇게 생긴 것만 삼각형일까? (다양한 삼각형 모양을 보여 준다.)
- 삼각형을 가지고 무엇을 만들 수 있을까?

❸ 놀이판을 가지고 활동을 해 보고, 만들고 싶은 모양을 만들어 본다.
- 그림책의 한 부분인데, 여기에 나온 삼각형과 같은 모양을 찾아 올려 볼까?
- 삼각형을 가지고 만들고 싶은 여러 가지 모양을 만들어 보자.

【종결】 ❹ 그림책에 대한 느낌을 이야기 나눈다.
- 그림책도 읽어 보고 삼각형도 만나서 다양한 모양을 만들어 보았는데 어땠니?
- 무엇이 가장 기억에 남아?
- 힘들거나 어려웠던 점도 있었니?

모양·숫자 놀이
『아기 세모의 세 번째 생일』 활동 ❸

세모로 다양한 모양 만들기

활동 영역 이해 및 감상

활동 목표
- 다양한 색과 크기의 세모를 탐색한다.
- 세모로 다양한 모양을 만든다.

활동 자료 『아기 세모의 세 번째 생일』 그림책, 세모 모양종이, 도화지, 풀

활동 방법

【도입】 ❶ 영아들과 『아기 세모의 세 번째 생일』 그림책을 회상하며 이야기 나눈다.
- 아기 세모의 생일을 축하하기 위해 누가 찾아왔니?
- 아기 세모는 친구들과 어떤 모양을 만들며 놀이했니?
- 너희가 아기 세모라면 어떤 모양을 만들며 놀이하고 싶니?

【전개】 ❷ 영아들과 세모 모양종이로 다양한 모양을 표현한다.
- (재료를 보며) 무엇이니?
- 다양한 세모 모양으로 무엇을 만들고 싶니?
- 도화지에 세모 모양종이를 풀로 붙여 다양한 모양을 만들어 보도록 하자.
- ○○는 세모 모양종이를 거꾸로 돌려서 붙였구나.

【종결】 ❸ 영아들과 활동하면서 느낀 점과 전시 방법에 대해 이야기 나눈다.
- 재미있었니?
- 세모 모양종이로 무엇을 만들었니?
- 세모 모양으로 만든 연이 하늘을 '둥둥' 날아다니는 것 같구나.
- 이것을 어디에 전시하면 좋을까?

세모 모양 종이로 무얼 만들까?
난 하늘 높이 나는 연을 만들어야지.
난 푸른 바다를 달리는 멋진 배를 만들 거야~

영아들이 활동한 것에 실제 배경 사진을 붙여 전시한 영아들의 작품이다.
한 영아는 자신이 활동한 것이 멋진 배경과 함께 전시되었을 때 "진짜 배 같아요."라고 표현했다.

✻ 그림책 3 : 『배를 타고』

『배를 타고』

글·그림 작가 : 스키야마 카나요
출판사 : 한림출판사
출판 연도 : 2002년

동그라미가 배를 타고 흔들흔들 소풍을 떠난다. 조금 갔더니 세모가 있다. 세모가 배에 태워 달라고 부탁을 한다. 동그라미는 세모를 배에 태워 주고 동그라미와 세모가 배를 타고 떠난다. 조금 갔더니 이번에는 네모가, 또 조금 있다가는 긴 막대가 태워 달라고 한다. 모양 친구들은 서로 조금씩 양보하며 배를 타고 작은 섬으로 소풍을 간다.

모양·숫자 놀이
『배를 타고』 활동 ❶

그림책 감상하기

활동 영역 이해 및 감상

활동 목표 • 그림책을 통하여 모양에 관심을 갖는다.

활동 자료 『배를 타고』 그림책

활동 방법

【도입】 ❶ 영아들에게 『배를 타고』 그림책을 소개하며 이야기 나눈다.

- 동그라미가 무엇을 하고 있는 것 같니?
- 배를 타고 어디로 가려고 하는 것일까?
- (그림책 뒷표지를 보며) 배에 누가 타고 있니?
- 모양 친구들이 어디로 가고 있는지 함께 감상해 보자.

【전개】 ❷ 영아들과 그림책을 감상하며 이야기 나눈다.

- 배를 타고 흔들흔들 어디로 가고 있을까?
- 네모도 탈 수 있을까?
- 긴 막대도 탈 수 있을까?
- 아~ 그래. 모양 친구들이 소풍을 왔구나.
- 어떤 맛있는 도시락을 싸 왔을까?

【종결】 ❸ 영아들과 그림책을 감상하고 느낀 점에 대해 이야기 나눈다.

- 재미있었니?
- 모양 친구들이 다른 모양의 친구들을 태우고 어디에 갔니?

모양·숫자 놀이
『배를 타고』 활동 ❷

그림책 속 모양(동그라미, 세모, 네모) 되어 친구들과 소풍 가기

활동 영역 이해 및 감상

활동 목표
- 그림책 속 주인공이 되어 본다.

활동 자료 『배를 타고』 그림책, 모양 스티커, 벽돌 블록

활동 방법

【도입】 ❶ 영아들과 『배를 타고』 그림책을 회상하며 이야기 나눈다.

- 누구니?
- 세모가 네모를 배에 태워 주었구나.
- 세모, 네모, 동그라미는 어디에 가고 있을까?

【전개】 ❷ 영아들과 배를 만들고 모양이 되어 직접 배에 타 본다.

- 너희가 세모, 네모 또는 동그라미가 되어 배를 타고 소풍을 가 보는 것은 어떠니?
- 무엇을 타고 소풍을 갈까?
- 배는 무엇으로 만들면 좋을까?
- 좋은 생각이구나. 벽돌 블록으로 배를 만들어 보자.
- 함께 탈 수 있는 멋진 배를 만들었구나. 이제 모양이 되어 배를 타고 소풍을 갈까?
- 세모는 누가 하면 좋을까?
- 누가 동그라미를 할까?
- 어느 곳으로 소풍을 가고 싶니?

【종결】 ❸ 영아들과 활동 후 느낀 점에 대해 이야기 나눈다.

- 재미있었니?
- 모양이 되어 배를 타 본 기분이 어땠니?

- ○○는 어떤 모양을 배에 태워 주었니?
- 어렵거나 불편한 점은 없었니?

그림책 속 세모와 네모
그리고 동그라미가 되어 보아요.

생각과 힘을 합쳐
멋진 배를 만들어 보자.

동그라미와 세모 그리고 네모
모두를 태우고 배가 운항합니다.

✽ 그림책 4 : 『알록달록 물고기』

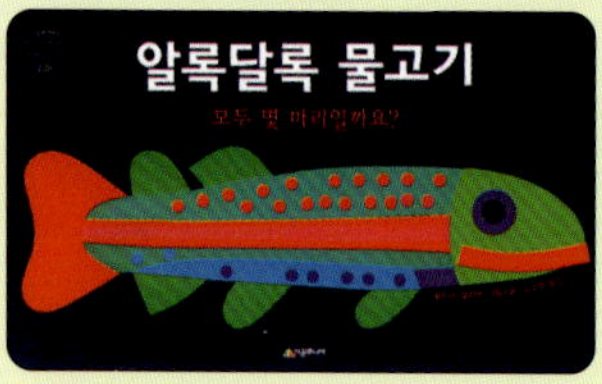

『알록달록 물고기』

글 작가 : 로이스 엘러트
출판사 : 시공주니어
출판 연도 : 2000년

단순하게 숫자만 배우도록 만들어진 것이 아니라 강렬한 색을 바탕으로 화려하고 독특한 색깔의 물고기들이 나와서 숫자 개념뿐만 아니라 색감과 상상력도 키워 준다. 깊은 바닷물 속을 연상시키는 짙은 파란색의 바탕은 강렬한 인상을 남기며 숫자에 더욱 집중하게 한다. 수 세기가 시작되는 시기인 영아들은 물고기들 눈에 뚫려 있는 구멍에 손을 짚어 가며 수를 세다 보면 수 감각이 더욱 명확해질 것이고 또한 손가락의 느낌을 통해 촉각도 발달할 것이다.

모양·숫자 놀이
『알록달록 물고기』 활동 ❶

그림책 감상하기

활동 영역 이해 및 감상

활동 목표 • 그림책을 통하여 숫자에 관심을 갖는다.

활동 자료 『알록달록 물고기』 그림책, 궁금이 상자, 돋보기

활동 방법

【도입】 ❶ 영아들과 그림책을 소개하며 이야기 나눈다.

- 어떤 그림이 보이니?
- 물고기가 몇 마리 보이니?
- 커다란 물고기 옆 작은 물고기가 보이니?
- 잘 보이지 않구나. 잘 보려면 무엇이 필요할까?
- 궁금이 상자에는 작은 것도 잘 볼 수 있게 해 주는 것이 들어 있단다. 무엇일까?
- (한 영아가 돋보기를 꺼내며) 아, 탐색·조작 영역에 있는 돋보기구나.
- 돋보기로 작은 물고기를 찾아볼까?

【전개】 ❷ 영아들과 그림책을 감상하며 이야기 나눈다.

- 물고기가 몇 마리니?
- 함께 세어 볼 수 있겠니?
- 아, 네 마리구나.
- 돋보기로 작은 물고기를 찾아볼까?
- 그럼, 작은 물고기까지 모두 몇 마리니?

【종결】 ❸ 영아들과 그림책을 감상하고 느낀 점에 대해 이야기 나눈다.

- 재미있었니?
- 작은 물고기는 왜 커다랗고 화려한 물고기를 따라다녔을까?
- 물고기는 어디를 가는 것일까?

영아들의 반응

영아들과 돋보기를 사용하여 작은 물고기를 좇아가며 그림책을 감상했다. 영아들은 작은 물고기를 따라가며 알록달록 물고기를 보았는데 작은 물고기까지 더해서 모두 몇 마리인지 묻는 질문에 자연스럽게 답했다. 일부 영아들은 더하기 개념이 있어 셀 수 있는 한계 범위인 숫자 '6' 안에서 대답했다. 영아들은 화려한 색감의 물고기가 등장하고 또 최근 관심이 증폭된 '숫자 세기'를 할 수 있는 그림책에 관심과 흥미를 보였다.

모양·숫자 놀이
『알록달록 물고기』 활동 ❷

물고기 비늘 모양 꾸미기

활동 영역 이해 및 감상

활동 목표
- 그림책 속 물고기의 비늘을 다양한 모양 스티커로 꾸며 본다.

활동 자료 『알록달록 물고기』 그림책, 그림책에 등장한 물고기를 스캔한 사진, 다양한 모양 스티커(세모, 네모, 동그라미, 별, 하트 등)

활동 방법

【도입】 ❶ 영아들과 그림책을 회상하며 활동에 대해 이야기 나눈다.
- 『알록달록 물고기』에 등장했던 커다란 물고기 한 마리 기억하니?
- 커다란 물고기의 비늘은 어떤 모양이었니?
- 물고기 비늘은 어떤 색깔이었니?
- 물고기 비늘을 무엇으로 표현하면 좋을까?

【전개】 ❷ 영아들과 스캔한 물고기 그림에 다양한 스티커로 비늘을 표현한다.
- 어떤 모양 스티커로 물고기 비늘을 표현하고 싶니?
- 그래, 동그라미와 세모로 비늘 모양을 표현했구나.
- 아, 멋진 물고기가 되었구나.

【종결】 ❸ 영아들과 활동 후 느낀 점과 전시 방법에 대해 이야기 나눈다.
- 커다란 물고기를 너희가 함께 만들어 보니 어땠니?
- 여러 가지 모양과 색깔로 꾸며 보니 기분이 어떠니?
- 함께 꾸며 본 커다란 물고기를 어디에 전시하면 좋을까?

여기 있는 물고기가 이렇게 커졌네~

동그라미 스티커로 요렇게~
멋진 물고기 비늘을 꾸며 보자.

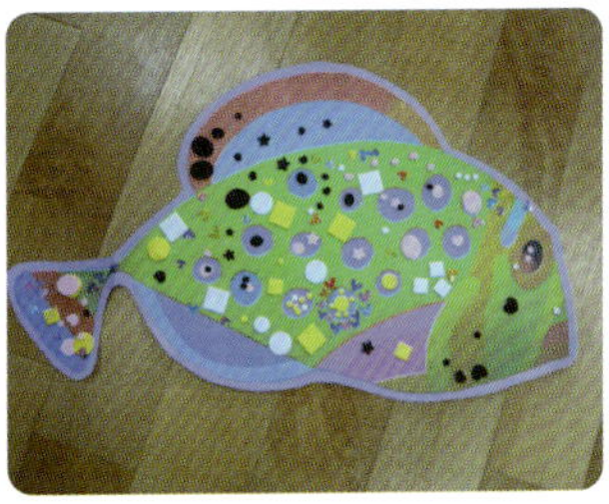
사랑반 알록달록 물고기예요.

✻ 그림책 5 : 『가족 1 2 3』

『가족 1 2 3』

글·그림 작가 : 정상경
출판사 : 초방책방
출판 연도 : 1999년

아기들에게 간단한 수 개념을 익혀 주는 동시에 가족의 개념까지 알게 해 주는 그림책이다. 지점토 인형으로 가족사진을 찍는 상황을 만들어 놓고 가족 가운데 제일 어른이신 할아버지로부터 1을 세기 시작하여 할머니, 아버지, 어머니, 오빠, 나, 동생 그리고 강아지와 거북이에 이르기까지 열두 식구를 세어 가는 과정이다.

모양·숫자 놀이
『가족 1 2 3』 활동 ❶

그림책 감상하기

활동 영역 이해 및 감상

활동 목표 • 그림책을 통하여 숫자에 관심을 갖는다.

활동 자료 『가족 1 2 3』 그림책

활동 방법

【도입】 ❶ 영아들과 가족사진을 보며 이야기 나눈다.

- 무엇이니?
- 가족사진이구나. 누가 있니?
- 할머니, 할아버지, 엄마, 아빠, 동생 그리고 내가 있네. 모두 6(여섯)명이구나.
- 너희 가족은 누가 있니?
- 아빠, 엄마, 형 그리고 ㅇㅇ. 모두 4명이구나.

❷ 영아들에게 그림책을 소개하며 이야기 나눈다.

- 빨간 옷을 입고 있는 여자 아이의 가족은 누가 있을까?
- 모두 몇 명일까?

【전개】 ❸ 영아들과 그림책을 감상하며 이야기 나눈다.

- 누가 보이니?
- 할아버지 옆에는 누가 앉으면 좋겠니?
- 아빠 옆에는 누가 서면 좋을까?
- 가족사진에 가족의 그림자가 있구나. 이 작은 그림자는 누구일까?
- 모두 12명의 가족이구나.

【종결】 ❹ 영아들과 그림책을 감상하고 느낀 점에 대해 이야기 나눈다.

- 재미있었니?
- 빨간 옷을 입은 여자 아이의 가족은 누가 있었니?

- 너희의 가족은 누가 있니?
- 책에서 강아지와 거북이를 가족이라고 했던 것처럼, 금붕어도 가족이라고 생각했구나.
- 금붕어까지 ○○의 가족은 모두 몇 명이니?

영아들의 반응

영아들은 앞표지에 있는 숫자에 관심을 보였다. 숫자를 읽고 쓸 수는 없지만 숫자의 형태를 보고 숫자인지를 알아보았다. "빨간 원피스를 입은 여자 아이가 어디 있니?" 라고 물어보았을 때 한 영아는 자신이 알고 있는 숫자 범위를 모두 나열하면서 형태로서의 숫자의 의미를 정확하게 인식하고 있는 모습을 보였다. 영아들은 자신의 집에서도 강아지와 물고기를 키우고 있다며 가족이라는 표현을 했다. 영아들은 등장인물이 한 명씩 늘어나면서 숫자를 익히게 하는 방식의 그림책에 흥미를 보였다.

모양·숫자 놀이
『가족 1 2 3』 활동 ❷

가족 숫자 세기

활동 영역 이해 및 감상

활동 목표 • 그림책에 나왔던 가족 등장인물 수에 맞는 그림을 찾아 붙여 본다.

활동 자료 『가족 1 2 3』 그림책, 가족 숫자 세기 조작판

활동 방법

【도입】 ❶ 영아들과 『가족 1 2 3』 그림책을 회상한다.

- 누가 나왔니?
- 빨간 원피스를 입은 여자 아이의 가족은 모두 몇 명이니?
- 가족은 누가 있니?

【전개】 ❷ 영아들과 가족 숫자 세기 조작판을 탐색한다.

- 무엇일까?
- 함께 감상한 책의 가족사진이구나.
- 이것은 떼었다 붙였다 할 수 있구나.
- 앞에 놓인 것으로 어떤 활동을 할 수 있을까?

❸ 영아들과 가족 숫자 세기 조작판을 조작한다.

- 딸랑이를 들고 있는 동생이구나.
- 동생이 있는 그림은 무엇이니?
- 잘 찾아 주었구나.
- 동생이 한 명 더 있어서 가족은 모두 8(여덟)명이 되었구나.

【종결】 ❹ 영아들과 활동 후 느낀 점에 대해 이야기 나눈다.

- 재미있었니?
- 어떤 점이 가장 재미있었니?
- 어려운 점은 없었니?
- 너희 가족의 가족사진을 보면서 모두 몇 명인지 세어 볼 수 있겠니?

『가족 1 2 3』 그림책을 회상해요.

할머니, 할아버지 모두 2(두)명. 어디에 붙여 볼까?

모양·숫자 놀이
『가족 1 2 3』 활동 ❸

숫자 종이로 가족사진 꾸미기

활동 영역 이해 및 감상

활동 목표 • 나의 가족 수를 세어 보고 숫자 스티커로 꾸며 본다.

활동 자료 『가족 1 2 3』 그림책, 가족사진, 숫자가 적힌 종이, 풀

활동 방법

【도입】 ❶ 영아들과 『가족 1 2 3』 그림책을 회상한다.

- (숫자가 적힌 종이의 숫자를 가르키며) 이것이 무엇인 것 같니?
- 가족들의 수를 나타내는 '숫자' 라고 해.
- 너희 가족은 누가 있니?
- 모두 4명이구나.
- 4명을 나타내는 숫자 '4' 를 가족사진 옆에 써 둔 것이구나.

【전개】 ❷ 영아들과 가족사진을 보며 숫자를 세고, 숫자가 적힌 종이를 붙여 본다.

- 누구의 가족사진이니?
- 소개해 줄 수 있니?
- 엄마, 아빠, ○○. 모두 3(세)명이구나.
- 우리 가족이 몇 명인지 숫자를 가족사진에 붙여 볼 수 있겠니?
- 엄마 위에는 숫자 '1', 아빠 위에는 숫자 '2', ○○ 위에는 숫자 '3' 을 붙여 보자.
- 함께 감상한 『가족 1 2 3』 그림책과 비슷하구나.

【종결】 ❸ 영아들과 활동 후 활동한 것의 이름을 지어 보고, 활동에 대해 이야기 나눈다.

- 너희가 활동한 것의 이름을 지어 볼 수 있겠니?
- '○○의 가족 1 2 3' 이라고 지어 보면 어떨까?
- 가족사진을 책처럼 묶어 어떤 영역에 두고 감상하면 좋을까?
- 그래. 언어 영역에서 너희가 만든 책을 감상하면 좋을 것 같구나.

'1, 2, 3, 4'
우리 가족은 4(네)명이에요.

가족사진에 얼마 전 태어난 동생이 없어서 그려 넣었어요.

사랑반의 가족 1 2 3

모양·숫자 놀이 * 전체 활동 ❶

모양으로 보이는 친구 얼굴 맞히기

활동 영역 이해 및 감상

활동 목표 • 모양으로 보이는 친구의 얼굴을 알고 이름을 말한다.

활동 자료 모양으로 보이는 친구 얼굴 맞히기 책

활동 방법

【도입】 ❶ 영아들에게 활동을 소개한다.

- 이 책 안에는 사랑반 친구들이 있대.
- 누가 있을까?
- 어떤 친구들이 있는지 함께 알아볼까?

【전개】 ❷ 영아들과 모양으로 보이는 친구의 얼굴을 맞추어 본다.

- 어떤 모양의 친구 얼굴인 것 같니?
- 그래. 세모 모양 속에 친구의 얼굴이 있구나.
- 누구인 것 같니?
- 정말 ○○인지 ○○가 넘겨 볼까?

【종결】 ❸ 영아들과 활동 후 느낀 점에 대해 이야기 나눈다.

- 모양으로 보이는 친구의 얼굴을 맞히어 볼 수 있었니?
- 어떤 모양들이 나왔었니?
- 모양 속에 있는 친구들의 얼굴을 보니 어땠니?

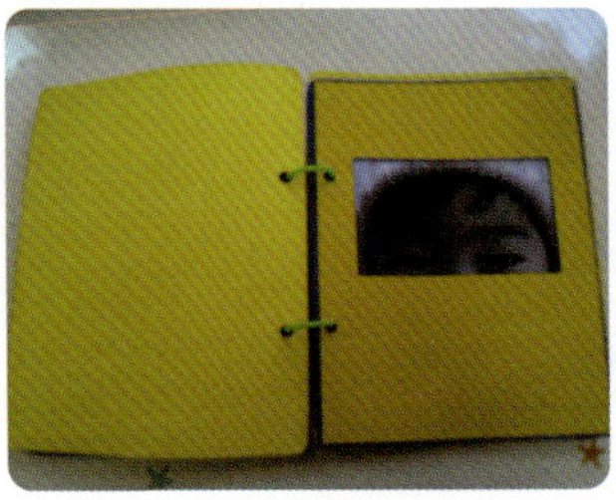

모양·숫자 놀이
* 전체 활동 ❷

노래 부르며 모양 카드 밟아 보기

활동 영역 이해 및 감상

활동 목표 • 모양 카드 밟기 활동을 통해 다양한 모양을 즐겁게 경험한다.

활동 자료 모양 카드(세모, 네모, 동그라미, 하트, 별 각 15개씩-영아 명수대로)

활동 방법

【도입】 ❶ 영아들과 모양 카드를 보고 다양한 모양을 탐색한다.

- 어떤 모양들이 있니?
- 이 다양한 모양 카드로 어떤 놀이를 할 수 있을까?

【전개】 ❷ 영아들에게 활동을 소개하며 활동 방법에 대해 이야기 나눈다.

- '나처럼 해 봐요 요렇게' 노래를 부른다.

> ♬ 나처럼 해 봐요 이렇게 나처럼 해 봐요 이렇게
> 나처럼 해 봐요 이렇게 아이 참 재미있네
>
> 나처럼 해 봐요 요렇게 나처럼 해 봐요 요렇게
> 나처럼 해 봐요 요렇게 아이 참 재미있네 ♬

- 이 노래에서 '아이 참 재미있네'를 '세모 위에 앉아 보자'라고 바꾸어 모양 카드를 보여 주면 어떻게 하면 좋을까?
- 그 카드가 있는 자리에 앉아 볼 수 있겠니?
- 노래가 다 끝나면 자기가 앉은 카드를 머리 위로 들어 볼 수 있겠니?

❸ 영아들과 모양 카드 밟기 활동을 직접 해 본다.

- "나처럼 해 봐요 요렇게~ 나처럼 해 봐요 요렇게~ 나처럼 해 봐요 요렇게~ (모양 카드를 보여 주며) 세모 위에 앉아 보자~"

【종결】 ❹ 영아들과 활동한 후 느낀 점에 대해 이야기 나눈다.

- 재미있었니?
- 노래를 잘 듣고 모양 카드를 찾을 수 있었니?

영아들의 반응

노래 '나처럼 해 봐요 요렇게'에 맞춰 모양 위에 앉는 활동에서 영아들은 일단 노래에 흥미를 보였고, 알록달록 색깔 모양을 찾고 앉을 때의 성취감에 큰 흥미를 느꼈다. 일부 영아는 같은 색깔과 모양의 짝을 찾아보는 활동으로 확장하기도 했으며 모양을 섞어서 다른 모양을 만들기도 하였다.

모양·숫자 놀이 * 전체 활동 ❸

모양 틀에 알록달록 솜 방망이로 찍어 보기

활동 영역 이해 및 감상

활동 목표
- 모양 틀에 다양한 색의 솜 방망이로 찍어 모양을 표현해 본다.

활동 자료 모양 틀, 물감, 솜 방망이

활동 방법

【도입】 ❶ 영아들에게 활동을 소개하며 이야기 나눈다.
- (모양 틀을 보여 주며) 어떤 모양인 것 같니?
- 이것은 솜 방망이라고 한단다.
- 솜 방망이에 물감을 묻혀 모양 틀에 찍으면 어떤 모양이 나올까?

【전개】 ❷ 영아들과 모양 틀에 색깔 솜 방망이를 찍어 모양을 직접 표현해 본다.
- 어떤 모양 틀에 색깔 솜 방망이로 찍어 볼까?
- 어떤 색으로 모양을 만들어 볼까?
- 색이 채워지고 있구나.
- 모양 틀을 떼어 볼까?
- 와~ 노란색 동그라미 모양이구나.

【종결】 ❸ 영아들과 활동 후 느낀 점에 대해 이야기 나눈다.
- ○○는 어떤 모양을 솜 방망이로 표현해 보았니?
- 모양을 찍어서 표현해 보니 어떠니?
- 어려운 점은 없었니?

솜 방망이로 '톡톡' 두드리고, '스윽스윽' 비벼 보아요.

조심 조심! 물감이 번지지 않게 잘 들어야 해요.

알록달록 여러 가지 모양이 모빌이 되었어요.

모양·숫자 놀이 * 전체 활동 ❹

'숫자 놀이' 노래 감상하기

활동 영역 이해 및 감상

활동 목표 • 숫자와 비슷한 것을 찾아보고 노래를 감상한다.

활동 자료 '숫자 놀이' 노래 CD, '숫자 놀이' 가사판, 화이트보드, 보드마카

활동 방법

【도입】 ❶ 영아들과 화이트보드에 숫자를 적으며 이야기 나눈다.

- (숫자 1~10을 쓰며) 이것이 무엇일까?
- 그래, 이것은 '1, 2, 3, 4, 5, 6, 7, 8, 9, 10' 이라고 읽고 쓰는 '숫자' 란다.
- 오늘은 숫자가 들어 있는 노래를 감상하면 어떨까?
- 너희가 좋아하는 숫자가 있니?
- ○○는 숫자 '2' 를 좋아하는구나.
- 숫자 '2' 와 비슷하게 생긴 동물을 알고 있는데 알려 줄까?
- (오리를 그리며) 뒤뚱뒤뚱 걷는 오리야.
- 비슷하게 보이니?

【전개】 ❷ 영아들과 '숫자 놀이' 노래를 감상한다.

> ♬ 뒤뚱뒤뚱 걷는 오리 '2' 자 같고요
> 훨훨 나는 갈매기 '3' 자 같아요
> 푸른 바다 돛단배 '4' 자 같고요
> 둥글둥글 눈사람 '8' 자 같아요
>
> 다른 다른 숫자는 무얼 닮았나
> 우리 모두 다함께 찾아보아요♬

- (노래를 감상하고) 노래에 어떤 숫자가 나왔니?
- 숫자 '4' 와 같은 것은 무엇이었니?

- 이 노래의 제목은 무엇일까?

【종결】 ③ 영아들과 노래를 감상한 느낌에 대해 이야기 나눈다.

- 노래를 감상해 보니 어떠니?
- 숫자와 비슷한 것을 찾아보니 어땠니?
- 음률 영역에 선생님이 항상 노래를 감상할 수 있도록 준비해 주실 거란다. 또 감상하고 싶으면 언제든지 감상해도 좋단다.

영아들의 반응

최근 영아들의 '숫자' 에 대한 관심이 증폭되면서 새 노래 '숫자 놀이' 에 대한 관심 또한 상당했다. 더욱이 영아들이 좋아하는 동물과 사물이 노랫말에 등장하면서 더욱 즐겁게 활동할 수 있었다. 화이트보드에 오리를 그리며 이미 적어 둔 숫자에서 오리와 비슷한 숫자를 찾아보도록 했을 때 영아들은 숫자 '2' 를 정확히 찾아내었다. 숫자 역시 의미 이전에 형태로 인식하고 있음을 알 수 있었다. 영아들과 노래에 적절한 율동까지 만들어 즐겁게 활동하였다.

모양·숫자 놀이 * 전체 활동 ❺

'숫자 놀이' 노래 부르며 재활용 악기로 연주하기

활동 영역 이해 및 감상

활동 목표 • '숫자 놀이' 노래를 듣고 재활용 악기로 연주해 본다.

활동 자료 '숫자 놀이' 노래 CD, 카세트, 재활용 악기

활동 방법

【도입】 ❶ 영아들과 '숫자 놀이' 노래를 감상한다.

- 이 노래를 기억하고 있니?

【전개】 ❷ 영아들과 '숫자 놀이' 노래를 들으며 재활용 악기로 표현해 본다.

- ○○는 어떤 재활용 악기로 노래에 맞춰 표현하고 싶니?
- 뒤뚱뒤뚱 걷는 오리는 어떻게 연주하면 좋을까?
- 마라카스를 기울여 소리를 냈구나.
- 정말 오리가 뒤뚱뒤뚱 걷는 모습이 생각나는구나.

【종결】 ❸ 영아들과 느낀 점에 대해 이야기 나눈다.

- 재활용 악기로 노래를 표현해 보니 어떠니?
- 어려운 점은 없었니?

오리가 뒤뚱뒤뚱 걷는 모습은 분유통을 '통통통' 두드리지요~

모양·숫자 놀이 * 전체 활동 ❻

우레탄 블록으로 다양한 모양 구성해 보기

활동 영역 창작

활동 목표 ● 다양한 우레탄 블록으로 모양을 구성한다.

활동 자료 다양한 모양의 우레탄 블록

활동 방법

【도입】 ❶ 영아들과 우레탄 블록을 탐색한다.

- 무엇이니?
- 어떤 모양의 우레탄 블록이니?
- 이것으로 어떤 활동을 할 수 있을까?

【전개】 ❷ 영아들과 우레탄 블록으로 다양한 모양을 구성한다.

- 우레탄 블록으로 다양한 모양을 만들어 볼 수 있단다.
- ○○는 어떤 모양을 만들어 보고 싶니?
- 노란색 세모 모양 우레탄 블록으로 무엇을 만들고 있니?
- 노란색 세모 모양으로 집의 지붕을 만들어 주었구나.

【종결】 ❸ 영아들과 활동한 우레탄 블록을 정리하며 활동을 마무리한다.

- 재미있었니?
- 세모, 네모, 동그라미로 어떤 모양을 만들어 보았니?
- 노란 지붕이 멋진 집 모양을 만들어 보았구나.
- 너희가 우레탄 블록으로 만든 모양을 어디에 전시하면 좋을까?

알록달록 다양한 모양의 우레탄 블록으로 집을 지어 보자~

커다란 집에 누구와 함께 살면 좋을까?

레고 사람과 동물들이 사는 재미있고 멋진 우리 집이에요~

모양·숫자 놀이
* 전체 활동 ⑦

모양 옷 입고 즐겁게 춤추기(신체 표현)

활동 영역 창작

활동 목표 • 모양 옷을 입고 즐거운 마음으로 몸을 움직여 보는 경험을 한다.

활동 자료 다양한 모양의 옷(동그라미, 세모, 네모, 하트, 별, 꽃), 상자, '그대로 멈춰라' 노래 CD

활동 방법

【도입】 ① 영아들과 상자 안에 있는 모양을 손으로 만져 보며 어떤 모양인지 맞추어 본다.

- 이 상자 안에는 어떤 모양이 있단다. 어떤 모양이 있을까?
- 손으로 만져 보고 어떤 모양인지 알 수 있을까?

② 영아들에게 활동을 소개하며 이야기 나눈다.

- (모양 옷을 보여 주며) 이 옷은 어떤 모양의 옷이니?
- 입으면 어떨까?

【전개】 ③ 영아들과 직접 모양 옷을 입고 신체로 표현해 본다.

- "즐겁게~ 춤을 추다가~ 그대로 멈춰라!" 이 노래를 알고 있니?
- "그대로 멈춰라" 할 때는 어떻게 할까?
- 노래를 들으면서 즐겁게 춤을 춰 보자.
- (노래 CD를 들려주며 즐겁게 춤을 춘다. "그대로 멈춰라" 할 때는 두 팔과 두 다리를 벌려 자신이 입은 모양 옷을 보여 준다.)

【종결】 ④ 영아들과 활동 후 느낀 점에 대해 이야기 나눈다.

- 모양 옷을 입어 보니 어떠니?
- 모양 옷을 입고 즐겁게 춤을 추는 친구들의 모습을 보니 어땠니?
- 어떤 점이 가장 재미있었니?

영아들의 반응

영아들과 '그대로 멈춰라' 노래를 부르며 약속을 만들었다. "그대로 멈춰라" 할 때는 양다리와 양팔을 쭉 펴기로 하고 노래를 부르면서는 마음껏 춤을 추며 움직여 보기로 영아들과 규칙을 만들어 보았다. 영아들은 함께 만든 규칙을 지키며 "그대로 멈춰라"에서는 양팔과 양다리를 벌려 자신의 모양을 보여 주며 서로의 모양을 알아볼 수 있었다. 영아들 모두가 모양 옷을 입고 신체로 표현하는 활동에 매우 즐겁게 참여하였다.

영/아/문/학/교/육/

프/로/그/램

참고문헌

김세희(2000). 유아문학교육. 서울: 양서원.

김세희(2005). 그림책의 이해(2). 서울: 사계절.

김소양, 이경화, 채종옥(2001). 그림 이야기책을 통한 유아문학활동. 서울: 양서원.

김정원(2010). 다문화교육의 문학적 접근을 위한 이론적 탐색: 로젠블랫의 교류이론에 근거한 고찰. 어린이 문학교육 연구, 11(2), 133-152.

김정원, 남규(2010). 그림책을 활용한 문학교육 프로그램이 만 1, 2세 영아의 문학적 태도와 언어발달에 미치는 영향. 어린이 문학교육 연구, 11(1), 105-130.

김현희, 박영태(2008). 보육시설-가정연계 영아 그림책 읽기 프로그램 개발의 기초. 유아교육연구. 17(2), 45-69.

서정숙(2000). 그림책의 교육적 활용: 현황 분석 및 제언. 한국유아교육학회 2000년도 정기총회 및 학술대회, 교육개혁과 유아교육, pp. 149-158. 3월 30일 서울: 덕성여자대학교.

서정숙(2001). 유아문학교육 내용과 교수계획에 대한 논의. 어린이 문학교육 연구, 2(2), 21-38.

서정숙, 김정원(2008). 유아문학교육 프로그램. 서울: 창지사.

서정숙, 김정원, 김유정(2009). 그림책 중심 문학교육의 실시 과정에서 나타난 유아교사의 문학교육에 대한 인식의 변화. 어린이 문학교육 연구. 10(1), 1-22.

서정숙, 김정원, 남규(2006). 그림책 중심의 문학교육 프로그램이 유아의 문학적 능력과 흥미에 미치는 영향. 유아교육연구, 26(6), 103-127.

서정숙, 김정원, 남규(2008). 그림책 단원 중심 문학교육 프로그램의 실시 과정에서 나타난 유아의 문학적 반응에 대한 질적 탐구. 어린이 문학교육 연구, 9(1), 1-29.

서정숙, 남규(2005). 그림책으로 하는 유아문학교육. 서울: 창지사.

서정숙, 남규(2010). (개정) 유아문학교육. 서울: 창지사.

이경우(1998). 좋은 그림책을 활용한 창의력 개발: 글 없는 그림책을 중심으로. 서울: 한국교육정보.

이기숙, 김정원, 전선옥, 이현숙(2008). 영유아교육과정. 경기: 공동체.

이대균, 백경순(2004). 유아문학 연구동향에 관한 연구. *어린이 문학교육 연구, 5*(1), 105-120.

이상금, 장영희(1986). *유아문학론*. 서울: 교문사.

이송은(2006). 2세 영아의 책에 대한 의미 탐색. 중앙대학교 대학원 박사학위 청구논문.

채종옥(2003). 문학확장활동 관련 연구 분석. *어린이 문학교육 연구, 4*(1), 1-20.

Bromly, K. D. (1991). *Language Arts: Exploring connection*. A division of simon and schister, Inc.

Glazer, J. I.(1997). *Introduction to children's literature*. N.J.: Prentice-Hall, Inc.

Heath, S. B. (1983). *Ways with words: Language, life and work in communities and classrooms*. New York: Cambridge University Press.

Hoff-Ginsberg, E. (1991). Mother-child conversation in different social classes and communicative settings. *Child Development, 62*(4), 782-796.

Jalongo, M. R. (1988). *Young children and picture book: Literature from infancy to six*. Washington D.C.: NAEYC.

Lynch-Brown, C., Tomlinson, C. M., & Short, K. G. (2011). *Essentials of children's literature*. (7th Eds.) Pearson Education Inc.

Mason, J. M., Peterman, C. L., & Kerr, B. M. (1989). Reading to Kindergarten Children. In Strickland, D. S. & Morrow, L. M. (eds.), *Emerging literacy: young children learn to read and write*, Delaware: International Reading Association.

Morrow, L. (1993). *Literacy development in the early years*. Needham Heights, MA: Allyn & Bacon.

Nodelman, P. (2001). *어린이 문학의 즐거움*. 김서정 역, 서울: 시공사. (원본 발간일 1996).

Rosenblatt, L. M. (1978). *The reader, the text, the poem: the transactional theory of the literary work*. Carbondale, Il: Southern Illinios University Press.

______________ (1985). The transactional theory of the literary work: implications for research. In C. R. Cooper(ed). *Researching response to literature and the teaching of literature: points of departure*, 33-53. New Jersey: Ablex Publishing Corporation.

______________ (1991). Literature-S. O. S!. *Language Arts, 68*, 444-448.

Schickedanz, J. A. (1986). 이영자 역 (1995). 읽기와 쓰기를 즐기는 어린이로 기르는 방법. 서울: 이화여자대학교 출판부.

_______________ (1999). 이영자 역 (2002). 놀이를 통한 읽기와 쓰기의 지도. 서울: 이화여자대학교 출판부.

Senechal, M., LeFevre, J., Hudson, E., & Lawson, E. P. (1996). Knowledge of storybooks as a predictor of young children's vocabulary. *Journal of Educational psychology, 88*(3), 520-536.

Snow, C. E. & Ninio, A. (1986). The contracts of literacy: What children learn from learning to read books. In W. H. Teale & E. Sulby(Eds.), *Emergent Literacy: Writing and reading* (pp.116-138). Norwood, NJ: Ablex Publishing.

Stoodt-Hill, B. D., & Amspaugh-Corson, L. B. (2009). *Children's literature: Discovery for a lifetime*. Pearson Education Inc.

Sulzby, E., & Teale, W. H. (1991). Emergent literacy: In R. Barr, M.L. Kamii, P. B. Mosenthal., & P. D. Person (Eds.), *Handbook of reading research, 2* (pp. 727-758). NY: Longman.

Tunnell, M. O., Jacobs, J. S., Young, T. A., & Bryan, G. W. (2012). *Children's literature, briefly*. (5th Eds.) Pearson Education Inc.

저자소개

김정원 이화여자대학교 사범대학 유아교육과(문학사)
캘리포니아 주립대학교 대학원 유아교육전공(M.S.)
이화여자대학교 대학원 유아교육과(문학박사)
이화여자대학교 사범대학부속 이화유치원 교사
한국성서대학교 어린이집 원장
현재) 한국성서대학교 영유아보육학전공 교수

남 규 건국대학교 교육대학원 유아교육전공(교육학석사)
건국대학교 대학원 유아교육과(교육학박사)
꿈밭 유치원, 잠원 꿈밭 어린이집교사
건국대학교, 한국성서대학교, 경인여자대학 등 강사
현재) 대전보건대학 유아교육과 교수

서정숙 이화여자대학교 사범대학 유아교육과(문학사)
이화여자대학교 대학원 유아교육과(문학석사)
이화여자대학교 대학원 유아교육과(문학박사)
한국어린이문학교육학회 회장 역임
현재) 이화여자대학교, 건국대학교, 덕성여자대학교 등 강사
한국간행물윤리위원회 좋은 책 선정위원
그림책과 어린이교육 연구소 소장

영아문학교육 프로그램

초판 1쇄 인쇄 2011년 12월 22일
초판 1쇄 발행 2011년 12월 29일

지은이 | 김정원, 남 규, 서정숙
펴낸이 | 김기섭
편집인 | 태선옥
펴낸곳 | 창지사 www.changjisa.com
153-802 서울시 금천구 가산동 345-13 파트너스타워1차 (9F, B1F)
전화 (02) 719-2211~3
팩스 (02) 701-9386
등 록 | 1977년 4월 28일 · 제1-421호

ISBN 978-89-426-0646-7 (93370)

값 20,000원